美元病

悬崖边缘的美元本位制

叶冰 著

中信出版集团 | 北京

图书在版编目（CIP）数据

美元病：悬崖边缘的美元本位制 / 叶冰著. -- 北京：中信出版社, 2020.5
ISBN 978-7-5217-1689-4

Ⅰ. ①美… Ⅱ. ①叶… Ⅲ. ①美元－研究 Ⅳ. ①F827.12

中国版本图书馆CIP数据核字(2020)第041904号

美元病——悬崖边缘的美元本位制

著　　者：叶　冰
出版发行：中信出版集团股份有限公司
（北京市朝阳区惠新东街甲4号富盛大厦2座　邮编　100029）
承 印 者：中国电影出版社印刷厂

开　　本：880mm × 1230mm　1/32　　印　　张：11.75　　字　　数：262千字
版　　次：2020年5月第1版　　印　　次：2020年5月第1次印刷
广告经营许可证：京朝工商广字第8087号
书　　号：ISBN 978-7-5217-1689-4
定　　价：59.00元

“中国道路”丛书总序言

中华人民共和国成立60多年以来，中国一直在探索自己的发展道路，特别是在改革开放30多年的实践中，努力寻求既发挥市场活力，又充分发挥社会主义优势的发展道路。

改革开放推动了中国的崛起。怎样将中国的发展经验进行系统梳理，构建中国特色的社会主义发展理论体系，让世界理解中国的发展模式？怎样正确总结改革与转型中的经验和教训？怎样正确判断和应对当代世界的诸多问题和未来的挑战，实现中华民族的伟大复兴？这都是对中国理论界的重大挑战。

为此，我们关注并支持有关中国发展道路的学术中一些有价值的前瞻性研究，并邀集各领域的专家学者，深入研究中国发展与改革中的重大问题。我们将组织编辑和出版反映与中国道路研究有关的成果，用中国理论阐释中国实践的系列丛书。

“中国道路”丛书的定位是：致力于推动中国特色社会主义道路、制度、模式的研究和理论创新，以此凝聚社会共识，弘扬社会主义核心价值观，促进立足中国实践、通达历史与现实、具有全球视野的中国学派的形成；鼓励和支持跨学科的研究和交流，加大对中国学者原创性理论的推动和传播。

“中国道路”丛书的宗旨是：坚持实事求是，践行中国道路，发展中国学派。

始终如一地坚持实事求是的认识论和方法论。总结中国经验、探讨中国模式，应注重从中国现实而不是从教条出发。正确认识中国的国情，正确认识中国的发展方向，都离不开实事求是的认识论和方法论。一切从实际出发，以实践作为检验真理的标准，通过实践推动认识的发展，这是中国共产党的世纪奋斗历程中反复证明了的正确认识路线。违背它就会受挫失败，遵循它就能攻坚克难。

毛泽东、邓小平是中国道路的探索者和中国学派的开创者，他们的理论创新始终立足于中国的实际，同时因应世界的变化。理论是行动的指南，他们从来不生搬硬套经典理论，而是在中国建设和改革的实践中丰富和发展社会主义理论。我们要继承和发扬这种精神，摒弃无所作为的思想，拒绝照抄照搬的教条主义，只有实践才是真知的源头。“中国道路”丛书将更加注重理论的实践性品格，体现理论与实际紧密结合的鲜明特点。

坚定不移地践行中国道路，也就是在中国共产党领导下的中国特色社会主义道路。我们在经济高速增长的同时，也遇到了来自各方面的理论挑战，例如将改革开放前后两个历史时期彼此割裂和截然对立的评价；例如极力推行西方所谓“普世价值”和新自由主义经济理论等错误思潮。道路问题是大是大非问题，我们的改革目标和道路是高度一致的，因而，要始终坚持正确的改革方向。历史和现实都告诉我们，只有社会主义才能救中国，只有社会主义才能发展中国。在百年兴衰、大国博弈的历史背景下，中国从积贫积弱的状态中奋然崛起，成为世界上举足轻重的大国，成就斐然，道路独特。既不走封闭僵化的老路，也不走改旗易帜的邪路，一定要走中国特色的社会主义正路，这是我们唯一正确的选择。

推动社会科学各领域中国学派的建立，应该成为致力于中国道路探讨的有识之士的宏大追求。正确认识历史，正确认识现实，积极促进中国学者原创性理论的研究，那些对西方理论和价值观原教旨式的顶礼膜拜的学风，应当受到鄙夷。古今中外的所有优秀文明成果，我们都应该兼收并蓄，但绝不可泥古不化、泥洋不化，而要在中国道路的实践中融会贯通。以实践创新推动理论创新，以理论创新引导实践创新，从内容到形式，从理论架构到话语体系，一以贯之地奉行这种学术新风。我们相信，通过艰苦探索、努力创新得来的丰硕成果，将会在世界话语体系的竞争中造就立足本土的中国学派。

“中国道路”丛书具有跨学科及综合性强的特点，内容覆盖面较宽，开放性、系统性、包容性较强。其分为学术、智库、纪实专访、实务、译丛等类型，每种类型又涵盖不同类别，例如在学术类中就涵盖文学、历史学、哲学、经济学、政治学、社会学、法学、战略学、传播学等领域。

这是一项需要进行长期努力的理论基础建设工作，这又是一项极其艰巨的系统工程。基础理论建设严重滞后，学术界理论创新观念不足等现状是制约因素之一。然而，当下中国的舆论场，存在思想乱象、理论乱象、舆论乱象，流行着种种不利于社会主义现代化事业和安定团结的错误思潮，迫切需要正面发声。

经过60多年的社会主义道路奠基和30多年的改革开放，我们积累了丰富的实践经验，迫切需要形成中国本土的理论创新和中国话语体系创新，这是树立道路自信、理论自信、制度自信、文化自信，在国际上争取话语权所必须面对的挑战。我们将与了解中国国情，认同中国改革开放发展道路，有担当精神的中国学派，共同推动这项富有战略意义的出版工程。

中信集团在中国改革开放和现代化建设中曾经发挥了独特的作用，它不仅勇于承担大型国有企业经济责任和社会责任，同时也勇于承担政治责任。它不仅是改革开放的先行者，同时也是中国道路的践行者。中信将以历史担当的使命感，来持续推动中国道路出版工程。

2014年8月，中信集团成立了中信改革发展研究基金会，构建平台，凝聚力量，致力于推动中国改革发展问题的研究，并携手中信出版社共同进行“中国道路”丛书的顶层设计。

“中国道路”丛书的学术委员会和编辑委员会，由多学科多领域的专家组成。我们将进行长期的、系统性的工作，努力使“中国道路”丛书成为中国理论创新的孵化器，中国学派的探讨与交流平台，研究问题、建言献策的智库，传播思想、凝聚人心的讲坛。

孔丹

2015年10月25日

目 录

第五章　后金融危机时代的币权竞争及其前景（2008—2018 年）

序一

探索美元的奇点

对于金融从业者而言，美元从来不是一个新话题。我们时常需要密切关注美国联邦公开市场委员会（FOMC）的货币决议；投资者们也常常要根据美元指数的走势随时调整自己的投资决策；一些经济体的货币政策往往得看美元的脸色行事……而美元指数的每一次变动、美联储基准利率的每一次调整，都会给全球的经济金融运行带来不小的影响。正因如此，无论何时讨论美元这个话题，都具有很强的理论和现实意义。

关于美元的研究可谓浩如烟海，无论是经济学界还是政治学界，都对此进行过不少的探讨。尤其是在布雷顿森林体系崩溃和国际金融危机频发的年代，很多世界级的名家都写过经典专著，对美元的“特权”或者说“霸权”进行溯源与反思。例如，巴里·艾肯格林（Barry Eichengreen）的《嚣张的特权》、弗朗西斯·加文（Francis Garvin）的《黄金、美元与权力》、乔纳森·科什纳（Jonathan Kirshner）的《货币与强制》、保罗·沃尔克（Paul Volcker）的《时运变迁》等。虽然这些著作观点多样、侧重不一，但都从不同角度剖析了美元在某个历史阶段的特征，阐释了美元权力的由来和发展。较为遗憾的是，较少有作品将美元放入历史的多维视角，从社会思潮、国际关系、经济生活的综合角度，跨学科地探讨美元从诞生以来的演进历程，从历史的动因中摸索其兴衰规律。叶冰的这本著作，在一定意义上填补了这方面的一些空白。

此书成书之时，叶冰任职于中国工商银行总行的战略管理与投资者关系部，主要负责宏观经济与资本市场研究以及境内外资本工具发行等工作，“美元研究”是她的日常功课之一。在此之前，叶冰曾长期从事投资者关系工作，那一段经历使她积累了与境外机构投资者探讨交流中国经济发展模式及相关问题的一些经验。读了此书，也许你会发现，一度被境外财经媒体炒作的“地方政府融资平台”“四万亿”“影子银行”等问题，也不过是美元问题的一些延伸与变奏。另外，叶冰还曾作为高级翻译，陪同工商银行总行的高管多次参加国际货币基金组织、世界银行、达沃斯、巴塞尔等组织的年会和论坛，目睹金融危机前后国际社会关于美元地位、金融系统改革的激烈争辩。由此可见，作者对于美元问题的探寻，并不只是单纯的案头研究，也是从业十多年来的思考总结，具有立足于实际的根基，这是我想要推荐此书的一个重要原因。

此书值得一读的另一个原因是，作者较为特殊的学术背景。叶冰曾就读于北京大学英语语言文学系，师从韩敏中教授研究英美文学，对于欧美历史和社会变迁具有较为深入的理解。尽管后来从事金融行业，但长期培养的学术习惯，使她的视角比较宏观和独特，面对美元这一当今世界的“关键元素”，她倾向于从历史、社会、人文的角度加以解读。沿着这个脉络，叶冰拜入外交学院赵怀普教授门下继续攻读欧美研究博士学位，此书是在她博士论文的基础上持续深入研究而成的，兼具学术与现实意义。同时，这本书也不乏阅读乐趣——它有时候读起来就像一本另类的“金融史”，对于金融历史所描述的那一切，似乎又都指向了我们今天所生活的这个世界。

美国未来学家雷·库兹韦尔（Ray Kurzweil）在《奇点临近》一书中，第一次将“奇点”这一数学和物理学概念作为隐喻，用来形容某个既确定存在又难以被确切定义的时空点。一旦跨越了奇点，一切我们原来习以为常的理论、认知与常识都将不复存在，甚至整个历史性的进程似乎也都将被颠覆，这正是此书给我留下的深刻印象——在浩瀚与纷繁的历史中，探索美元的奇点。如果将视线充分拉远，在历史长河中观察美元的社会属性变化，我们将能看到美元的数个奇点，从 1944 年布雷顿森林体系确立，到 1976 年牙买加体系出现，到 20 世纪 90 年代美式金融自由化的大幕开启，到 2008 年的那次全球金融危机……每当跨越这些奇点，无论西方经济学理论，还是经济金融规律，乃至于社会意识形态都会发生重大的变化。读完此书也许会有一种感触：美元的力量确实不容小觑，我们今日所处的这个世界，许多角落、许多现象，都是由美元所裹挟的历史浪潮所冲积和塑造而来的。

当下我们需要思考的是：下一个奇点会不会存在，它会出现在哪里？美国所骑乘的这头“资本怪兽”，在其日益脱缰的过程中，究竟要将世界带往怎样的方向？在效仿欧美成熟市场过程中，是否需要更多具有理性和建构性的中国意识？人文理念、人文关怀和东方智慧，该不该、能不能与资本的逐利性相抗衡？人民币国际化的顶层设计应当遵循怎样的方向，如何避免重蹈美元的覆辙？

在我们趋向美元的下一个奇点的过程中，有很多事要想，也有很多事可做。也许，不妨从阅读这本有意思的书开始。

中国工商银行原行长、中国银保监会
国际咨询委员会委员
杨凯生
2019 年 11 月 于北京

序二

货币权力：国际关系研究新视角

权力是社会中的一种特殊现象，人们虽然看不到它的形象，却会感受和体验到它的存在。在权力所及的诸多领域，货币权力作为一种特殊现象，在当代市场经济社会中受关注程度极高，人们对它的感受和体验尤其深刻。

从根本上讲，这是因为货币在与人们的日常生活密切相关的经济金融活动中极其重要，同时货币对于维持国家的正常运转也至关重要。具体来说，货币的重要性不仅源于其在交易、定价、储备方面的市场属性，更源于它的信用属性——国家通过发行纸币可以获得铸币税，通过货币调控可以参与并影响真实的经济生活、完成社会财富的再分配，从这个意义上讲，货币也是一种权力杠杆。而当这种杠杆被无限延长，从国内进入国际，权力也随即被放大到货币流通域所能覆盖的区域，除了获得上述种种益处，货币发行国还能通过主动运用权力，向其他国家施加影响，由此货币权力就有了国际权力属性，成为各国争夺的一种国际性权力。谁能发行国际关键货币，将货币流通域铺展到全世界，谁就能获得海量的国际铸币税、提高本国企业的国际竞争力、影响全球经济和金融市场、拥有石油等大宗商品的定价权、根据本国需求自由调整货币政策，甚至能在必要的时候，以汇率或者清算体系作为制裁手段，兵不血刃地贯彻国家意志，达到政治目的，以上种种，正是国家间货币博弈的动力。

权力作为一种广泛存在的社会现象，也历来是政治学、国际关系与国际政治学的核心概念。货币权力多现于经济学研究，但是由于自身的特殊性，在本源上属于政治经济学范畴。货币权力是马克思主义政治经济学的一个重要概念。马克思基于其首创的劳动二重性原理揭示了货币权力的本质与来源。简言之，货币权力来源于它所负载的劳动价值，而货币是劳动价值的一种重要存在形态；货币是“信用符号”，其“信用”的基础在于能够确保它代表一定数量的劳动价值，否则无“信用”可言。

在主权货币时代，货币所代表的价值以掌握货币发行权的国家主权作为信用基础，而这种主权信用的基础仍然是社会劳动价值。在当代，一个国家建立它的主权货币权力体系，关键是使主权货币成为社会交易体系中唯一的交易手段。而在不存在超国家主权的国际经济体系中，一个国家要想建立其国际货币权力体系，关键在于两个方面：一是要确保其货币所含价值稳定以及货币规模巨大，以此吸引其他国家用其产品的劳动价值给该货币“充值”；二是确保国际贸易对其货币的需求，使其他国家不得不用其劳动产品中的价值来给该货币“充值”。二战后美国构建的以美元为中心的国际货币体系就是这样形成的。

战后初期，美国凭借其拥有的巨大规模的美元，建立了以美元与黄金直接挂钩、各国货币与美元挂钩为核心的布雷顿森林体系。后因美元大量超发，导致美元信用体系破产，布雷顿森林体系随之解体。此后，美元从“金本位货币”转变为“主权货币”，由美国行使国家主权来控制货币发行量。为了继续维系美元的霸权地位，美国和世界主要产油国签订秘密协议，以确保以石油为代表的最重要的国际性大宗商品交易用美元作为结算货币。当然，美元霸权是以美国强大的政治、军事、经济实力为保障的。总之，国际性的货币权力体系需要国际性货币，于是出现了各国货币之间的竞争，美元霸权由此产生。

伴随着货币的资本化和货币权力体系的全球扩张，美元霸权已经成为美国资本支配全球经济、获取剩余价值的巨大权力体系，其主导着国际金融体系与贸易体系。维护美元霸权已成为美国的核心利益，成为决定美国各种政治经济甚至外交决策的基点。只要哪个国家阻碍了美元对世界经济的支配，美国必然动用其政治军事权力强行干预，以确保美元霸权不断扩张。由此可见，由资本支配的货币权力体系的跨国扩张带来的国际关系的变化，从本质上讲，是世界政治经济权力结构版图的巨变。这同时也表明，货币权力的概念已不再局限于纯粹的政治经济学范畴，而是逐步扩展到时代性更强、包含的内容更广的当代国际政治经济学、当代国际关系、世界政治乃至全球治理等范畴。一言以蔽之，币权竞争不仅影响国际货币体系的构建与更替，也是影响国际关系乃至国际格局演变的一个重要因素。

国际关系领域对货币权力的研究，兴起于布雷顿森林体系瓦解和美元本位制建立的20世纪70年代；至90年代，美式金融自由化的兴起、亚洲金融危机的爆发、欧元与日元的崛起，引发了又一轮研究热潮。2008年全球金融危机爆发后，国外学界和业界人士纷纷开始反思：20 世纪 90 年代以来全球失衡严重、金融危机频发是否与国际货币体系的内生缺陷相关？继而引发了美元霸权相关讨论，国内学者对货币权力的研究也从这个阶段开始集中出现。从货币权力的研究历程可以看出，相关问题的提出与热议同美元本位制体系的诞生和演进关系密切，这主要是由于美国开创性地建立了“华尔街—华盛顿”循环，在过去的半个世纪先后奠定了美元“唯一与黄金直接挂钩货币”和“唯一信用本位货币”的特殊地位，重塑了“中心国家”提供美元和美债、“外围国家”提供产能和资源的全球产业分工格局，将货币权力的杠杆前所未有地放大。可以说，美元本位制为研究国际货币权力问题提供了绝佳样本。然而，从研究现状来看，虽然对货币权力的研究渐成体系，覆盖了货币权力的来源、表现、兴衰规律等方方面面，亦就相关理论进行了实证研究，但甚少有从货币权力的角度，全面追踪美元本位制从诞生到步入危机的过程，并梳理危机逐步深入的表征、探寻危机传导的动力、剖析危机成因的系统性研究成果。值得欣喜的是，叶冰博士的这本《美元病——悬崖边缘的美元本位制》在一定程度上填补了这方面的空白。

应该说，从货币权力视角研究美元本位制危机这一课题是有相当难度的，对研究者的专业素养和学术能力要求较高。叶冰博士虽然非国际关系研究科班出身，但是她有许多科班出身的研究者所不具有的优势。她还有扎实的外语基础，且外语的实际运用能力极强，这给她收集研读和有效使用外文资料、及时捕捉国外前沿学术信息带来了极大的便利，此书外文资料丰富、引用数据较为权威和新颖盖得益于此。她的另一个突出优势是具有十余年金融从业经验，长期的金融工作实践包括经常性地参与国际金融交流与合作的经历等，有助于开阔其视野并加深对货币权力的运作及其影响的理解。这个优势对于其在研究中更好地做到理论与实践相结合很有帮助。叶冰博士的这本著作从国际政治经济学的视角论述了国际货币权力的构建与更替，总结出若干规律性的见解，是一部高质量的学术著作。

首先，应肯定的是这本研究著作具有现实意义。在全球化深入发展、大国之间的权力竞争向多领域延伸、全球经济金融治理体系亟待改革的当下，将货币权力作为一个影响国际关系的变量，在国际关系视野下探究国际货币权力竞争给大国博弈和国际货币体系演变产生的影响，是很有现实意义的。

美元在二战后建立的国际货币体系中长期居于霸权地位，不仅对国际金融和大国关系带来了深远影响，也影响着美国自身的经济运行状况。在由货币权力与美元本位制构成的总体研究框架下，此书以“危机”为主题很好地契合了“权力”这一视角，毕竟权力的兴衰是国际关系研究的经典课题。作者在认同“美元霸权”仍存这一国际社会中较普遍的共识的基础上，对美元本位制的危机进行了概念界定，继而从币权竞争和历史演进的视角，分析了导致美元本位制危机的内在缺陷和外部原因。一句话，对美元本位制危机进行较为系统的研究具有显而易见的现实意义。

其次，此书在理论创新方面有值得称道的地方。作者在书中做了充分深入的文献综述研究，基于前人研究成果搭建了较为全面的国际货币体系兴替框架，对国际货币权力相关概念进行了辨析与诠释，对货币国际化的选择与推动、国际货币体系的演进规律做了归纳总结。

还有，更值得称许的是在实证研究方面，书中包括了大量史料并以货币权力兴替为线索，佐以翔实的现实数据，穿引了二战以来美元本位制崛起、兴盛、步入危机的历程，在此过程中完整深入客观地剖析了美元本位制的平衡性、稳定性与持续性等关键问题，由于作者具有多年金融从业经验，对史料的选择和分析的角度兼具学术价值和现实意义。

总的来看，全书框架结构合理，对相关文献资料的掌握比较到位，引用数据较为权威和新颖，论证具有逻辑性，得出的观点和结论正确，有独到的理论见解，体现了作者扎实的研究功底和敏锐的学术洞察。

总之，此书是一本兼具现实意义和理论参考价值的好书。相信这本书会对国际关系领域的研究者的思想启迪、研究设计提供参考和助力，而作者深入浅出的阐述也为金融从业者和爱好者提供了思考方法和分析逻辑，具有较高的可读性。该书的出版是叶冰博士在国际关系研究领域累积的知识与能力的初步展现，我作为她的博士生导师对其取得这一成绩甚感欣慰。当前国际社会及学术界对美国的美元政策及美元本位制的前景十分关注，希望叶冰博士继续探索下去，努力在货币权力与国际关系研究领域取得更多更好的研究成果。

北京外交学院教授、博士生导师

赵怀普

2019 年 8 月于北京外交学院

前　言

危机将至?

距离肇始于美国的2008年全球金融危机已逾十年，关于这场金融危机的讨论却从来不曾停止，不仅因为这场自“大萧条”以来最严重的全球金融危机影响深远——至今，欧洲还笼罩在欧债危机的阴影之下，直到2018年8月，欧元区财长会议才同意希腊在第三轮救助计划到期后退出该计划，由此希腊成为“欧猪五国”中最后一个退出欧盟救助计划的国家，更因为引发危机的病灶并未被彻底清除。正因如此，在距离上一次金融危机已有十多年之久的今日，人们重新开始关注隐藏的危机征兆：各国央行量化宽松，带来的流动性泛滥和资产泡沫高企；美联储重回加息通道，致使国际热钱流动连续冲击脆弱的经济体；美国货物贸易逆差创2009年以来新高，“双赤字”变本加厉；“特朗普新政”重举贸易保护和民粹主义大旗，挑起全球贸易争端；美国基于地缘政治考虑频频挥舞制裁大棒，引发俄罗斯、土耳其等多国汇率连环崩溃……

全球金融危机十周年之后，市场信心再次变得前所未有的脆弱，市场人士开始探讨一些意味深长的话题：1997年爆发亚洲金融危机，2008年爆发全球金融危机，假如每十来年注定有一场危机轮回，是否现在又到了危机将近的时刻？美国股市、日本债市、中国楼市，所谓全世界最坚硬的三大泡沫，是否到了该破灭的时刻？国际货币基金组织（IMF）于 2018 年 7 月 2 日发布的《世界经济展望》（World Economic Outlook），即使对 2018 年和 2019 年世界经济增速给出 3.9% 的高预期，字里行间仍透漏出对世界经济格局“结构性问题”及其蕴含的系统性风险的担忧，这种担忧与其说是先见之明，不如说是以史为鉴。毕竟在 1997 年亚洲金融危机和 2008 年全球金融危机前夕，IMF 都对世界经济的增长前景给出了相当乐观的评价，却被突如其来的大规模金融海啸颠覆了预期。系统性的金融危机是否会卷土重来？在何时、何地、以何种形态重来？这些问题，再次被学界和业界热议。

在探讨金融危机的“When”（何时到来）、“Where”（何地发生）和“How”（以何种形态发生）问题之前，在逻辑上，首先需要明确金融危机的定义与根源，亦即“What”（何为危机）和“Why”（为何发生危机）。如果对 1997 年亚洲金融危机和 2008 年全球金融危机这两轮相距十来年的金融危机加以剖析比较，或者往更早之前回溯，我们可以清楚地看到，随着历史的演进，金融危机的形态和传导机制已经发生了较大程度的变化，其中最核心的一点是，货币和汇率制度在其中所扮演的角色越来越关键。在 20 世纪 90 年代以前，金融危机的形态较为单纯，多以挤提或货币危机的形式出现，且往往是经济危机的伴生物，先由于经济发展不平衡、供需关系失调引发经济危机，继而才会出现银行挤兑、汇率崩溃等金融危机的症状。然而，随着布雷顿森林体系的瓦解，美元本位制和浮动利率体系的建立，以及20世纪90年代以来美国全力推动的“金融自由化”，全球经济在短短几十年间迅速金融化，出现了“资本市场型金融体系越来越主导的银行型体系”，全球生产模式“日益通过金融途径而非贸易和商品生产途径获取利润”，且“金融动机、金融市场、金融参与者和金融机构在经济运行中的地位不断提升”的系列典型现象。①不但金融危机的面貌发生变化，体现为各类金融指标②急速和超周期的恶化，且金融危机往往先于经济危机而发生——先由流动性恶化和信心崩溃带来信贷紧缩，再由货币危机引发大规模的经济衰退。更重要的是，由于金融自由化的全球化特征，金融危机越来越容易发生交叉感染和连锁反应，从一个国家、一个区域迅速蔓延至全球，以资本流动和汇率机制为传导，形成影响深远的全球金融海啸。

关于金融危机为何产生，是否有可能避免，经济学界有过广泛深入的探讨，尤其在2008年全球金融危机之后，很多学者从不同的角度剖析了引发危机的深层次原因，试图寻觅解决之道，构建更加稳健的全球金融体系。例如，货币危机流派以货币为切入点，探讨由于货币信用、道德风险和市场心理因素引发的金融风险，以及相应的危机传导机制；双赤字与储蓄不对称理论主要考察了在现行国际经济分工格局下，美国“双赤字”和储蓄不足问题与东亚国家“高储蓄两难”

① 戈拉德·A. 爱泼斯坦，温爱莲. 金融化与世界经济[J]. 国外理论动态，2007（7）：14–21.

② 例如短期利率、股市、债市、房地产、商业破产数、金融机构倒闭数等。

引发的全球流动性过多、投资过度、生产力过剩带来的系统性问题；金融自由化理论着重讨论“大而不能倒”和金融过度创新、监管不严等问题，认为这是引发金融危机的主要原因……以上理论多偏重于经济现实，相应地，提出的解决方案也侧重于实际操作。例如，2008 年之后全球金融监管趋严，大量新的金融监管法案随之出台：美国沃尔克法则（Volcker Rules）、欧盟金融工具市场指令 II（MiFID II）和针对银行资本监管的《巴塞尔协议 III》和总损失吸收能力（TLAC）要求的推出，在很大程度上起到了“对症下药”的作用，防止了系统性金融风险因素的继续积累。但仅从经济金融角度来剖析危机发生的原因，可能会将视野局限在技术层面，其解决方案也只起到暂时的缓和作用，“病情”还有可能出现反复。一个较为明显的例子：特朗普上台后，金融监管出现了松动迹象，严苛的沃尔克法则被修改，给予了投资银行更多的业务自由，而这正是引发上一轮金融危机的导火索。明知不可为而为之，其背后原因值得深思，仅仅从经济角度来探寻，或许无法得到全面而确切的答案。

2007 年底，正当金融危机迅速蔓延之际，时任中国人民银行行长周小川在第三次中美战略经济对话期间接受记者采访，针对全球经济金融失衡，他提出不能“头痛医头、脚痛医脚”，要找出病灶所在，进行系统性的纠正。两年后，周小川发表署名文章《关于改革国际货币体系的思考》，再次以同样的全局性思维剖析了引发全球金融危机的深层次原因——以单一国家货币为锚的全球货币体系存在缺陷。他提议，可以考虑更多地使用特别提款权（SDR）[①]，以增强国际货币体系的稳定性。以单一国家货币为锚的美元本位体系缺陷何在？在讲话中，周小川并没有做进一步的延伸分析，但事实上，从特别提款权这一提议可以看出，这个“药方”已跳出了单纯的经济金融范畴，而是从政治和国际关系的角度，以更广阔的视角来探寻过去已经发生和未来可能发生的金融危机的真正病灶——以主权货币作为全球本位货币，必然会产生单个国家与公共产品之间的利益之争。

这一相对特殊的角度，或许来自这位央行前行长从业多年的切身体会。在周小川掌舵中国人民银行的15年间，中国的M2总量从2002年底的18.5万亿元一路飙升至2017年底的167.7万亿元，增长了8倍，关于央行是否“货币超发”的争议声音始终不绝于耳。对此，周行长曾多次表示，央行并未超发货币，甚至始终保持了克制，只是由于外汇占款增长导致货币乘数增速较快，基础货币投放持续被动增加。外汇占款的存在，与美元本位制体系下中美两国的国际分工密切相关——一旦将视线拉远，把视域扩大到整个国际货币体系，分析和研究就不能单单局限在经济领域了。

① 特别提款权（Special Drawing Right，SDR），亦称“纸黄金”（Paper Gold），最早发行于1969年，是国际货币基金组织根据其成员认缴的份额分配的，可用于偿还国际货币基金组织债务、弥补成员方政府之间国际收支逆差的一种账面资产。其价值目前由美元、欧元、人民币、日元和英镑组成的一揽子储备货币决定。成员方在发生国际收支逆差时，可用它向国际货币基金组织指定的其他成员方换取外汇，以偿付国际收支逆差或偿还国际货币基金组织的贷款，还可与黄金、自由兑换货币一样充当国际储备。因为它是国际货币基金组织原有的普通提款权以外的一种补充，所以称为特别提款权。

事实上，在政治和国际关系领域，货币问题并不是一个陌生问题，它曾有过三次“高光时刻”：

第一次在20世纪70年代，布雷顿森林体系的解体和美元本位制的确立，使货币相关议题成为国际政治经济学的显学，苏珊·斯特兰奇（Susan Strange）、查尔斯·金德尔伯格（Charles Kindleberg）、罗伯特·基欧汉（Robert Keohane）、约瑟夫·奈（Joseph Nye）、罗伯特·吉尔平（Robert Gilpin）、本杰明·科恩（Benjamin Cohen）、巴里·艾肯格林等大师纷纷著书立说，探讨货币与权力、货币与国家、国际权力与国际货币体系的相互关系，指出货币与国际货币体系并非单纯的经济学概念，国际化的货币将为国家带来更多权力，政治权力在货币国际化过程中也起到十分重要的作用。

第二次在20世纪90年代，冷战的终结、美国引领的金融自由化、日元的崛起与迅速衰落、欧元划时代的诞生，催生了新一代国际政治经济学者，乔纳森·科什纳、埃里克·海雷纳（Eric Helleiner）、大卫·安德鲁斯（David Andrews）等对国际货币权力的理论进行了开拓创新，罗伯特·蒙代尔（Robert Mundell）也从经济学领域对货币权力进行了探索。更重要的是，1997年的亚洲金融危机促使国际关系学者开始探寻现行国际货币体系，即美元本位制体系的固有缺陷，并针对国际货币体系的兴替，从政治和权力的视角做出了更加系统深入的阐述。

第三次是在2007年之后，全球金融危机作为一个分水岭式的事件，“改变了国际均势并影响了未来世界政治模式和周期性变化”[①]，包括艾肯格林、科恩、科什纳在内的学者纷纷从政治经济学的角度，更加明确地以全球金融危机为样本，剖析了美元本位制由盛而衰的危机之相。此外，随着美元权力的式微，美国以外尤其是中国的学者和专家也在近十年越来越多地涉足国际货币体系变革的话题，并针对如何制衡美元霸权、推动人民币国际化、加强货币多边合作以提升国际货币体系稳定性提出了各自的见解。

从政治经济学视角，或者说，从货币权力的视角来重新审视 2008 年全球金融危机，我们会发现，这场危机并非普通的经济金融危机，亦非单纯的货币危机，而是现行国际货币体系“美元本位制”的系统性危机。要完整地探讨这一课题，获得更广阔的视角和更生动的触角，不妨沿着过去数百年来国际货币体系兴替的脉络，通过历史梳理和实证分析来摸索规律、以古喻今，以充分研究论述美元本位制危机的表征、动因和根源。

本书更像一本另类视角的历史读物，以货币权力为线索，对美元本位制在不同历史时期的发展特征加以联系和比较，通过对国际政治、经济金融的史料、档案、回忆录等文献资料进行重新梳理，归纳总结美元本位制的由来与演进规律，并从体系的内在缺陷分析危机的根源，推测美元本位制危机的演进路径。其新颖性和可读性亦源于此，毕竟关于货币权力，中外学者已经做了较为充分的研究。政治因素和权力斗争对国际货币

---

① 乔纳森 · 科什纳 . 金融危机后的美国权力 [M]. 江涛，白云真，译 . 上海：上海人民出版社，2017 ：1.

体系的塑造作用也并非独创议题，美元本位制危机更是在过去十年被各学科领域学者从多个角度进行了广泛深入的研究。但先前的研究或聚焦于理论建构，或侧重于文献梳理，西方学者尤其是美国学者由于受到意识形态影响和霸权护持的潜意识，还容易忽略权力制衡的必要性，甚少有作者从货币权力的角度对“美元本位制危机”的前因后果进行整体性的梳理和研究，尤其是以货币权力相关理论与货币体系演进规律为准绳和章法，来重新归置纷繁芜杂的史实和难以取证的国家政策动机。

为使历史梳理和实证研究更有章法可循，本书开篇就进行了理论框架的搭建，通过厘清货币权力与国际货币体系的概念、归纳国际货币体系兴替的基本规律，为后续章节提供了体系化的分析层次，也从跨学科的角度对一些研究空白做了填补。

总的来说，政治学对于货币问题的分析多偏向宏观，着重探索货币的权力属性对于国际货币体系演进的影响，在理论研究方面相对抽象，因而在面对美元本位制危机时解释力偏弱；而经济学对货币问题的分析相对微观，对国际货币体系的缺陷和困境给出角度各异的解释，其中“国际体系寻锚”和全球金融自由化对于考察美元本位制危机而言，是十分重要且往往容易被国际关系理论学者所忽略的切入点。如果从权力视角进行探寻，深入考察其背后的政治权力与国际关系动因，可进一步拓展对美元本位制相关问题的认识。这种以跨学科的理论框架来进行的历史研究，类似于法国年鉴学派“整体史”的研究方法，即，打破专业局限与学术局限，贯通多学科的理论与方法论，将实证史学从政治、军事和外交拓展到经济史与社会史研究——随着金融自由化席卷全球，金融在国际体系中所扮演的角色越来越重要，货币权力逐渐成为国家间权力斗争的主要工具，更有必要采取这种跨学科、大视角的研究方法论，重新认识我们所在的世界。

就国际货币体系兴替的一般规律而言，本位货币制度出现危机通常具有两种表征：一是本位货币的价值弱化和权力流失，二是挑战货币的相对崛起和权力扩张。本位货币与挑战货币的权力此消彼长直至危机爆发、体系切换，这一周期性的兴替过程同样体现在现行国际货币体系即美元本位制体系的动态变化之中。美元本位制危机根植于国际货币体系的内生缺陷。20 世纪 70 年代，在黄金“脱锚”赋予美元信用本位地位的同时，也将“双赤字”问题内化为美国必须履行的国际公共义务，由此造成的“新特里芬悖论”使美元信用危机随着时间的推移而逐步显现。20 世纪 90 年代之后，金融“脱嵌”无限扩大美元权力的同时，也因虚拟经济的过快发展而持续侵蚀着美国工业制造硬实力，导致美国经济增长后继乏力、经济结构日益脆弱。“脱锚”与“脱嵌”是美元本位制的内在特征，从根本上消解着美元价值的现实基础。

与此同时，美元本位制的内在缺陷及其负面影响也在思想意识上引发了离心力，并促使挑战货币陆续崛起。在美元本位制下，将国家主权货币作为国际公共产品的制度设计以及完全缺乏制约的信用本位制度，不可避免地会带来货币权力的滥用，由此造成的全球贸易失衡、资产泡沫高企、实体经济空心化、金融危机周期性爆发以及外汇储备价值下降等一系列问题，逐渐催生了新的“异质性思维”，促使外围国家纷纷探索区域化货币合作，以寻求摆脱美元霸权。以欧元为代表的超主权区域货币一体化和亚洲区域货币多边合作机制的出现，从事实层面和意识层面割裂了大一统的美元本位制，正重塑着全球货币体系的权力结构。

纵观牙买加体系四十余年历史，我们发现，美元本位制从建立之初就埋下了危机根源，并随着货币体系周期的兴替逐渐步入恶性循环，危机表征愈益明显。由于货币权力已代替资源、领土与市场成为国际关系博弈的核心领域，深入研究和分析该问题有较强的现实意义。

由于国际货币体系动荡引发的诸多国际政治、经济乱象，既无法单纯从政治角度来剖析，也不能仅仅从经济角度来平抑。就国际而言，美元本位制危机集中以货币金融危机的形式体现，本质上源于美元同时作为主权货币（代表国家利益）和本位货币（代表公共产品）的天然矛盾。在该体制下，美国“双赤字”问题难以避免，需要以资本项目顺差平衡经常项目逆差，因而不断深化金融市场、推进金融自由化，为传播迅速、波及广泛、破坏力惊人的金融危机的频发埋下了祸根。同时，高度金融化的世界经济使得国际货币体系和本位货币对全球资源调控和财富分配的影响力空前，美元的霸权特性凸显。除了结构型权力带来的收益外，美国还通过对货币权力的运用，在经济金融领域对其他国家施加影响，既有援助和拉拢，也有制裁和打击，根本目的都是维持美元的国际本位货币地位，进一步制造世界金融乱象。更有甚者，美元作为国际本位货币的权力缺乏制衡机制，出于迎合选民要求，美国的经济金融政策往往只考虑本国利益，罔顾全球体系的稳定性，恣意将全球经济金融失衡的成本转嫁他国，进一步加剧了全球失衡。理解了以上逻辑，我们就可以更好地理解当今国际经济、金融、外交现象和各国政策取向，并对未来走势做出符合逻辑的预测和判断。例如，2018 年 8 月土耳其里拉半个月暴跌 40%，就是美国动用汇率武器的典型案例。就国内而言，理解了“贸易顺差—外汇储备积累—美元资产投资”这种美元本位制下外围国家的发展模式，就理解了本国诸多经济金融现象，例如广义货币 M2 供应量的暴涨，正体现了美元本位制带来的全球流动性泛滥和经济的金融货币化。

此外，理解美元本位制危机的前世今生，还有助于为推进人民币国际化提供切实的政策参考。本书尽管是从货币问题入手，涉及经济学、金融学、货币学相关知识和理论，但并非将美元问题当作单纯的经济金融问题来研究，而是侧重于分析美元问题背后的国际关系和国家战略，并考虑社会意识形态等软实力对国际货币体系的影响。通过梳理美元本位制的兴衰路径，可以总结归纳货币国际化的一些基本规律，更有针对性地推进人民币国际化，并避免重蹈日元等其他崛起货币的覆辙。在国际上被广泛运用的货币有一定的共性，如币值稳定、交易网络广泛、投资渠道丰富等；中心货币国家也有一些共同特征，如经济发达、政治稳定、金融市场有深广度、懂得运用自身硬实力和软实力来提升国际政治影响力等。作为全球第二大经济体，中国与各国经贸往来频繁密切，从市场选择角度而言，人民币国际化已经是题中应有之义。市场选择之外，国家驱动是货币国际化的重要路径，可以通过建设金融基础设施、建立多边伙伴关系、宣传文化与软实力、参与国际货币体系建构等，强化并维护人民币的货币权力，提高人民币在货币“丛林”中的竞争力。

1

国际货币体系中的货币权力

在政治经济学框架下讨论美元本位制的由来、发展与兴衰，不可避免要从“货币权力”（currency power）这一基本概念入手。正是在追逐国际货币权力的过程中，美国因势利导建立了美元本位制，并通过对货币权力日益娴熟的主动运用，获得了难以尽数的国家利益；也是在追逐国际货币权力的过程中，美国过度放纵其权力欲望，破坏或延迟建立国际货币体系的权力制衡机制，故而逐步导致了美元本位制危机。本章首先明确货币权力在国内和国际两个不同体系框架下的含义，提出了国际货币权力的收益与运用方式，为后续章节继续阐述美国是怎样因滥用货币权力而埋下美元本位制危机的祸根做好理论准备；随后探讨了成为国际货币的条件，以及货币权力与国家实力的相互关系，为论述美元本位制的建立和强化提供思考框架；最后讨论了国际货币体系兴替的基本规律，为探讨如何重构国际货币体系规划可能的路线。

第一节　国际货币与国际货币权力

一、货币与货币权力

1. 货币的双重属性

无论是在国内还是在国际框架下，货币的权力属性都是与生俱来的。尽管主要在经济领域使用，货币却天然地带有经济与政治的双重属性，这是由货币的基本职能[①]所决定的。由于作为流通和支付手段是货币的最初职能，也是最常用的职能，所以长期以来，在主流经济学的视野中，货币仅作为单纯的交易媒介存在，被认为是一种独立于真实经济生活、本身没有实际意义、由市场自发产生的工具，不会对真实经济的财富创造起到实质性作用，约瑟夫·熊彼特（Joseph Schumpeter）将这一流派[②]的观点统称为“商品货币论”（commodity theory）[③]。与之

① 马克思主义政治经济学认为货币具有价值尺度、流通手段、支付手段、货币储藏、世界货币五种职能，西方主流经济学认为货币具有交易媒介、计价单位、价值储藏三种职能。

② 该流派包括亚当·斯密和李嘉图早期的劳动价值论、休谟的《论货币》、穆勒的《政治经济学原理》、费雪的货币数量理论体系、瓦尔拉斯的一般均衡论、门格尔的边际效用分析理论、基德兰德和普雷斯科特的真实商业周期模型理论、索洛的经济增长理论和保罗·罗默的新经济增长理论等。进入 20 世纪，维克塞尔对货币利率和自然利率进行了区分，弗里德曼的货币主义又进一步确认了货币作为一种独立因素在经济周期的重要作用，但上述经济学家仍认为真实利率和真实经济增长是由货币以外的变量所决定。

③ Joseph Schumpeter, *The Theory of Economic Development*, Harvard University Press, 1934.

相对应的是“信用货币论”（claim theory），主要考量货币的价值尺度、支付手段和价值储藏职能。一张纸币可以作为计价单位、具有储藏价值，且具有“见票即付”的支付承诺，都是因为持币人认可货币发行方（国家）的信用。这一流派[①]认为，货币信用创造是经济运行的核心，国家通过货币发行获得铸币税，以调控基础货币投放的方式直接参与真实的经济过程，并完成社会财富和收入的再分配。

任何理论思潮的产生都植根于历史现实。发轫于 19 世纪的信用货币论，随着主权意义上国家货币的诞生而诞生。日益强大的民族国家为了实现政治权威的集中化，迫切需要将货币发行收归官方，以统一的货币凝聚统一的市场，强化公民的民族认同感；亦需要进一步增强税收获得能力，为现代民族国家日益壮大的政府机构和武装力量买单。[②]在此背景下，民族国家逐渐建立了各自的国家货币，纸币在全球范围内大规模使用。由于纸币的发行不完全受金银储备的限制，货币的国家信用本质日益凸显，经济学界因此逐渐认识到：货币并非如同门格尔所言，仅仅是一种由市场“自发产生的秩序”（spontaneous order）[③]，它还体现了建立在国家权威之上的社会关系，具有“信用追索”（claim

① 该流派包括韦伯对货币作为产权制度基础的论述、凯恩斯的收入支出说理论体系、南普的国家货币理论、兰德尔·雷的新货币法定论、查尔斯·古德哈特的货币秩序与央行职能研究，以及后来的现代产权制度研究、货币信用研究、货币非中性论等。

② 欧阳彬．金融全球化时代国家货币的命运：过去、现在与未来 [J]. 国际商务——对外经济贸易大学学报，2009（6）:37–40.

③ Karl Menger, “On the Origin of Money”, *General Equilibrium Models of Monetary Economies,* Vol.6, No.2, 1892, pp. 239–255.

of credit)[①] 的特征，天然地带有政治属性，其中所蕴含的政治权力，使得货币发行成为国家权力的重要组成部分，这便是"货币权力"最初的源头，意味着通过对权力的运用，国家可以获得一些排他性的收益。

2. 货币权力的定义

货币权力源于其交换媒介、计价单位、价值储藏的基本属性，随着民族国家和主权货币的诞生而诞生。最初发现货币具有政治属性的是 19 世纪后的经济学家，"信用货币论"这一流派的韦伯、凯恩斯、南普等学者发现货币具有信用追索的特征，是一种建立在国家威权之上的社会关系，可以为国家带来铸币税、参与和调控经济、分配资源和财富的权力。[②] 20 世纪 30 年代之后，金汇兑本位制的出现和英镑、美元的国际化使赫伯特·费斯（Herbert Feis）、卡尔·波兰尼（Karl Polanyi）等国际关系领域的学者开始关注国际化货币可以为货币发行国带来哪些特权，以及如何使用货币手段来完成国家使命。20 世纪 70 年代布雷顿森林体系的瓦解催生了斯特兰奇、金德尔伯格、基欧汉、约瑟夫·奈、吉尔平、科恩等国际政治经济学大师，纷纷对货币权力的定义、来源、类别进行论述，从而奠定了货币权力的理论基础。20 世纪 90 年代之后，科什纳等学者进一步对美元权力与金融自由化等现象进行了充分分析。国内学者中，王

---

① Geoffrey Ingham, *The Nature of Money,* Polity Press, 2004.

② 相关论述见 Joseph Schumpeter, *The Theory of Economic Development*, Harvard University Press, 1934。该流派代表经济学家包括 Max Weber、John Mayard Keynes、G. F. Knapp、L. R. Wray、Charles A. E. Goodhart、Jeffery Lau and John Smithin、Geoffrey Ingham、Ludwigvon Misse 等。

湘穗、何帆、鲁世巍、刘军红、张宇燕、徐飞彪、彭兴韵、李巍等也从不同角度深入探讨了国际货币体系中的货币权力关系。

可以看出，货币权力的定义随着民族主权货币的出现、信用货币与贵金属脱锚、全球金融自由化而不断发展变化。本书所定义的货币权力，主要指全球金融自由化时代，主要货币发行国通过国际货币体系来控制和影响世界体系的权力。在已有研究基础之上，本书还将货币权力区分为收益和运用两个方面，其中货币权力的四种收益包括：获得国际铸币税，增强本国企业在国际市场竞争力，参与并影响全球宏观经济，主导分配全球资源和财富。货币权力的四种运用包括：在货币领域直接对他国施加影响，有能力免于受到其他国家影响，有能力塑造国际货币体系的博弈规则以及可以在意识层面塑造他国的认知，从而充分维护自身利益的权力。

3. 狭义的（国内）货币权力

在民族国家的疆域内，通过发行货币和调控货币，国家可获得以下三种权力，或者说收益。

一是获取铸币税的权力。一张方寸大小的纸片，所代表的价值远高于自身的商品价值，这种来自货币当局（通常是国家的中央银行）信用背书的价值差，或者说铸币成本与其在流通中的币值差，便是传统意义上的铸币税。在现代，铸币税更多被理解为通货膨胀税，政府扩大支出增加了货币派生，降低了单位货币的实际购买力，以此获得隐形的税收。从流量来看，国内铸币税收益是指货币当局在一定时期里净资产收益的增加；从存量来看，国内铸币税收益是指货币当局在某个时点上通过发行货币而持有的未清偿的资产价值。①

二是参与和调控经济的权力。中央银行通过调控基础货币的投放数量和价格（名义利率），以及越来越复杂详尽的宏观审慎监管，影响实际利率、其他金融资产的收益率，从而作为经济过程中一个重要真实变量②，调控宏观经济各部门的产出与回报。货币赋予了政府两个强大的政策工具：货币供应和汇率。这两种政策工具使得政府得以制定全民性的经济政策，如吉尔平所言，国家货币开创了“政治货币的时代”③。

三是分配资源和社会财富的权力。中央银行新增货币的发行过程，同时也是社会资源调配和财富转移的过程，财政支出的倾向性（在以间接融资为主的国家则体现为央行的信贷指导）改变了不同群体的收入与财富，使得政府及受政府照顾的集团会获得更多资源倾斜，这也体现了米塞斯所言的“货币的非中性”特征④。

由此可见，在信用货币时代，货币的权力属性更为本原。随着全球化分工与国际贸易体系的形成，尤其是19世纪以来英镑逐渐成为国际贸易、投资和储备货币，货币跨越了民族国家的疆域成为国际货币，其权力特征进一步显现，为货币权力赋予了国际关系视角下的全新内涵。

---

① 李翀．关于国际铸币税收益的探讨[J]．当代经济研究，2012（8）:68–72.

② 张宇燕，张静春．货币的性质与人民币的未来选择[J]．当代亚太，2008（2）:9–43.

③ 罗伯特·吉尔平．国际关系政治经济学[M]．杨宇光等，译．上海：上海人民出版社，2006:114–126.

④ 路德维希·冯·米塞斯．货币、方法与市场过程[M]．戴忠玉等，译．北京：新星出版社，2007.

二、国际货币与国际货币权力

1. 国际货币的双重属性

真正对货币的权力属性进行充分探讨，主要是政治经济学与国际关系学领域的专家学者。赫伯特·费斯在其1930年的著作《欧洲：世界的银行家（1870—1914）》中，从政治经济学角度对第一次世界大战之前欧洲所扮演的全球银行家角色进行了深入分析，论及如何通过国际货币手段来实现国家使命。[①]国际政治经济学的先驱卡尔·波兰尼率先对国际货币体系做了政治经济学的分析，在《大转型》（1944）一书中提出，应当从均势、国家、市场和金本位制度四个方面研究国际关系。[②]二战后，一大批现代政治经济学家出现，愈加清晰地区分了政治学与经济学的适用领域，但并未对货币和国际货币进行探讨，货币问题成为政治经济学领域的热门话题是在20世纪70年代，布雷顿森林体系的解体和美元本位制的确立为理论界提供了全新的视域，斯特兰奇、金德尔伯格、基欧汉、约瑟夫·奈、吉尔平、科恩等大师从政治经济学角度对国际货币和国际货币体系进行了充分探索与讨论。进入20世纪90年代，冷战的终结和金融自由化的浪潮催生了新一批国际政治经济学者，科什纳、海雷纳、安德鲁斯等对国际货币和国家权力的理论进行了开拓创新。

探讨国际货币的权力属性，同样要从国际货币的基本职能

---

① Herbert Feis, *Europe: The World's Banker* 1870–1914, Norton, 1965.

② Karl Polanyi, *The Great Transformation: The Political and Economic Origins of Our Time,* Beacon Press, 2001.

入手。科恩首先就国际货币给出了明确而完备的定义：当私人部门和官方机构将一种货币的使用扩展到发行国之外，这种货币就成为国际货币。[①] 菲利普·哈特曼（Philipp Hartmann）和蒙代尔分别就国际货币的职能和流通域[②]做了探讨。[③] 基于货币的交易媒介、计价单位和价值储藏三种基本职能，近年科恩又从市场和政府两个分析层面出发，开创性地总结出了国际货币的六种基本职能（见表 1–1）。[④]

表 1–1 国际货币的基本职能

	国际货币职能		
	交易媒介	计价单位	价值储藏
市场	贸易结算、外汇买卖	贸易计价	投资
政府	干预货币	货币平价（锚）	储备货币

与国内货币一样，国际货币在诞生之初，也更多体现为市场而非权力的属性，任何货币的国际化，都是从私人领域的贸易结算、贸易计价、跨境投资开始发生的。科恩在探讨国际货币的由来时，同样先从经济角度入手，认为国际货币出现的动因，主要

① Benjamin Cohen, *Future of Sterling as an International Currency*, Macmillan, 1971.

② 流通域是指某一特定货币的流通广度或被接受和被使用的范围。

③ Philipp Hartmann, *Currency Competition and Foreign Exchange Market: The Dollar, the Yen and the Euro,* Cambridge Press, 1998; 罗伯特·蒙代尔 . 国际货币：过去、现在和未来（《蒙代尔经济学文集》第六卷）[M]. 向松祚，译 . 北京：中国金融出版社，2003 : 184.

④ 本杰明·科恩 . 货币强权：从货币读懂未来世界格局 [M]. 张琦，译 . 北京：中信出版社，2017:14–15.

是国际贸易的参与者出于成本节约和规模经济的考虑，希望以一种或少量几种货币提高交易效率，降低转换成本。当在某个交易网络中使用某种货币的人越多，货币之间的转换成本就越小，这就是艾肯格林提出的货币的“网络外部性”（network externality）。[①]

与国内一样，国际市场上的货币也同样具备信用本质，能够给货币发行国带来铸币税收益，使之可参与全球经济调控与资源配置，进而在全球范围内影响财富分配，这是国际货币具有权力属性的直接表现，体现为货币权力带来的收益。

2. 广义的（国际）货币权力

国际货币权力所带来的收益，并非货币权力的唯一体现。由于国际货币并非唯一，每一种货币背后都代表着主权国家排他性的利益，货币权力在“运用”层面也出现新的内容。例如，从起初的市场层面发展到后来的官方层面，国际货币增加了汇率干预、汇率锚（货币平价）、外汇储备三种新的职能，其中更多涉及对权力的主动运用，而非仅仅体现为权力所带来的收益。科恩在对国际货币职能进行市场和官方两个层面的区分时，并未明确指出上述区别。

权力主体的增加是出现区别的关键原因。在单一权力主体框架下，在统一市场的民族国家疆域内，国家权威的合法性毋庸置疑，无须考虑是否有权力、权力大小、权力争斗的问题。然而，拓展到多个权力主体框架下，进入有着美元、欧元、日元、英镑、人民币等多种国际货币的全球市场，货币权力便从单纯

① Barry Eichengreen, *Globalizing Capital: A History of the International Monetary System*, Princeton University Press, 2008, p.4.

的“有权力去做”，变成了先对其他权力主体“有权力影响”而后再“去做”。[①] 换言之，由于国际货币体系是一个动态变化的体系，并不存在某个与生俱来就有权力合法性的世界政府和全球央行，而是各国货币在相互交叠的流通域内争夺权力，因此货币权力在国际领域就呈现出两种面相。

一种类似于国内货币权力，属于权力的收益，即货币发行国A有权力去做某些事从而获得收益，包括科恩在内的很多学者将之直接定义为“国际货币的收益”。从结构权力学说的角度来看，这种收益事实上属于国际货币结构型权力的一种。结构权力学说认为，权力主体具有能够达成某种结果的倾向和能力，这种能力和倾向存在于某种社会结构之中，无论权力主体是否采取行动。[②]

另一种是权力的运用，即货币发行国A有权力去影响货币发行国B，从而确保自己有权力去做某些事从而获得利益。要讨论国际货币领域权力的运用问题，需要先对多个权力主体（国际关系）框架下，权力的运用形式进行明确。吉尔平认为，权力是“国际关系领域最棘手的概念之一”[③]。本书无意针对这一包罗万象、表义模糊的词汇建立新的理论模型，仅针对货币领

① Pamela Pansardi, “Power To and Power Over,” in Keith Dowding et al., *Encyclopedia of Power,* Sage Publication, pp.521–525. 原文主要探讨行为主体“有权力做……”（power to）和“对……有权力”（power over）的区别，即，讨论权力的自主性与影响力，此处与原文含义有别。

② Peter Morriss, *Power: A Philosophical Analysis,* 2nd Edition, Manchester University Press, 2002, p.14.

③ Robert Gilpin, *War and Changes in World Politics,* Cambridge University Press, 1981, p.13.

域的特殊性，借助现有的理论成果进行概念性划分。基于斯特兰奇关于关系权力与结构权力的经典概念①、科恩关于货币的影响力（influence）和自治力（autonomy）的区分②、贝蕾妮丝·卡罗尔（Berenice Carroll）关于自主权力的探讨③以及约瑟夫·奈关于软实力对他人偏好的塑造能力④，对于国际货币领域的多个权力体之间对权力的运用，本书提出可大致分为四种类型：关系型权力、自主型权力、结构型权力、建构型权力。

其中，关系型权力表示 A 为了自身利益，有能力通过鼓励或强制让 B 做某些事；自主型权力表示 A 能够隔离外来压力和影响，具有自主决策的空间，可以为了自身利益而不做某些事；结构型权力表示 A 可以为了自身利益，有能力重塑和修改关系框架和现有博弈规则；建构型权力表示 A 有能力塑造他人的偏好，让 B 主动做某些事。需要强调的是，不同学说的权力概念，在内涵和外延上既有重叠又互相兼容。随着各派理论的发展充实，广义的关系型权力（也称联系型权力）包括自主型权力、结构型权力和建构型权力；广义的结构型权力又包括本书所定义的国际货币权力的收益。为便于讨论，使概念的边界更加清晰，本书仅使用以上术语的狭义概念。

综上，国际货币权力包括收益和运用两个方面，本书将之

① Susan Strange, *The Retreat of the State: The Diffusion of Power in the World Economy,* Cambridge University Press, 1996.

② Benjamin Cohen, "The International Monetary System: Diffusion and Ambiguity", *International Affairs, 2008, Vol.84,* No.3, May 2008, pp.455–470.

③ Berenice A. Carroll, "Peace Research: The Cult of Power", *Journal of Conflict Resolution,* Vol.16, No.4, December 1972, pp. 585–616.

④ Joseph Nye, *The Powers to Lead,* Oxford University Press, 2008.

定义为“广义的国际货币权力”。

3. 国际货币权力的收益

作为广义货币权力的第一种面相，国际货币权力的收益，或者说通过发行国际货币获取收益的特权，主要有以下四方面内容：

一是获取国际铸币税的权力。货币发行国因为本国货币作为国际结算、支付、投资和储备货币被其他国家所持有而获得的净收益。从增量来看，指在一定的时期内回流货币发行国的货币金额减去发行国为此支付的利息的差额，可根据发行国的国际收支逆差来估算；从存量来看，指在某时点外国持有的发行国货币资产减去发行国为此支付的利息的差额。[①] 简单举例说明：美国进口商使用100美元进口中国商品，中国出口商结汇后，中国商业银行将100美元以存款方式存放到美国的商业银行，或者中国外汇管理局保留了这100美元外汇储备购买美国国债，回流的100美元减去美国银行支付的储蓄利息或者财政部支付的国债利息，就是美国获得的国际铸币税收益。与国内铸币税相比，国际铸币税有两个特征：（1）无法像国内铸币税一样，通过财政支出转换成公共产品由纳税人共同享有，货币发行国的铸币税净收益来自货币储备国居民的净损失。[②]（2）货币超发造成的通货膨胀后果，由流通域内所有国家共同承担，因此通胀更加分散、隐蔽、不易觉察。由此可见，国际铸币税为货币发行国带来的收益，仅归货币发行国的纳税人所有，而

---

① 李翀．关于国际铸币税收益的探讨 [J]. 当代经济研究，2012（8）:68–72.

② 张宇燕．美元化：现实、理论及政策含义 [J]. 世界经济，1999（9）:17–25.

流动性过剩和通货膨胀的恶果，却由其他国家承担，这正如在尼克松政府时期任财政部部长的约翰·康纳利（John Connally）所言："美元是我们的货币，却是你们的难题。"国际铸币税是货币发行国最直接和可观的收益、最容易滥用的权力，也是导致美元本位制危机的重要原因之一。

二是增加本国企业竞争力的权力。由于使用本币能带来交易成本的降低，国际货币发行国的企业与外国同行相比更具有竞争力。对于非金融企业而言，跨国贸易中使用本币，可以完全规避汇率风险，企业在进行股本或债务性融资时，渠道也更加宽阔多元，可选择成本更低的国际金融中心融资。对于金融企业而言则受益更多，大型商业银行可提供本币清算结算、现金管理、存贷款、全球金融市场业务[①]等多种金融服务；投资银行在以美元计价的资本市场可获得承销发行、咨询顾问、自营投资[②]等业务机会；资产管理公司和基金公司所面临的市场深度、产品复杂度也使它们永远处于市场创新和最佳实践的前沿。上述业务机会，可以给货币发行国的金融机构带来名目繁多、极其可观的现实收益，如融资借贷和投资持有本币资产而产生

① 全球金融市场业务又称固定收益业务，包括利率、信用、证券化、商品等产品及其衍生金融工具的代客交易、做市交易、风险对冲等。其中利率产品包括政府债券、回购、利率互换、利率期权等，信用产品包括企业债券、信用衍生品、新兴市场债券等；证券化产品包括住房抵押贷款支持证券（MBS）、资产支持证券（ABS）及其衍生品等；货币产品包括外汇即期远期交易、货币期权等；商品包括原油、天然气、金属、农产品等实物商品及其衍生品。

② 自营投资是指，除固定收益业务外，还可进行权益投资，包括股票、交易所交易基金（ETF）、可转换证券、期权、期货、场外衍生工具相关的交易经纪业务和做市业务；为客户投资交易、资产管理组合等咨询业务；融资融券和证券借贷业务，以及对股票、股权、投资基金等自营投资业务。

的大量利息收入、权益和债务类金融工具发行的承销费用和咨询顾问费用、代理客户执行交易清算并提供经济业务的佣金收入、通过做市商服务为标的物市场交易提供流动性以获取的价差收益，以及证券资产管理、资产信托、为客户投资交易和管理资产及风险的服务费收入等，即所谓的“标价权租金”。此外，包括法律、审计、评级等中介服务公司，也由于货币的国际化获得了更多的业务机会。这些大型跨国企业的成长壮大，又反过来提升了货币发行国的贸易和金融实力，促进了发行国金融市场和金融产品的发展，夯实了本国货币的国际地位，体现出自强化的特征。

三是参与并影响全球宏观经济的权力。国际货币尤其是国际本位货币的发行国，首先可以通过调节货币投放的节奏、数量和价格来影响全球经济，部分扮演了全球央行的角色，其他国家的货币政策均受到发行国政策的外溢影响；其次可以通过大型跨国公司的业务经营，将发行国的政策意图渗透至全球经济的各个层面，不仅在实体经济领域和金融领域可以拥有大宗商品和制成品的定价权、金融产品和衍生品的创造权、其他国际货币的汇率控制权，而且其咨询行业、评级机构、财经媒体的声音，也从思想和意识层面影响着其他国家政策制定者、研究机构、从业人员的决策和行为。

四是分配全球资源和财富的权力。在把握了影响全球经济运行的基础设施、关键位置、话语权之后，国际货币发行国即可通过货币金融体系实现对产业链、供应链、全资源要素的撬动和分配，重塑全球产业分工，并通过调节利率、汇率、大宗商品、资源产品的定价，把控资本的全球流动和财富的再分配。在过度金融自由化的世界，仅国际热钱的流动，就能让一家对冲基金公司挑战一国央行，轻易让一个国家破产。

4. 国际货币权力的运用

在多个权力主体互动的框架下，广义国际货币权力还体现出第二种面相，即权力主体之间对权力的运用，包括以下四个方面：

一是关系型权力的运用，体现为货币发行国有能力对其他国家施加影响。即，主动运用货币权力，对其他国家直接施加有利于或者有悖于该国利益的影响。桑德拉·希普（Sandra Heep）认为，关系型货币权力行使的主要方法依赖于金融激励的提供，“就激励而言是贷款的提供，就压力而言是贷款的收回、拒绝提供，以及倾销债务国货币以操控其汇率”。[①] 影响力和驱使力是最常见的权力类型，通常只有国际本位货币才能行使这种权力，由于其强制性和直接的权力压制，在运用时往往给人以“霸权”的印象。科什纳对关系型权力杠杆的运用建立了完整的理论模型，认为这种货币权力包括三个方面的内容：一是货币操纵，即通过影响目标货币的价值稳定获得收益；二是货币依赖，即通过强制、驱逐、拉拢或诱导扩大货币的势力范围；三是体系破坏，指针对体系的影响和塑造能力，包括战略加强和体系颠覆。第三方面应属于结构型权力的运用。[②]

---

① 桑德拉·希普．全球金融中的中国：国内金融抑制与国际金融权力 [M]. 辛平，罗文静，译．上海：上海人民出版社，2017:21.

② 乔纳森·科什纳．货币与强制：国际货币权力的政治经济学 [M]. 李巍，译．上海：上海人民出版社，2013.

二是自主型权力的运用，体现为货币发行国有能力免于受到其他国家的影响。即，拥有充分的货币自主权，这意味着相较其他国家，货币发行国拥有更大的政策弹性和调控空间。在科恩看来，这是最关键的货币权力之一，因为可以让货币发行国在面临国际收支失衡时，推迟或转嫁外部失衡的调整成本。① 国际本位货币国往往是逆差国，面对国际收支失衡，通常可以运用以下三种方法解决贸易不平衡的问题：一是货币贬值（降低本国商品相对于国外商品的价格，增强市场竞争力），二是通货紧缩（降低国内总支出水平，减少进口量），三是直接调控（关税和非关税壁垒、资本控制和汇率限制）。无论哪种方法，一旦实施，都会对本国经济产生实质负面影响。因此，可以延迟和避免失衡调整，或者转嫁调整成本的权力便十分重要。对于本位货币国而言，可以通过金融政策影响其他国家汇率和国际收支的能力，利用印钞权转嫁通货膨胀和经济危机，抹平调整国际收支失衡的损失。②

三是结构型权力的运用，体现为货币发行国有能力塑造国际货币体系的博弈规则。斯特兰奇在其经典著作《国家和市场》中对结构型权力做出了定义，指出这是一种“塑造和决定全球政治经济结构……决定事务的处理方式、塑造整个国际关系框架的权力”。③ 这样的结构主要有四种：安全、生产、金融和知识。货币权力无疑落在了金融领域，但与货币发行国在其他三

① 本杰明·科恩．货币强权：从货币读懂未来世界格局 [M]. 张琦，译．北京：中信出版社，2017:72.

② 裴长洪．国际货币体系改革与人民币国际地位 [J]. 国际贸易，2010（6）:27–33.

③ Susan Strange, *States and Markets,* Pinter Publishers, pp.24–25.

个领域的影响力也密不可分。由于国际货币体系中的国际机构往往由中心货币发行国主导，因而发行国把控了机构的关键岗位，具有远超其他国家的决策话语权，而且构成金融基础设施的清算、交易、咨询、评级等各大金融机构亦都来自货币发行国，因此中心货币发行国完全有能力根据自己的偏好随时更改博弈规则，加入或退出既有体系，而不受到负面影响。[①]国际货币的结构型权力的运用包括：为国际货币体系建章立制、影响国际货币事务的进程和结果，如果讨论广义的结构型权力，还包括通过运用上述权力带来的结构型收益。

四是建构型权力的运用，体现为货币发行国可以在意识层面塑造他国的认知。即，约瑟夫·奈所说的“软实力”，一种通过无形中塑造他人偏好从而达到自身目的的能力。[②]货币国际化可以为货币发行国带来声望，这种声望以发行国的“硬实力”作为根基，为之奠基的基石包括其作为本位货币可以用作汇率锚的相对稳定的价值，可以在危机时期作为干预货币和安全的价值避风港；包括各行业、各领域的主流公司和机构，它们无一例外都来自本位货币发行国，代表最先进、前沿的理念；包括在展现其可以影响全球经济、主导财富分配、获取金字塔尖含金量最高的利益时所展示出的“模范效应”，可通过事实向其他国家证明其理念、机制、方法论的正确性；更不用说观念的塑造和传播者——学界、研究机构、咨

① 斯特兰奇关于结构型权力的概念相对模糊，既表示源于结构的权力，又表示塑造结构的权力，为减少定义的模糊性，本书主要考虑塑造结构的权力。

② Joseph Nye, *The Powers to Lead,* Oxford University Press, p.29.

询机构、财经媒体中那些佼佼者所发出的声音，均一致表达了货币发行国的偏好。表 1–2 列出了国际货币权力的收益与运用包含的几方面内容。

表 1–2　国际货币权力的收益与运用

国际货币权力的收益	国际货币权力的运用
获取国际铸币税	关系型权力的运用 货币发行国有能力对其他国家施加影响
增加本国企业的竞争力	自主型权力的运用 货币发行国有能力免于受到其他国家的影响
参与并影响全球宏观经济	结构型权力的运用 货币发行国有能力塑造国际货币体系的博弈规则
分配全球资源和财富	建构型权力的运用 货币发行国可以在意识层面塑造其他国家的认知

基于本节的探讨，我们可以得出以下结论：

第一，货币国际化可以为货币发行国带来极大收益，表现为国际货币权力可以带来的诸多益处，以及运用货币权力时所体现出的硬实力和软实力。

第二，国际货币权力不同于国内货币权力，由于体系内多个权力主体的存在，为获取和巩固自身货币权力，货币发行国之间的斗争将一直存在，对权力的运用也更为主动和有意识。

第三，由于体系内多个权力主体的存在，以及货币发行国拥有转嫁失衡成本的权力，因此国际货币体系中的收益和成本体现出不对称性，即货币发行国享受全部收益，体系内其他国家承担风险和成本。

第二节　国际货币体系的形成

货币国际化的益处有目共睹，但并非所有国家的货币都能成为国际货币，乃至国际本位货币。国际货币体系如何形成？美元本位制因何而生？为何是美元而非其他币种成为国际本位货币？其他货币发行国需具备哪些条件才能在美元本位制下完成货币国际化，对冲国际体系的失衡？本节将就上述问题做深入探讨。

一、国际货币体系：格局与制度

学术界对国际货币体系的定义并不一致，金融学教科书中的国际货币体系定义是："国际货币体系是指为适应国际贸易与国际支付的需要，各国政府对货币在国际范围内发挥世界货币职能所确定的原则、采取的措施和建立的组织形式。它是支配各国货币关系的规则和机构所形成的一个完整的系统，是国际关系的集中反映。"① 显而易见，该定义忽略了国际货币体系的权力结构，各国政府在确定原则、采取措施和建立组织时，所拥有的话语权和承担的权利义务并不均等，国际货币体系实质上是一个权力层级体系，权力有强弱之分，从而决定了不同国家在体系中的位置。

在上一节的讨论中，我们已经提及了"国际中心货币"和

① 汪宇瀚．国际金融与结算[M]．北京：清华大学出版社，2006:177.

"国际本位货币"的概念，但没有给出确切定义。中心和本位都是一个相对而言的概念，在中心之外必然还存在着边缘和外围，如同太阳系中，八大行星及其他星体围绕太阳这个中心共同构成了一个体系。国际货币体系也由不同类别的货币发行国及其之间的权力关系构成，并形成一种国际货币格局，即，不同类别的权力主体及其相互关系，这是国际货币体系的第一层含义。

国际货币体系中的权力主体不仅包括国家，还包括各种超主权国际机构，以及支配体系运转的原则、规范、规则以及决策和行为程序，这是国际货币体系的第二层含义。理论界在论及这一层含义时，时常混用国际货币制度（institution）、体制（regime）或秩序（order）等词，蒙代尔首先从理论上对"体系"和"秩序"做出了区分，认为国际货币体系指的是多个实体的集合，即，各类权力主体（包括国家与超主权机构）根据某种规则进行相互交易、相互联系的网络；而国际货币秩序指的是支配这个网络运转的法律、惯例、规章和制度，国际货币体系是国际货币制度或秩序的具体表现和实际运作。①

因此，广义的国际货币体系概念，包括上述两个层面：国际货币格局和国际货币制度。

1. 国际货币格局：金字塔结构

国际货币格局指不同国际货币的相对地位、影响力及其之间的相互关系，可以理解为权力视角下的国际货币的分类。斯特兰奇率先对国际货币进行了类别区分，根据权力在货币中的渗

① 罗伯特·蒙代尔．国际货币：过去、现在和未来（《蒙代尔经济学文集》第六卷）[M]. 向松祚，译．北京：中国金融出版社，2003：136–137.

透程度，将国际货币分为中性货币（Neutral Currency）、顶级货币（Top Currency）、宗主国货币（Master Currency）以及协商货币（Negotiated Currency）四种类型。[①] 其中，中性货币指完全出于市场因素和经济考虑（币值稳定、具有使用者众多的网络外部性）吸引市场参与者的货币；顶级货币是指经济因素之外，发行国还在发行区域和货币组织中发挥主导力量的货币；宗主国货币源于殖民地、暴力征服等依附性关系，具有强制性；协商货币更多通过双边或多边外交谈判或非正式的谅解来推动或者维持货币在国外的使用。四种货币相互区别，但界限并不分明。

在此基础上，科恩绘制了一张货币金字塔简图，对国际货币做了更加详细的分类。科恩认为，一种国际货币格局的形成，主要基于市场、国家和科技三方面力量的推动。由于各国政治经济实力不平衡，所形成的国际货币格局和不同货币之间的地位也有高低之分，他将国际货币体系中的货币自上而下分为不同类别：顶级货币（第一次世界大战前的英镑和第二次世界大战后的美元）、贵族货币（欧元、日元、未来的人民币）、精英货币（英镑、瑞士法郎、澳元、加拿大加元、南非兰特）、平民货币（较少用于跨境交易的其余各国货币）、被渗透的货币（外国货币替代其价值储藏功能，如拉丁美洲和东南亚经济体的货币）、准货币（外国货币代替其全部职能，但还保持法定流通域）、伪货币（外国货币代替其作为法定货币）七种类型（见图 1-1）。[②]

---

① Susan Strange, *Sterling and British Policy: A Political Study of an International Currency in Decline,* Oxford University Press, 1971, pp.1–40.

② Benjamin Cohen, *The Geography of Money,* Cornell University Press, 1998.

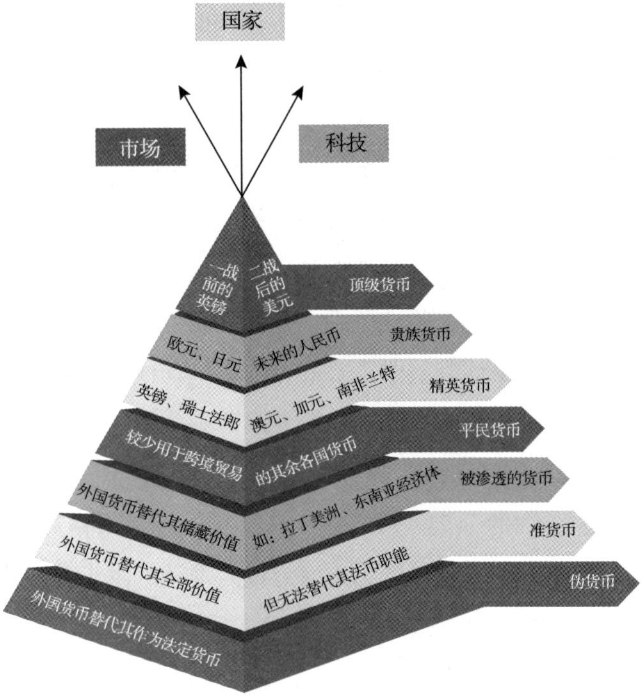

图 1–1　货币金字塔

货币金字塔表现的是国际货币在各领域所占据的地位和比重，可根据各国货币在国际贸易、金融投资、国际储备等方面的全球占比来进行量化的衡量。此外，由于国际货币在官方领域还具有干预货币和平价货币（汇率锚）的职能，还应考虑某种货币价值变动对其他货币的影响程度，但这种相关度的定量测量较为困难。关于国际货币地位的衡量指标，中国人民大学国际货币研究所每年发布的“人民币国际化报告”给出了人民币国际化程度的具体衡量方法和量化指标设定（见表 1–3），可作为参考。

表 1–3　货币国际化量化指标

领域	量化指标	计算方法
国际贸易	国际结算总额占比	该货币跨境贸易金额 / 世界贸易进出口总额
金融交易	全球直接投资占比	该货币直接投资额 / 全球直接投资总额
	债券和票据余额占比（存量）	该货币国际债券和票据余额 / 全球国际债券和票据余额
	债券和票据发行占比（流量）	该货币国际债券和票据发行额 / 全球国际债券和票据发行额
	全球对外信贷总额占比	该货币境外信贷金额 / 全球对外信贷总额
	全球股票投资占比 *	数据较难获取，可以各国股票市场市值粗略替代
国际储备	全球外汇储备占比 **	该货币官方储备余额 / 全球外汇储备余额

注：* 由于主要国家股票市场规模往往以本币标价，缺乏按照币种对非居民股票投资的统计，数据较难获得。

** 该指标目前由 IMF 发布，由于绝大多数国家从自身利益出发，一般不公布官方外汇储备中具体的货币结构，很难完全统计。

2. 国际货币格局："中心—外围"结构

货币金字塔结构较为直观地显示了国际货币格局的权力对比，但对于各国货币以及货币所代表的国家之间的关系并未完整体现。尤其在美元本位制体系下，金融资本被纳入国际分工，成为全球价值链的一部分，国际分工格局与国际货币格局交汇融合，成为国际货币格局在现实经济世界的投射，国际货币格局也呈现出明显的"中心—外围"结构。

就广义而言，"中心—外围"理论是世界体系学派的重要研究范式。世界体系学派兴起于 20 世纪 70 年代，美国社会学家伊曼纽尔·沃勒斯坦（Imanuelle Wallerstein）在《现代世界体系》三卷本中，以马克思资本积累理论和阶级分析方法为基础，创造性地跳出民族国家这一基本单位，提出具有结构性经济联系和各种内在制度规范的世界体系才是 16 世纪以来社会变迁的唯一实体。他全面研究了资本主义世界体系 500 年的历史，并将之划分为热那亚—伊比利亚、荷兰、英国、美国四个百年周期。[①]“依附论”先驱安德烈·冈德·弗兰克（Andre Gunder Frank）在此基础上，将视野拉长至 5000 年历史，在《世界体系：500 年还是 5000 年？》一书中，他研究了世界文明史与资本主义的关系，提出东亚而非欧洲才是世界的中心。至 20 世纪 90 年代他又进一步丰富了世界体系理论，研究了美国霸权在科索沃战争、里海石油博弈、世界体系中心东向而行等问题。[②]该学派另一位重要代表人物是乔万尼·阿瑞吉（Giovanni Arrighi），他在一系列著作中通过分析世界体系的形成、发展和衰退，总结了欧美资本主义世界体系的演变特征，并以此对金融化、霸权主义、东亚及中国崛起进行了阐释。[③]该学派认为，世界体系具有“一体化”和“不平等”的基本特征以及中心—外围—边陲的层级结构，国际货币体系作为世界体系的一部分，同样具有“中心—外围”结构，货币中心国家

① 伊曼纽尔·沃勒斯坦．现代世界体系（第一卷）[M]．罗荣渠，译．北京：高等教育出版社，1998：12.

② 安德烈·冈德·弗兰克．世界体系：500 年还是 5000 年？[M]．郝名玮，译．北京：社会科学文献出版社，2004.

③ 乔万尼·阿瑞吉．漫长的 20 世纪 [M]．姚乃强等，译．南京：江苏人民出版社，2001；乔万尼·阿瑞吉．亚当·斯密在北京——21 世纪的谱系 [M]．路爱国等，译．北京：社会科学文献出版社，2009.

获取大部分收益，外围国家承担大部分成本，货币以资本的形式在金融全球化浪潮中加剧世界两极分化。其中，阿瑞吉的金融周期性扩张理论着重考察了货币（资本）因素在货币体系更替中的动力作用，对于研究货币体系演进有较大借鉴意义。

就狭义而言，“中心—外围”这一名词最初由阿根廷经济学家劳尔·普雷维什（Raúl Prebisch）在1962年提出[①]，用以描述资产阶级工业革命后，由于资本主义生产技术和生产关系在整个世界的传播，形成的以西方发达国家为中心、发展中国家为外围的全球制造业分工布局。随着金融业的发展和国际货币体系对全球分工的影响日益深远，美国学者杜雷等为该理论赋予了新的内涵，认为目前全球经济依然处于“中心—外围”的结构中，美国作为中心为世界经济发展提供美元，全世界购买商品与服务，形成经常账户逆差，再通过广阔发达的资本市场，吸引制造业国家、能源国家积存的美元储备回流美国，以资本账户盈余弥补经常账户逆差。[②]发展后的“中心—外围”理论将货币纳入世界分工体系，是因为在日渐金融化的世界中，资本占据了价值链顶端，主导了战后世界分工与国际货币格局的重塑。王湘穗教授在其著作《币缘论》中对此有系统而深入的论述，金融自由化使金融资本始终站在价值链的顶端，重塑着全球经济产业链分工。从这个意义上说，国际货币格局不仅体现为权力层级的金字塔，也体现为全球价值链分工的“中心—外

① Raúl Prebisch, “The Economic Development of Latin America and its Principal Problems”, *Economic Bulletin for Latin America,* Vol.7, No.1, February 1962, p.1.

② Dooley, Folkerts-Laudau, Garber, “An Essay on the Rivived Bretton Woods System”, NBER Working Paper No. 9971, September 2003.

围”结构。

李巍在分析货币国际化的政治基础时，开创性地提出“国际货币伙伴网络”这一概念，认为不同层级的货币伙伴及其形成的政府间货币合作网络，是支撑国际货币地位的第一根重要政治支柱。① 发行国的货币伙伴会在官方层面选择将发行国货币作为本国的国际平价货币、干预货币和储备货币，国际货币体系因而围绕着货币中心国家，形成不同层级与关系远近程度的伙伴关系。在美元本位制框架下，美元作为国际货币体系唯一的中心而存在。中心货币，或者说国际本位货币，指能被世界各国普遍接受作为国际支付手段、国际流通手段、国际储备资产和国际干预手段的可自由兑换货币。② 国际本位货币的中心地位可以用上一节中的量化指标进行衡量，必须是国际贸易最主要的支付和结算手段、国际金融交易最终清偿手段、国际储备占比最大的可自由兑换货币。中心货币未必唯一，艾肯格林和弗兰德鲁的统计分析支持了可以存在多个中心货币的观点，在两次世界大战期间，英镑就与美元在国际储备货币中平分秋色，许多国家的中央银行在英镑与美元之间以相当的比例分配其储备资产。③ 其余货币均为外围货币，与美元发生不同程度的联系，这种紧密程度可以通过货币汇率的关联度和经济依赖度来衡量，

① 李巍 . 制衡美元：政治领导与货币崛起 [M]. 上海：上海人民出版社，2015:43.

② 刘崇仪 . 21 世纪初世界经济格局与中美经贸关系 [M]. 成都：西南财经大学出版社，2005.

③ Barry Eichengreen, Marc Flandreau, “The Rise and Fall of the Dollar, or When Did the Dollar Replace Sterling as the Leading International Currency?”, *NBER Working Paper*, No.14154, 2008.

这些内容将在本书第三章加以阐述。

3. 国际货币制度

在讨论国际货币体系时，理论界经常将其与国际货币制度的概念混用。综合各家观点，国际货币制度是指关于国际货币体系运行的一整套原则（principles）、规范（norms）、规则（rules）以及决策程序（procedures），既包括正式的显性制度，如法律、规定、协定，又包括非正式的隐性制度，如观念、习俗、惯例。此外，基欧汉认为国际制度包括国际组织、国际机制和国际惯例三方面内容，[①]因此，国际货币制度还应包括与国际货币体系相关的国际组织。

（1）显性制度方面，主要包括本位制度、储备制度、汇率制度、国际收支调节制度及国际协调合作制度等，显性制度以国际法、国际条约、各国货币法律法规体系的方式确定。本位制度又称货币本位制，规定了国际货币的基本单位及其价值标准，是国际货币制度的核心。以黄金的若干数量表示货币的基本单位及其价值标准称为金本位，各国货币的发行必须以所拥有的黄金储备为依据；以白银的若干数量表示货币的基本单位及其价值标准称为银本位；同时以黄金和白银表示货币的基本单位及其价值标准称为金银复本位；不以贵金属表示货币的基本单位的价值标准称为纸币本位。美元本位制就是一种纸币本位，完全基于信用发行，不受限制的货币超发使美元价值的可

① Robert Keohane, "Neoliberal Institutionalism: A Perspective on World Politics", in Robert Keohane ed., *Institutional Institutions and State Power: Essays in International Relations Theory,* Westview Press, 1989, pp.3–4.

信度丧失，因此美元本位制从核心开始就有设计缺陷。储备制度确定各国以怎样的货币或资产进行国际储备，以弥补国际收支赤字、保持汇率稳定、应付其他清偿需求。汇率制度确定各国货币与国际货币之间、各国货币之间的比值关系。国际收支调节制度指一国经济外部失衡的调整方式。国际协调合作制度指落实、维护国际货币制度时的国际合作机制。

（2）隐性制度方面，主要包括隐藏在国际货币制度下的惯例、观念与潜规则。道格拉斯·诺斯（Douglass North）认为，隐性制度并非正式制度的附庸，而是行为选择的主要来源，往往某个制度体系的显性制度消亡之后，隐性制度却仍然存在。[①]由于国际货币体系是一个动态发展的体系，随着时间推移，显性规则难免会出现滞后性，往往会发生某些显性制度已经名存实亡，整个体系由隐性制度支配的情况。例如，美国基于国际收支调节制度，提出全球贸易失衡的原因是东亚产能国储蓄过度，要求以产能国货币升值的方式调节失衡，便忽略了问题的本质是美元“脱锚”后过度发行，以布雷顿森林体系时代的收支调节制度来掩盖美元霸权的本质。由于利益分配、权力关系属于隐性制度，本书对美元本位制危机产生根源的探讨，可以被认为是对当今国际货币体系隐性制度的探索。

二、货币国际化：选择与推动

货币在国内通过强制力成为流通货币并享有合法的垄断地

① 道格拉斯·诺斯．制度、制度变迁与经济绩效 [M]. 杭行，译．上海：格致出版社，2012:50–51.

位，但在国际领域，殖民时代结束后，强制力便不再是推动货币国际化的主要力量。是什么推动一种货币成为全球范围内有影响力的货币，学界就此有过很多讨论，可以总结为对以下这些问题的回答：历史和现行的国际重要货币具有哪些特质？是什么赋予了这些货币这些特质？即使一种货币不完全具备这些特质，它是否可能成为国际重要货币？如果一种货币具备了这些特质，它是否一定会成为国际重要货币？

1. 国际货币的特质

历史上，曾经有多种货币在区域范围内担任过重要国际货币，如古巴比伦的谢克尔（Shekel）、古希腊的四德拉克马（Tetradrachma）、马其顿的阿斯特（Astter）、古罗马的第纳尔（Denarius）、西班牙的达尔隆（Doubloon）、法国的里弗尔（Hvre）等，19 世纪的英镑和 20 世纪以来的美元更是将流通域扩大到全球，成为真正意义上的国际中心货币。国际货币应该具有怎样的特质，理论界的观点比较一致，大致认为通常需要具备以下三方面的特质，才能在货币竞争中脱颖而出。

一是稳定的货币价值。卡洛·西普拉（Carlo Cippolla）在研究地中海早期货币时提出，一种货币要成为具有主导性的国际货币，必须具有较高的单一价值和内在稳定性。[①] 这种价值稳定性不但需要由历史经验和现实证据所支撑，比如连续可靠的历史记录证明其在国内具有较低的通胀率、在国际具有较稳定的汇率，还代表市场对这种货币未来价值具有信心。因为只有

① Carlo Cippolla, *Money, Prices and Civilization in the Mediterranean World: Fifth to Seventeenth Century,* Gordian, 1967.

当使用者相信某种货币的购买力不会缩水，才能安心并愿意使用和持有某种货币。哈耶克认为，这是国际货币最重要的特性，"竞争性货币的发行者必须向其客户提供的最具吸引力的东西是，它得保证，它发行的货币的价值将会维持稳定"。[①]

二是广泛的国际交易网络。货币国际化的首要驱动因素是为了降低国际交易的成本。克鲁格曼从微观角度分析，认为货币的微观经济基础是交易成本，对交易成本的计算决定了一种货币的国际使用。[②]规模经济效应带来国际货币的网络外部性，使用者越多、交易网络越广泛，用于跨国交易的成本越低，反过来强化了网络外部性，体现为一种自强化的特性。

三是具有保值、增值投资渠道。科恩将之表述为"具有高度的交易流动性且能够对资产价值进行合理的预期"[③]，李巍将之表述为"货币的国际使用需受到发行国金融市场的流动性和开放性的支持"[④]。从市场角度考虑，一种货币愿意让人使用和持有，除了需要在支付结算时方便、高效、低成本，还需要可以将之转换为有增值前景的其他金融资产，如贷款、债券、股票等，这从客观上要求货币发行国在国内和离岸市场都能建立起有一定深度和广度的金融市场，其中深度意味着有足够大的交易量和足够好的流动性，广度指有足够多的市场参与主体和可

① 弗里德里希·冯·哈耶克．货币的非国家化 [M]. 姚中秋，译．北京：新星出版社，2007:65.

② Krugman, "The International Role of the Dollar," pp. 1180–1189.

③ 本杰明·科恩．货币强权：从货币读懂未来世界格局 [M]. 张琦，译．北京：中信出版社，2017:17.

④ 李巍．制衡美元：政治领导与货币崛起 [M]. 上海：上海人民出版社，2015:35.

投资的金融工具类型。

2. 国际货币发行国的特质

“强大的国家拥有强大的货币。”①蒙代尔这句被广泛引用的名言说明货币国际化的背后，国家实力的强弱是不可忽略的考虑因素。稳定的币值、广泛的国际交易网络、发达的投资渠道和流动性均来自货币发行国的自身禀赋，包括经济和政治两个方面。

经济方面，使用者对某一种国际货币的信心和持有的意愿，来自该国基本面良好且可持续增长的国内经济局势，包括：结构合理且成长性良好的实体经济、货币政策健康有效的中央银行、稳定可控的通货膨胀水平、积极活跃的跨国贸易以及具有国际影响力的跨国企业、免于受到国家干预和管制的自由金融市场。

政治方面，国际货币的使用者会考虑货币发行国的政治是否稳定、治理是否有效、对财产权是否充分保护、是否尊重法治原则和契约精神。此外，强大的军事实力、足够多的同盟伙伴、安全的地缘政治因素也会为货币使用者添加信心的砝码，体现为具有保护财富不受侵犯的能力。

3. 非市场驱动因素

关于一种国际货币为何被选择，除了从“为什么市场会选择使用某种国际货币”的角度出发，还有一种研究思路着重考虑“是否有其他非市场驱动因素”。前述关于国际货币的特质和货币发行国的特质，仅解释了在私人层面驱动市场做出选择的原因，但在官方层面，一国政府在选择某种国际货币作为干预货币、平价

① Robert Mundell, “EMU and the International Monetary System: A Transatlantic Perspective,” Working Paper 13, Austran National Bank, 1993.

货币和储备货币时，除了从经济角度出发，也有出于外交、安全或地缘政治的考虑。国际关系学界在讨论货币国际化驱动因素时出现了两个分野，前者称为工具派，后者称为地缘派。

在工具派看来，一国政府在官方层面的国际货币选择，主要考虑经济与成本因素，因此国际货币体系的形成是各国政府为了稳定国际货币环境、达到经济效益最大化进行技术性协商的结果，源于政府间的利益互换。这个派别受经济学影响较深，认为政府在一定程度上也遵从“理性经济人”的假设，根据经济理性来选择国际货币。杜雷认为，美元之所以被生产型国家和资源型国家选择作为平价货币，是因为其可以维持汇率低估，获得廉价金融资源发展经济，实现双边互惠；[①] 麦金农则认为，美元提供了稳定的货币锚，一些国家选择钉住美元，是为了便于控制国内恶性通货膨胀。[②]

在地缘派看来，一国政府在选择国际货币时，主要出于国际关系和地缘政治方面的考虑。这一点在殖民统治时期体现得非常清晰，斯特兰奇所定义的“宗主国货币”即属于因慑于政治威权而选择使用国际货币的典型。多数在二战后选择美元的国家也是出于地缘政治考虑，欧洲和日本是为了寻求美国军事庇护，中国则是希望能与美国保持相对良好的政治关系。[③] 作为

① Dooley, Folkerts-Laudau, Garber, “An Essay on the Rivived Bretton Woods System”, Cambridge, NBER Working Paper No.9971, September 2003.

② Ronald McKinnon, Kenichi Ohno, *Dollar and Yen: Resolving Economic Conflict between the United States and Japan,* MIT Press, 1997.

③ Eric Helleiner, Jonathan Kirshner, “The Future of the Dollar: Whither the Key Currency?”, in Eric Helleiner and Jonathan Kirshner, eds., *The Future of the Dollar,* Cornell University Press, 2009, p.16.

地缘派的代表学者，斯特兰奇还就国际政治结构对国际货币的重要意义做了探讨和论证，认为某一种国际货币之所以被选择，某一国之所以能够取得货币权力带来诸多益处，是由货币体系中各国的权力关系结构所决定，而未必出于其他国家的自主意愿和选择。

4. 货币发行国的主观推动

至此，本书都遵循着这样一个逻辑线条在探讨货币问题：由市场（经济）到权力（政治），由国内到国际，由权力的获益到权力的运用。事实上，货币的国际化动因也遵循着同样的逻辑，在从国内迈向国际的过程中，市场选择与权力推动交织进行，而一旦进入权力领域，必然不只涉及结构型权力带来的获益，还有权力主体对权力的运用。学术领域在总结归纳货币国际化动因时，往往未考虑货币发行国对权力的追逐所带来的推动力，单纯限于市场推动派和狭义的地缘政治派进行讨论，这一方面由于非市场因素难以量化，因此长期缺乏经济学研究分析；另一方面也与国际关系学界主流声音主要来自美国有关，难免带有一定的“霸权护持”的潜意识。但以斯特兰奇等为代表的英国学派、岩田胜雄等日本学者，以及大量国内专家学者都曾相对深入地就政治力量如何作用于国际货币体系塑造进行过研究。

货币发行国对本国货币地位的推动，主要考虑内生和外向两个层面。

内生层面的政策推动主要作用于货币发行国本身，发行国有意识地提升其自身实力，从而使市场参与者遵循经济理性、其他权力主体出于“网络外部性”或“政策搭便车”[①]的考虑选择该货币。政策运用的方式主要通过在国内使用国家权力，在经济和政治领域提高实力，强化自身禀赋，包括保持经济增长、通胀合理、货币政策稳健，建立健全多层次资本市场、法制环境、金融基础设施，提升国家军事实力与地缘政治稳定性等；在国外运用国际货币权力，通过增加全球铸币税、提升本国企业竞争力、影响全球经济和再分配全球财富资源，进一步提升货币发行国的国家实力，继而提升国际货币地位、强化国际货币权力。

外向层面则主要作用于国际货币体系中的其他权力主体，发行国通过外交策略与手段提升其国际社会的政治领导力，从而强化其货币在流通域内的“合法性”。约翰·伊肯伯里（John Ikenberry）认为，国际政治领导力是一种调用资源组织和塑造集体行动的能力，[②]聚焦到货币领域，在无政府状态的国际货币体系下，这种塑造集体行动和意志的领导力源于货币发行国对“硬实力”和“软实力”的综合运用，即美国学者苏珊·诺瑟尔（Suzanne Nossel）提出的所谓“巧实力”。

硬实力的运用体现为对破坏国际货币体系现有秩序或本位货币权威的挑战者的制裁与惩罚。这种权力的运用不仅局限于

① 关于通过提供“公共产品”以使货币伙伴国家搭便车的方式提升国际政治影响力，详细论述见 David Lake, “Leadership, Hegemony, and the International Economy: Naked Emperor or Tattered Monarch with Potentia?”, *International Studies Quarterly,* Vol.37, No.4, 1993, P.460。

② John Ikenberry, “The Future of Internatoinal Leadership”, *Political Science Quarterly,* Vol.111, No.3, 1996, pp.389–396.

货币领域，货币发行国还会综合运用军事威胁、贸易制裁、汇率打击等关系型权力，确保其在国际社会的领导力，从而巩固其货币在国际货币体系的中心地位。

软实力所包括的内容较为宽泛，更多涉及结构型权力和建构型权力，即通过建章立制和意识塑造来强化其货币在国际流通域内的“合法性”。建章立制是通过对国际制度的构建来提升国际货币在国际货币体系中的地位，正如国家政权需要以法律方式确认其政治合法性，在国际领域，某种全球性货币尤其是中心货币也需要通过法律化安排，确认其合法地位。建章立制包括主导创设国际组织、构建显性及隐性制度。欧元的诞生是通过国际制度的构建推动某一种货币成为重要国际货币的最佳样本。意识塑造是标准意义上的“软实力”，货币中心国需要在意识形态层面“展示力量”，着眼于通过良好的国际声誉获取在国际社会的政治公信力与向心力，[①]这种国际声誉难以量化衡量，类似于公司的企业文化和企业社会责任，货币中心国也需要使外围国认同其体制、机制和意识形态的典范性，进行价值观的输出，同时以领导人的身份承担国际社会责任。权利与义务为一体两面，权利主体除了享有权力带来的利益外，还需要维持权力体系的平衡运转，为其他国家提供国际公共产品，这就是科恩在分析国际货币收益与成本时所称的“成本”，[②]也是基欧汉所说的霸权国家通过建设国际领域的“利益机制”来提升霸权领导地位。

① 李巍．制衡美元：政治领导与货币崛起 [M]. 上海：上海人民出版社，2015:59–61.

② 本杰明·科恩．货币强权：从货币读懂未来世界格局 [M]. 张琦，译．北京：中信出版社，2017:32–33.

综合各家观点，相关国际公共产品或者说权力成本包括三方面内容：一是要承担国际货币体系的基础设施和规章制度的设计、建立和维护的成本费用；二是要着力建设并深化自由开放的金融市场和商品贸易市场，主动采取削减关税措施，领导各国消除歧视性限制条件，促进国际贸易和金融自由流通，保持能源价格的稳定；三是在危机时刻要承担国际领域的“最终贷款人”角色，即“央行的央行”，积极干预和恢复国际货币秩序，维持作为平准货币的货币锚的价值稳定，向出现危机的地区和国家提供经济金融援助。这三个方面可用图 1–2 表示。

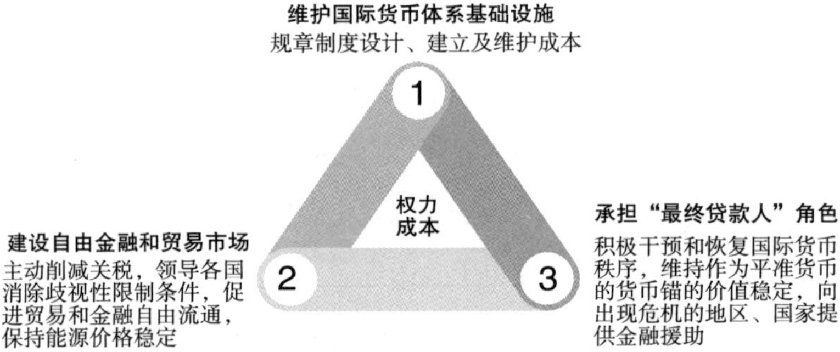

图 1–2　货币权力与货币成本

基于本节的探讨，可以得出以下结论：

第一，一种国际（中心）货币的诞生，包括三方面推动因素：强大的国家实力确保市场参与者（私人领域）愿意主动选择该国货币，货币体系的权力结构促使其他权力主体（官方领域）主动或被动选择该国货币，货币发行国通过加强内生实力和外向领导力主动推动该国货币的国际化。

第二，强大的国家实力是货币国际化的重要前提，国家实力反映在经济、政治、外交、军事等多个方面，是硬实力、软实力、巧实力的综合体现。货币国际化反过来会强化国家实力和货币领导力，国家实力与货币影响力的消长具有正相关性。

第三，货币中心国家不但享受货币权力带来的收益，还要在国际货币体系中担任领导人与“最终贷款人”角色，这是其权力合法性的重要来源。这意味着，如果国际中心货币发行国职责缺位，将会对其权力合法性造成损害。

第三节　国际货币体系的兴替

一种国际货币体系和体系中心货币的形成，是由多种因素共同推动的。具备了成为国际中心货币的特质，或许可以助推某种货币成为流通域更广、渗透度更深的国际货币，但未必意味着可以顺理成章获得国际中心货币的地位；同样，失去了国际中心货币的特质、货币领导力日渐式微，也未必意味着将自动失去货币权力的合法性。本节主要探讨国际货币体系兴替的规律，为后续章节讨论国际货币体系的重构提供理论框架。

一、国际货币体系的演进

国际货币体系演进至今，历经多个历史阶段，学术界通常以 19 世纪 70 年代初金币本位制的建立作为开端，将历史上的国际货币体系划分为“金币本位制—金汇兑本位制—布雷顿森林体系—牙买加体系”四个阶段。但也有不少学者认为，国际货币体系的演进超过四个阶段。例如，金德尔伯格认为货币的国际化最早可追溯至中世纪，拜占庭帝国和文艺复兴时期的威尼斯杜卡特和佛罗伦萨弗洛林已经是小有影响的地区性货币。[①]王湘穗将国际货币体系的开端划分在16世纪的伊比利亚周期开创的银本位时代。[②]蒙代尔认为国际货币体系起始于1815—1873年的金银复本位时期。

综合各家观点，考虑到16世纪的大航海使得国际贸易和世界经济体系第一次在真正意义上扩展到了全球，以及西班牙人通过暴力优势掳掠了美洲白银，并以白银为杠杆缔造了以欧洲为核心的世界体系，第一次实现了以货币杠杆撬动世界性的权力转移，本书以银本位作为国际货币体系的开端。关于国际货币体系演进的历史梳理并不少见，但基于货币权力视角总结归纳国际货币体系兴替规律的观点，仅散见于各类经济学、政治经济学文献。下面我们将以权力转移为脉络系统梳理国际货币体系演进的过程，作为后续章节探讨美元本位制危机的理论准备。

如表1–4所示，自16世纪首次出现具有全球影响力的货币体系以来，国际货币体系大致历经了银本位/金银复本位—金币本位制—金块/金汇兑本位制—布雷顿森林体系—牙买加体系—美元–欧元体系—后危机体系7个阶段。

① 查尔斯·金德尔伯格．西欧金融史（第二版）[M]．徐子健等，译．北京：中国金融出版社，2010:488.

② 王湘穗．币缘论：货币政治的演化[M]．北京：中信出版社，2017:130.

表 1–4　国际货币体系的演进（16 世纪至今）

国际货币体系	时间	所属周期	兴衰转折点	更替标志事件
银本位 / 金银复本位	16 世纪—1648	热那亚—伊比利亚周期（15 世纪—17 世纪初）	1568—1648“八十年战争” 1618—1648“三十年战争”	1648 年威斯特伐利亚和约
	1648—19 世纪 70 年代	荷兰周期（17 世纪初—18 世纪末）	1780—1784 第四次英荷战争	1815 年威尼斯和约
金币本位制	19 世纪 70 年代—1913	英国周期（18 世纪末—20 世纪初）	第一次世界大战	1945 年布雷顿森林会议
金块 / 金汇兑本位制	1920—1936		第二次世界大战	
布雷顿森林体系	1945—1971	美国周期（20 世纪初至今）	四次美元危机	1971 年“尼克松冲击”
牙买加体系	1976—1998		欧洲一体化进程	1999 年欧元诞生
美元 – 欧元体系	1999—2008		全球失衡加剧	2008 年全球金融危机
后危机体系	2008 年至今		–	–

1. 银本位 / 金银复本位制

银本位是最早出现的货币制度，早在纪元前[①]，欧洲很多国家就有银币流通。16—19 世纪，银本位广泛使用于德国、奥匈帝国、俄国以及中国等远东国家。银本位制中，白银是本位币的币材，银币具有无限法偿能力，可自由铸造和熔化，其名义价值与实际价值相等。

金银复本位制指金银两种贵金属同时作为币材的货币制度，两种铸币均为本位币，彼此可自由兑换，均可自由铸造，均有无限法偿能力。16—19 世纪，金银复本位同样盛行于资本主义国家，由于 16 世纪后半叶起，始于英国的资本主义工业革命席卷欧洲，商品和生产流通扩大，交易额不断增加，小额交易需要使用白银，但低价值的白银已无法满足大额与跨国贸易要求，加之巴西金矿的发现提高了黄金产量，多国选择进入金银复本位。

与后世的金汇兑本位制、美元本位制不同，无论银本位还是金银复本位，本位币自身并不直接与某个国家挂钩，只因贵金属本身的稀缺特质而被用于交易、计价和储藏。即便如此，金银的流动和聚散也带来国家实力的消长，体现为权力体系中心的迁移变化，这种变化可以从资本主义世界的体系周期变化中读出。基于布罗代尔的长周期框架和沃勒斯坦的世界体系理论，阿瑞吉将 16 世纪以来的资本主义历史划分为热那亚—伊比

① 公元前 545—前 520 年，里底亚王赛鲁斯（Cyrus）至大琉斯（Darios I）时期，萨迪斯城打制了公认的西方最早的官方发行的银币，正面为公牛与狮子相斗，背面两个不规则戳记，当时还没有出现双面币模，应为当时的打制工艺所致。

利亚、荷兰、英国和美国四个体系周期[①]。在银本位—金银复本位体系时代，从热那亚—伊比利亚周期到荷兰周期的转变，货币权力带来的杠杆作用已经可以初见端倪。

在上一节我们探讨过，作为货币体系中心国家需要哪些特质。即使在非信用货币时代，部分体系中心国家的特质也已初步显现，首先体现在国家实力与货币权力的彼此作用上，即，在体系的上行周期，国家实力与货币权力彼此强化，形成良性循环，下行周期则反之。热那亚—伊比利亚周期的热那亚城邦、西班牙和葡萄牙之所以能够成为16世纪资本主义体系的中心，首先源于国力的兴盛。在大航海时代的背景下，热那亚—伊比利亚国家建立起“掳掠—贸易”产业链，逐渐吸引了英法等西欧其他国家加入，遍布全球的航线及产业链上的奴隶贸易、货物走私、矿产开采、海上掠夺、金融交易，成为西欧国家共同兴起的财富基础，其中最重要的掠夺收获，是来自美洲的大量贵金属。据推算，在整个16世纪，美洲向欧洲输入的贵金属达到10万吨白银的规模，使欧洲货币总量增加了5倍。[②]货币财富的聚集改变了原有的力量格局，西班牙帝国得以将版图拓展到亚、非、美洲，站上了欧洲权力体系的巅峰。

此时探讨“国际货币权力”为时尚早，但从西班牙的衰落以及荷兰的兴盛壮大过程，可以看出“货币”的重要作用。热那亚—伊比利亚周期逐渐走向衰亡，是因为西班牙、葡萄牙和

① 乔万尼·阿瑞吉．漫长的20世纪[M]．姚乃强等，译．南京：江苏人民出版社，2001.

② 张宇燕，高程．美洲金银和西方世界的兴起[M]．北京：中信出版社，2004:1.

热那亚城邦遵循海盗式的掳掠思维，并未考虑如何真正实现财富的保值和增值——每一个资本主义世界体系的周期中，都存在从实业的春天转向金融的秋天的过程，[①]当货币财富不再用于扩大再生产，空心化的社会经济便不足以作为支撑国家的根基，西班牙之所以失去其权杖，是因为哈布斯堡王朝的贵族和骑士选择通过购买公债的方式直接获利，而不愿从事低下的生产和商贸劳动，最终在积年的战争中将国库耗尽。

荷兰的崛起也源于实业兴盛带来的国家实力的提升，更重要的是，还有资本主义生产方式与制度的建立。大航海时代使得大西洋沿岸逐渐取代地中海地区成为欧洲的经济中心，尼德兰地区与传统欧洲王权社会的极大不同，在于其以崇尚勤勉、理性、诚实的新教传统阻断了天主教会对社会财富的占有，建立起了资本主义的信用制度、产权关系和以东印度公司为代表的新型商业企业，培育了具有重商主义精神的资产阶级，打造了有一定深广度的金融市场。[②]尽管此时荷兰并未发行任何信用货币，但它已基本具备了后来成为货币中心国家的制度基础，这种制度基础带来的是国家实力的极大提升，而国家实力又与货币权力互相强化。财富的积累促进了贸易发达、百业兴旺、城市管理部门日益发展，而经济贸易活动汇聚的更多货币，尤其是资本主义生产方式带来的财富增值，进一步推动荷兰成为欧洲的经济、金融中心。

① 王湘穗．币缘论：货币政治的演化 [M]. 北京：中信出版社，2017:263.

② 尼德兰的安特卫普在吸纳了大量财富之后，成为神圣罗马帝国的主要债权人。荷兰人接纳了被西班牙人驱逐的犹太银行家，建立起专业、发达的银行体系和金融体系，西班牙国王向其借贷也需要以税收作为抵押，资本主义的产权关系与新型合伙人制度的公司因此逐步建立。

在银本位 / 金银复本位时代，国际货币体系出现了第一次兴替，这种兴替并非体现在货币本位的变化，而是经济制度变化带来的权力转移。这种权力的转移最终以两场战争的方式得以实现。在 1568—1648 年长达 80 年的独立战争中，荷兰人用资本主义制度积聚的财富以及财富打造出的军队，拖垮了债台高筑的西班牙帝国。在独立战争的后三十年，战火扩大为天主教集团与新教集团的混战，即 1618—1648 年的“三十年战争”，战争过程中荷兰源源不断向其盟军提供商业资本，最终扫除了哈布斯堡王朝和罗马教廷的绝对权威，以 1648 年威斯特伐利亚和约为标志，完成了新老权力的交替转移。阿瑞吉所定义的荷兰周期开始于 17 世纪初，然而国际体系权力在形式上的转移最终发生在 17 世纪中期，体现出权力体系兴替的滞后性。一种权力中心的转移，必然伴随着较为长期的斗争，并往往以战争的方式完成对权力格局的重塑。金本位对银本位 / 金银复本位的替代同样也经历了类似的过程，背后是英国逐渐代替荷兰，走上资本主义体系的中心位置。

2. 金币本位制

国际金本位货币制分为金币本位制和金块 / 金汇兑本位制两个阶段。金币本位制又称古典金本位制或纯粹金本位制，以一定量的黄金为货币单位铸造金币，作为本位币；金币可以自由铸造、自由熔化，具有无限法偿能力，同时限制其他铸币的铸造和偿付能力；辅币和银行券可以自由兑换金币或等量黄金；以黄金为唯一准备金。

英国是世界上最早实行金币本位制的国家，也是世界上第一个将本国货币的币值与黄金挂钩的国家。1717 年，为打击当时的黄金与白银的汇兑差价投机交易，著名物理学家艾萨克 · 牛顿（Issac Newton）在担任英国铸币厂厂长期间，将每盎司黄金的价格固定在 3 英镑 17 先令 10.5 便士。1797 年，英国宣布铸币条例，发行金币，规定了含金量，银币处于辅币地位 。1816 年，英国通过《金本位制度法案》，以法律的形式确认了以黄金作为货币的本位来发行纸币，废除了金银复本位制。1819 年，英国又颁布条例，要求英格兰银行的银行券在 1821 年能兑换金条，在 1823 年能兑换金币，并取消对金币熔化及金条输出的限制，从此英国实行真正的金币本位制。1878 年，拉丁货币同盟（法国、意大利、比利时、瑞士、希腊、西班牙等国）废除了银币的自由铸造，采取向金本位过渡的"金银跛行本位制"①，美国于 1900 年实行金币本位制，到 20 世纪初，世界各国已广泛采取金币本位制度。

与前两个体系周期不同，在英国周期步入全盛的金币本位制，第一次将主权货币引入了国际货币体系。由于英国在世界经济体系的中心地位，以及英镑与黄金的固定兑换比率，国际金本位本质上是一个英镑体系，各国货币通过英镑与黄金挂钩，英镑被广泛地用作国际贸易、投资和货币。据艾肯格林估计，19 世纪 60 年代到 20 世纪初，60% 的国际贸易以英镑结算；据特里芬估计，20 世纪 20 年代末英镑占全球准备资产的 80%。② 伦敦金融城成为国际金融中

① 在金银跛行本位制下，金币和银币均为本位币，并有固定的兑换比率，但金币可以自由铸造而银币不能，因此银币的价值不取决于其自身，而取决于与金币的兑换比率，演化为金币的符号，起到辅币作用。

② Peter Lindert, "Key Currency and Gold, 1900–1913", *Princeton Studies on International Finance*, No.24, 1969.

心，英格兰银行通过英镑影响全世界的利率，因此，也有人将金币本位制称为英镑汇兑本位制。

金币本位制第一次以改变国际货币体系的方式完成了权力中心的转移，尽管金德尔伯格认为，英镑之所以成为世界通货只是一种偶然，并非预先设计的结果，[①]但英国周期取代荷兰周期，以国际货币体系切换的方式完成了权力中心从欧洲大陆到英伦三岛的转移，却是历史合力形成的必然，因为权力的转移同样建立在以下前提之上：国家实力的提升、金融体系的建设、资本主义生产方式和制度的发展完善，以及最重要的，国际金本位制度的确立。

从中世纪时期的欧洲经济殖民地，到辉煌无两的“日不落帝国”，英国的崛起可归因于很多要素：居于大西洋航线要冲并免于欧陆战争殃及的地理位置，适应海洋作战并大败西班牙无敌舰队的海军力量，国王与议会制衡的君主立宪制度，贯穿18—19世纪的工业革命，来自亚洲和美洲等海外殖民地的财富等。但在这一切背后，真正促使世界权力中心转移的推手，却是国际金本位货币体系，这是“英国版世界秩序的核心，大英帝国的隐秘权杖”[②]。

19世纪70年代，各国放弃金银复本位而被纳入英镑汇兑本位的国际货币体系，既是市场选择，也是英国有意推动的结果。英国自身的国家禀赋毋庸置疑——强大的军事力量、安全

① 查尔斯·金德尔伯格．西欧金融史（第二版）[M]. 徐子健等，译．北京：中国金融出版社，2010:69.

② 王湘穗．币缘论：货币政治的演化[M]. 北京：中信出版社，2017:217.

的地理位置、君主立宪制的超稳定权力架构、与黄金挂钩的稳定币值，使英镑天然具备令人信服的价值基础。作为可以用于搭乘全球贸易便车的国际结算货币和众多海外殖民地的宗主国货币，英镑也会在政治上被其他国家列为国际通货的首选。最重要的是，英国有意识地铺设金融基础设施、提升国际社会领导力，以更好地运用货币金融这一全新的战略武器，完成权力中心的转移。

早在伊丽莎白女王时代，英国就开始师法荷兰，着手建立涵盖商业票据、担保、贴现、期货等[①]一系列安特卫普式的金融制度，并在尼德兰执政威廉三世兼任英国国王后，学到了荷兰人通过国债筹集战争经费的秘诀。[②]17 世纪末，英国率先其他国家发行了与税收一一对应的国债，且创立了英格兰银行对国债进行管理。与此同时，葡萄牙人在巴西发现了当时世界上最大的金矿，再至 18 世纪中期英国通过普拉西战役扫除了征服印度的障碍、通过鸦片战争打开了通往中国的门户，来自美洲和亚洲大陆的巨额财富使英国真正确立了国际金本位制度。正是金本位以及与之挂钩的国债制度，为英国获得长期稳定而廉价的融资奠定了坚实的基础，使英国不但得以全面推动工业革命，还赢得了英法第二次百年战争的胜利，并最终在第四次英荷战争（1780—1784 年）中大获全胜，荷兰从此失去与英国竞争全球转口贸易权的力量，阿姆斯特丹的全球金融中心地位也被伦

① 波斯坦等 . 剑桥欧洲经济史（第 5 卷）[M]. 王春法等，译 . 北京：经济科学出版社，2002:320.

② 威廉・麦尼尔 . 竞逐富强 [M]. 倪大昕，杨润殷，译 . 上海：上海辞书出版社，2013:101.

敦所取代，英国周期正式开启。

金本位和国债制度不仅从内生层面极大提升了英国国力，而且在外在层面提高了英国的国际影响力。从软实力的角度，直至今日，由英国开创引领的工业文明还在某种程度上支配和重塑着整个人类社会的理念，作为“现代化”和“先进”的典范被“未开化”的“落后”地区模仿和追随。从国际制度的角度，作为离岸平衡手的英国，通过工业化武装的军队和可以影响世界利率水平的金本位制度，精心构建了维也纳体系下的欧洲均势格局。以上种种均强化了英镑作为中心货币的地位，并形成了世界货币体系的格局和“中心—外围”结构，正如王湘穗在《币缘论》一书中所论述：“英国控制的国际资本，根据投资各国的风险和增值可能的大小，划分敌友和亲疏等级，形成了围绕英镑体系的币缘秩序……在维也纳体系下，欧洲各国的经济日益显露出货币化的特征……货币成为国家政策的支点，与英国军事力量、工业基础、外交技巧相互支撑、巧妙配合，主导着英国周期世界体系的走向。”①

3. 金块 / 金汇兑本位制

金块本位制是指没有金币流通和铸造，而由中央银行发行以金块为准备的纸币作为流通货币，单位纸币规定含金量，可以按本位币的含金量在一定数额以上、一定用途以内兑换黄金。例如，英国在 1925 年规定，银行券每次至少兑换 400 盎司黄金（约为 1700 英镑）。

① 王湘穗 . 币缘论：货币政治的演化 [M]. 北京：中信出版社，2017:217–218.

金汇兑本位制是指实行银行券流通，单位纸币规定含金量，但不能兑换黄金，只能兑换外汇，以外汇间接换取黄金，央行将黄金存储于另一个实行金本位的国家，规定两国货币兑换比率，以固定价买卖外汇。

存在近百年时间的金币本位制，对推动全球经济发展起到了十分重要的作用，却随着 1914 年第一次世界大战的爆发而终止。之所以出现金块 / 金汇兑本位制对金币本位制的替代，是由于资本主义由自由竞争过渡到垄断阶段，各国之间发展不平衡加剧，黄金分配出现极端不均的情况。战争风雨欲来，进一步促使各国“只进不出”，竭力从流通中吸取黄金充实国库，从而削弱了各国货币流通的黄金基础，金币的自由铸造、融化和输出成为一纸空谈。与此同时，频繁发生的经济危机造成的国债滥发，破坏了自由兑换的条件，受累于战争开支和赤字财政，各国推行的通货膨胀政策更使金本位的恢复不再可能。两次世界大战期间，资本主义国家曾出现短暂的稳定期，英国率先于 1925 年实行了金块本位制，其后欧洲大陆国家纷纷效仿。然而要维持金块本位制，仍需要充足的黄金储备作为条件。在 20 世纪 30 年代严重的经济危机冲击下，多国又不得不放弃金块本位制，将本国货币与英镑、美元挂钩，实行金汇兑本位制。无论是金块本位制还是金汇兑本位制，都是不完全、不稳定的金本位制度，很快被 20 世纪 30 年代的世界性经济危机冲毁。随着英国 1931 年、美国 1933 年先后放弃金块本位制，其他挂钩国家的金汇兑本位制也随之瓦解，金本位制终于成为历史。

金本位由金币本位向金块 / 金汇兑本位的变化只是表象，

体现了以英镑为中心的金本位的衰落，事实上反映的是英国体系的式微。此时距离以美元为中心的布雷顿森林体系的建立仅短短十几年，但权力的交接和英国周期的衰落早已提前半个世纪开始。1873—1896 年欧洲经济大萧条期间，英国历经了长达 23 年的通货紧缩，资产价格与资本利润率持续下降。“大萧条”之所以发生，主要原因是资本主义的内生性危机：美国、德国等后发国家效仿和追随英国，试图赶超和弥补经济发展不平衡，从而造成世界范围内的生产力过剩和利润率下降。为扭转颓势，英国借助对货币权力的控制，通过金融体系获得增值资本，由实业的春夏迈入金融的秋冬。

在 19 世纪 70 年代，英国将 50% 的储蓄投向海外，从而开启了 19 世纪末至一战之前的爱德华时期的“流金时代”。但英国的制造业生产能力逐渐落后于建立了流水线作业和卡尔特、托拉斯等新型生产组织形式的美国，这一现实状况并没有发生实质性的改变，反而因为金融扩张掩盖了实业衰退的事实，至 1914 年一战前夕，英国的海外投资已高达 40 亿英镑，引致了资产和投资泡沫以及更严重的危机。白钢认为：“当霸权遭遇危机时，满足于享受既有霸权体系赋予其的特权，无法进行有效的自我调整以适应新的趋势，无力创造出一种新的模式克服危机，这是霸权危机进一步深化并最终导致霸权体系瓦解的核心原因所在。”[①]1900 年的布尔战争以及后来的两次世界大战，让纽约成为伦敦的债主，世界金融中心逐渐完成了

① 白钢 . 美国将生活在中国经济主导地位的阴影下？ [OL]. 观察者网，2014 年 12 月 19 日，http://www.dooo.cc/2014/12/33162_3.shtml.

转移，并最终以布雷顿森林会议为标志实现了国际货币体系的切换。

二、国际货币体系兴替的规律

吉尔平认为，每一种国际货币机制都建立在特定的国际秩序的基础之上，[①]这种国际秩序也可以被理解为由于政治经济发展而形成的货币权力格局。在蒙代尔看来，货币权力格局从来都不是静止不变的，而是随着国家的兴衰而演变的，[②]因而国际货币体系是一个动态的体系。关于国际货币体系的兴与替，学术界主要从霸权稳定论等角度来考察。就国际货币体系而言，该理论可以被阐释为：世界体系平稳运行的前提是要有一个强大的霸权国充当世界的领导。艾肯格林因此指出，在国际货币体系领域，单一强大货币的存在是体系稳定的基石，并以金本位下的英镑体系和布雷顿森林体系下的美元体系以及两次世界大战中无体系的混乱状态做了实证分析。[③]吉尔平指出，国际关系的关键影响指标是随时间而变化的均势，以及国家权力及国际政治抱负和承诺之间的均衡。[④]由此看来，美元本位制危机已经初露端倪，表现为美国货币权力相对下降和新兴国家的

① Robert Gilpin, *The Political Economy of International Relations*, Princeton University Press, 1987, p.119.

② 罗伯特·蒙代尔．国际货币：过去、现在和未来（《蒙代尔经济学文集》第六卷）[M]．向松祚，译．北京：中国金融出版社，2003：184.

③ Barry Eichengreen, "Hegemonic Stability Theories of the International Monetary System", NBER Working Paper No. 2193, March 1987.

④ Robert Gilpin, *War and Changes in World Politics*, Cambridge University Press, 1981, p.13.

崛起。艾肯格林又进一步分析，亚洲的崛起是对美元本位制的最大挑战，由于亚洲各国之间贸易占比越来越大，采取美元结算会面临货币错配问题带来的汇率波动影响。此外，货币中心国家（美国）因选举周期、党派之争、国际收支调整压力等国内因素引起贸易争端时，有广泛贸易联系的地区使用第三方货币还容易受到汇率武器的攻击，这些国家自身也会因为官方外汇储备损失承受国内压力，这些都造成区域化货币的崛起和美元的相对衰落。① 科什纳认为，虽然由于避风港效应，在金融危机发生后，美元短期可能更受欢迎，但长期来看，美国经济和美元都更加脆弱，75 年来大规模金融危机首次爆发在美国本土，各国对债台高筑的美国和美元感到担心。危机的根源来自美国并没有真正改革自己的金融体系，"大而不能倒"的问题始终没能解决。②

不过，也有学者认为国际货币体系具有"自稳定"的特征。基欧汉在其 1984 年的著作《霸权之后：世界政治经济中的合作与纷争》中指出霸权国家是国际货币机制的制定者，通过建立基于其利益取向的国际机制来推动国家间的合作，即使霸权衰落也可以通过建立的国际机制继续实施影响。③ 艾肯格林和内森·萨斯曼（Nathan Sussman）提出，由于以下三个原因，国际

① Barry Eichengreen, "Global Imbalances and the Lessons of Bretton Woods", NBER Working Paper No. 10497, 2004.

② 乔纳森·科什纳 . 金融危机后的美国权力 [M]. 江涛，白云真，译 . 上海：上海人民出版社，2017:94–114.

③ 罗伯特·基欧汉 . 霸权之后——世界政治经济中的合作与纷争 [M]. 苏长和等，译 . 上海：上海人民出版社，2012:135–139.

货币会出现路径依赖，因此政府一般都不乐见国际货币关系发生剧烈变化，一是受到既有的国际货币体系思想意识的影响，二是既有国际货币体系中霸权货币的强权，三是国际货币体系的网络外部性。艾肯格林还提出，国家利益诉求的多样性产生了较高的协商成本，集体行动的高成本反过来要求政治杠杆的强权特征，需要试图改革的国家能拥有足够的政治杠杆来打击搭便车的行为。①

在霸权稳定论之外，本书试图从国际货币权力的收益和运用、货币国际化的选择与推动、历史合力与人为推动等方面，系统性地对国际货币体系的生命周期及演进过程中的变化特质做出梳理，而这对于剖析美元本位制的建立、可能引发的危机和思考国际货币体系未来的重构路径具有重要意义。基于前面对美元本位制之前的国际货币体系兴替的历史梳理，在此，本书又提出货币权力视角下国际货币体系兴替的三大规律：

1. 规律之一：原初动力说

综合国力的此消彼长是国际货币体系兴替的原初推动力，在私人市场选择、他国政治抉择、本国货币权力渴求三方面因素的共同作用下，新兴强国对原货币中心国的挑战成为历史的必然。

国际货币体系演进的背后是货币中心国家的更替，西班牙、荷兰、英国、美国依次崛起，取代前任成为体系的中心，最初均来自综合国力的迅速提升和对其他国家的超越。关于综

① Barry Eichengreen, Nathan Sussman, “The International Monetary System in the (Very) Long Run”, IMF Working Paper WP/00/43, 2000.

合国力的衡量标准，各国官方和私人智库都有类似的要素指标[①]，学术界也有多种考虑不同要素的繁简不一的计算方程[②]，总体而言，包括硬实力（经济、资源、人口、军事）和软实力（文化、外交、国内凝聚、国际影响），其中最关键的便是一国的经济实力。资源大国和人口大国未必会成为强国，而经济落后同样也意味着文化传播、外交实力和国际影响力受限。经济实力通常以工业、农业、服务业的生产力来衡量，其中工业又是重中之重，英国超越荷兰，美国超越英国，均源于对工业生产力的解放和提升。

工业生产力的提升与国际贸易的增加，为财富的聚集和货币国际化带来原初的推动力。符合国际化需求的深度金融体系和专业管理机构随之建立和健全，网络外部性因而产生。货币权力的天平逐渐倾斜，更进一步提高了发行国的综合国力，使其经济更加繁荣、军事更加强大、政治更加稳定，该国货币的国际公信力继续得到提升，国家影响力也与日俱增，这是科恩所谓的“良性循环”阶段，一切均来自阿瑞吉在资本主义体系周期理论中定义的“实业之春”。

---

① 例如，美国政府国家情报委员会开发的国家实力指数（GPI），包括国内生产总值、人口规模、军费支出、科学技术、健康、教育和治理水平等；《欧洲地缘战略》杂志的大国审计指标（Audit of Major Powers），包括经济实力、军事影响力、外交实力、文化吸引力四个部分；中国的综合国力指数（CNP）包括经济实力、自然资源、军事力量和其他政治、社会、技术因素的指数等。

② 例如，考虑钢产量、人口和能源产量的德国富克斯方程，考虑人口、经济、军事、战略目标、国家意志的美国克莱因方程，考虑硬实力（资源、军事、经济、科技）和软实力（文化、凝聚力、国际影响力）的美国约瑟夫·奈方程，丁俊峰提出的考虑政治力、科技力、精神力和自然力、人力、经济力、国防力的综合国力质量公式等。

2. 规律之二：体系惯性说

由于货币权力、路径依赖与制度惯性的存在，国际货币体系的兴替滞后于综合国力的对比变化，原货币中心国基于惯性仍能维持较长时间的体系运转。不过，由于货币权力失控所孕育的危机，体系的衰落亦是历史的必然。

权力天平的倾斜始终发生在某个既有权力体系之内，意味着权力中心的更迭长期而曲折。新生货币挑战既有的中心货币，在私人层面或许难以控制，因为贸易商、投资客往往遵循经济理性而行。但在官方层面，中心货币国必然会运用货币权力和制度优势捍卫已有的特权，一方面体现在对挑战国的全面遏抑，另一方面体现在对收益更加剧烈的攫取，以保证国家实力始终位于金字塔之巅。在现实世界，常常以贸易对抗、政治围堵、货币中心国家趋向金融化为表现。在全球化背景下，货币竞争国大都与中心国经济往来密切，因而这种竞争并不直接表现为暴力对抗，而是如王湘穗所言是一种“敌对式共生”，正如英国国债的最大买家是荷兰人，美国后又成为英国最大的债主，货币权力的竞争和对抗迂回曲折，最终带来的是整个体系的全面溃疡——体系的中心放弃了实业，过度金融化使得各国的资产泡沫膨胀，资本主义内生的经济危机频频爆发，中心国家步入“金融之冬”，“中心—外围”结构的不均衡愈发严重，在美元体系之前，这种全方位失衡均以大规模战争收场，从而达到权力的重构。

3. 规律之三：体系进化说

国际货币体系兴替规律有普遍性，同时也随历史演进和资本主义制度发展在不同体系时期呈现特殊性，体现在：（1）黄金逐渐弱化、货币逐渐虚拟化，（2）中心国家产业快速空心化、金融自由逐渐全球化，（3）货币权力集中化。

国际货币体系演进至今，每一个阶段都呈现出不同特征，循着“货币脱锚”这条主线，货币权力与中心国家更加紧密地捆绑在一起。在贵金属本位制时代，本位货币并没有清晰的国家印记，西班牙双柱银币之所以称霸市场，是因为含银量高、数量大、铸造精、质量适中，荷兰弗洛林被广泛接受，也是因为足金铸造、价值稳定，因而区别于市场上的仿币和劣币。总的来说，是从市场选择的角度获得交易商家的青睐。直至金币本位制时代，通过将英镑与黄金挂钩，国家信用才初次进入货币体系，即便如此，当时的英国也需要动用宗主国货币的权力，通过强制要求殖民地国家使用英镑准备金的方式，提升英镑作为储备货币的地位。事实上，英镑汇兑本位制下，并没有一套完整的国际机制来确保英镑作为国际本位币的权力，且英镑作为中心货币的权力并不唯一，也有部分国家在金汇兑本位制时期，选择将本国货币与美元挂钩。可见在当时，国家货币的权力仍主要与一国的黄金储备，也就是国家实力相联系，货币权力唯一性受到限制，黄金不但锚定了货币的价值，还锁定了货币权力的运用范围，即使发生权力滥用带来的失衡，失衡所触发的危机也相对可控。但这种黄金“脱锚”、国家信用膨胀、金融之秋时间拉长且范围扩大的趋势，在国际货币体系演进的过程中越发明显，体系呈现出进化的趋势。

本章小结

本章通过梳理一些基础性概念和基本规律，为后续章节探讨美元本位制建立、可能引发的危机和国际货币体系重构做了理论准备。区别于经济学领域的探讨，本书主要从货币权力的角度剖析美元本位制兴衰的原因，并探讨国际货币体系未来的发展路径。因此，我们首先探讨单一权力主体（国内）框架下的狭义货币权力的内涵和外延，接着探讨多个权力主体（国际）框架下广义货币权力的含义变化，这种变化主要由于权力主体的增加而产生，使得货币权力从单纯的“有权力去做”（主要体现为体系的中心有权力获得各种好处），变成了先对其他权力主体“有权力影响”而后再“去做”。基于此，区分了国际货币权力的收益与运用，说明美元作为国际本位货币可以获得国际铸币税，增强本国企业在国际市场的竞争力，参与并影响全球宏观经济，主导分配全球资源和财富这四种特殊收益；同时可以通过运用货币权力，在货币领域直接对他国施加影响，有能力免于受到其他国家影响，有能力塑造国际货币体系的博弈规则，而且可以在意识层面塑造他国的认知，从而达到维护自身利益的目的。

在明确“货币权力”的概念定义之后，继续梳理了“国际货币体系”的相关概念，以进一步明确何为国际中心（本位）

货币，其与体系内其他货币的权力关系。首先，我们定义了“国际货币体系”，提出广义的国际货币体系包括国际货币格局和国际货币制度两个层面。前者在绝对权力对比上呈现为金字塔结构，通过7个量化指标来衡量某种货币在金字塔上的位置，在权力结构格局上呈现为“中心—外围”结构，体现不同货币发行国在体系中的亲疏关系；后者主要包括国际货币体系的显性制度和隐性制度，制度也是货币权力的重要来源和运用依托。其次，着重考量了一种国际货币所具备的特征，历史上被广泛使用的国际货币通常具有稳定的货币价值、广泛的交易网络、丰富的保值增值投资渠道，这些特征根植于货币发行国的国家实力，体现在软实力、硬实力各个方面，这是催生一种货币国际化的市场驱动因素。此外，各国政府出于经济理性、地缘政治考虑选择一种国际货币，是货币国际化的非市场驱动因素。最后，货币发行国出于国际货币权力的收益考虑，还会有意识地强化自身经济实力、夯实金融基础设施、提升国际社会政治领导力，从而推动其货币被他国选择。

第三节主要通过梳理历史上国际货币体系的兴替，归纳总结国际货币体系兴替的规律。从16世纪至今，国际货币体系经历了银本位/金银复本位制、金币本位制、金块/金汇兑本位制、布雷顿森林体系、牙买加体系、美元—欧元体系、后危机体系7个不同的体系阶段，依次对应热那亚—伊比利亚周期、荷兰周期、英国周期、美国周期四个资本主义体系周期。通过梳理世界权力中心从西班牙到荷兰、再从荷兰到英国的转移，并借鉴前人关于国际货币体系演进的研究成果，提出国际货币体系的三大规律：原初动力说、体系惯性说、体系进化说，从而为探讨美元本位制体系的建立勾勒出理论框架。

综合本章要点，可总结国际货币体系兴替模型（见图 1–3）。

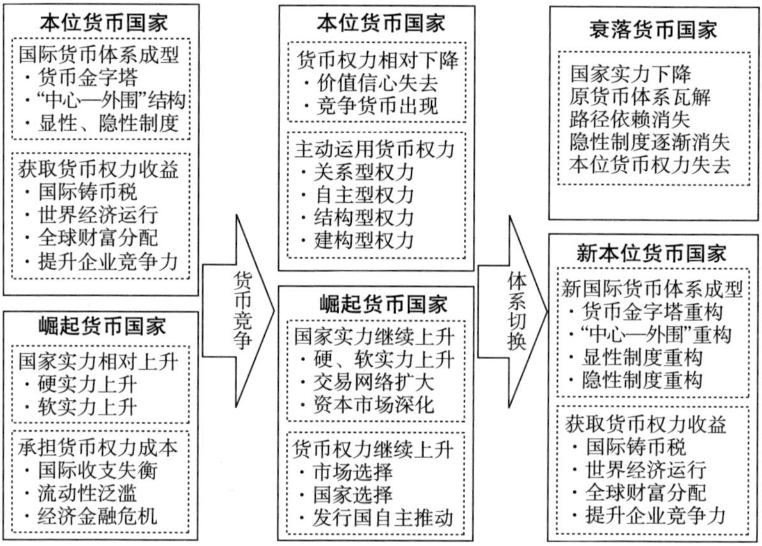

图 1–3 国际货币体系兴替模型

2

布雷顿森林体系与美元本位制危机的源起（1944—1973年）

探讨美元本位制危机，或者说未来美元体系出现崩溃的可能性，需从美元体系建立之初开始探寻。本章聚焦1944—1973年布雷顿森林体系建立前后这一段时间，首先对美元代替英镑的历史进程进行实证分析，探寻布雷顿森林体系设计的天然缺陷，并就该缺陷对国际货币体系稳定性的冲击进行分析，从而为进一步阐述与该体系一脉相承的美元本位制的制度性缺陷打下基础。基于此，我们由表及里剖析了国际货币体系危机的三要素：危机表现、驱动因素和根本原因。

第一节　从英镑体系到美元体系

前面提出，国际货币体系的更替通常遵循三大规律。首先，综合国力的此消彼长是体系更替的原初动力，而技术革命在其中起到举足轻重的作用；其次，由于货币权力的运用和路径依赖、制度惯性的存在，国际货币体系的兴替滞后于综合国力的对比变化，只有当货币权力“合法性”彻底丧失，体系更替才会最终发生；最后，国际货币体系具有自进化特征，循着“实物脱锚”和“货币金融化”，货币的权力日益彰显，体系的平衡性、稳定性和持续性也更容易遭到破坏。

一、英美综合国力的消长

货币体系兴替的第一条规律是“原初动力说”。综合国力变化之所以会成为推动国际货币体系更替的原动力，是因为一种货币得以在世界范围内被广泛频繁使用——无论是被私人市场自然选择，还是被他国政府官方选择——首先源于繁荣的经济和活跃的外贸。尽管综合国力包括很多方面，根据约瑟夫·奈的经典概括，可分为硬实力（如经济、资源、人口、军事）和软实力（如外交、文化、国内凝聚力、国际影响力）两大类。但单纯就货币选择而言，由于其在经济生活中承担的基本功能，更多会受到一国经济实力的影响，而在拉动经济增长的三大产业中，又以工业对综合国力的贡献最为关键。因此，决定一国经济总量、商业活力和贸易实力的工业生产力的强弱，便成为货币权力强弱的先行指标。

1. 英国制造的衰落

19 世纪末英国霸主地位的动摇，与工业生产力的相对衰落密切相关。从世界范围内看，除了最终将之从中心位置排挤出来的美国以外，欧洲体系内部的德国也后来居上，在 1871 年德意志帝国建立之后，依托疆域一统的内部大市场、教育与银行体系的迅猛发展，以及普法战争带来的 50 亿法郎战争赔款，德国迅速实现了机器大工业的跳跃式发展，在工业革命落后英国半世纪之久的情况下，于 1913 年实现了工业生产力对英国的超越。[①] 在现代化工业时代，工业生产力决定了一国的经济总量、活力与韧性（与之相关的关键指标还有人口数量），1820—1870 年英国无疑是世界头号工业强国，但如果对比 1820 年与 1913 年第一次世界大战前夕的相关经济指标（见表 2–1），会明显发现英国的经济实力尤其是工业实力，无论在总量上还是占比上，都在逐渐被美国和德国赶超。此外，从经济增长率指标也能够看出，英国的工业生产水平在第一次世界大战前的 40 年间已日渐落后，1870 年到 1913 年间，美、德、英国的 GDP 年增长率分别为 4.1%、2.8%、1.9%。[②]

表 2–1　主要工业化国家的经济指标（1820 年、1913 年）

	1820 年				1913 年			
	GDP 总量（百万国际元）	人均 GDP（百万国际元）	GDP 占世界的比重（%）	人口（百万）	GDP 总量（百万国际元）	人均 GDP（百万国际元）	GDP 占世界的比重（%）	人口（百万）
英国	36232	1706	5.2	21239	224618	4921	8.2	45649
法国	35468	1135	5.1	31250	144489	3485	5.3	41463
德国	26819	1077	3.9	24905	237332	3648	8.7	65058
美国	12548	1257	1.8	9981	517383	5301	18.9	97606

资料来源：安格斯 · 麦迪森 . 世界经济千年史 [M]. 北京：北京大学出版社，2003。

英国工业水平的相对落后，与经济禀赋、社会结构、教育

① 马 · 波 · 沃尔夫等 . 世界资本主义各国经济地理统计手册 [M]. 林青，译 . 北京：世界知识出版社，1964.

② Angus Maddison, *Phases of Capitalist Development*, Oxford University Press, 1982.

体系乃至国家精神都有关系。工业革命起步较早的英国在蒸汽机领域投入巨额资金，从而错过了内燃机和交流电的发展时机，小工业主所有制则使大一统的市场标准和规模经济难以形成。到第一次世界大战时，英国的生产形态仍然分散而混乱，有 70 种不同标准的发电站、50 种供电系统、24 种电压和 10 种频率。[①] 英国薄弱的职业技术教育体系和在长期历史积淀中形成的崇尚古典教育的人文主义传统，使得其对科学与技术教育具有天然的偏见，人才教育偏重于遵循公学和大学的“光荣阶梯”进入上流社会，直到 19 世纪都没有建立切实从事职业技术教育的机构。维多利亚时代富有进取精神、讲究勤勉致富的工商业者一旦成为“新贵”，就难以避免要向土地贵族的精神世界靠拢，英国文化中根深蒂固的乡村情结和高冷矜持的绅士风度，与热情高昂的工业精神两相抵触，一定程度上伤害了商业文化与公司活力。如美国学者马丁·威纳（Martin Wiener）所言，在 1851 年的伦敦世博会以后，英国“经历了一个世纪的心理和智识的反工业化”，第一次工业革命带来“大发展”的同时也带来“大污染”，因而在英国国内引起了思想上的“大反思”。[②]

2. 美国制造的兴起

与此同时，远在大洋彼岸的美国却迎来了工业制造业的实业之春。

早在 1791 年，亚历山大·汉密尔顿（Alexander Hamilton）

① 王湘穗 . 币缘论：货币政治的演化 [M]. 北京：中信出版社，2017:235.

② 马丁·威纳 . 英国文化与工业精神的衰落，1850—1980 [M]. 王章辉，吴必康，译 . 北京：北京大学出版社，2013.

就向美国国会提交了《制造业报告》[①]，与托马斯·杰斐逊（Thomas Jefferson）的“农业立国”理念进行道路之争。面对欧洲大陆风起云涌的工业革命浪潮，美国政府以重金为酬，大量吸引欧洲移民向美洲大陆输送新技术。1789 年，塞缪尔·斯莱特（Samuel Slater）逃过英国当局的监管，携阿克莱特纺织机的核心机密进入美国，并于次年制成美式纺纱机，正式开启了美国的工业革命，大量发明创造相继问世，纺织业、钢铁业、机器制造业快速发展，形成了以宾夕法尼亚州为中心，横贯五大湖区的制造业核心区域，并在 19 世纪上半叶建成了全世界最大的运输和通信网络。

1865 年南北战争结束，雇佣资本主义的劳动生产方式在南北大一统的美国市场普遍推广，再次催发工业革命的硕果，制造业向资本密集、技术集中的领域升级，前三大主导行业分别由 1860 年的棉纺织品、木材、制鞋转变为 1900 年的机器、钢铁、印刷出版。[②]尽管美国在建国之初以农业立国，但随着工业革命对生产力的解放，制造业增加值快速提升，于 1889 年超过农业，以前所未有的速度完成了工业化。

从 1859 年到 1919 年，美国制造业产值增加了 33 倍；工业制成品产值从 1840 年的世界第五跃升至 1894 年的世界第一，工业产量是英国的两倍和整个欧洲的一半；到 1913 年，美国 GDP 占全世界经济总量的比重高达 18.9%，远高于英国的 8.2%

---

① Alexander Hamilton, “Report on Manufactures”, Communicated to the House of Representatives, 1791.

② 杰里米·阿塔克彼得·帕赛尔 . 新美国经济史（下册）[M]. 罗涛，译 . 北京：中国社会科学出版社，2000.

（见表 2–1），其中最大贡献来自制造业，占全世界份额的 32%，比位居第三的英国高出近 20 个百分点。[①] 作为世界最大工业生产国，美国制造的农用机械、电气设备、机床等伴随着贝尔、杜邦、辛格等公司的名字享誉全球。

19 世纪最后 20 年，当英国饱受滞胀困扰之时，美国一举取而代之，成为世界第一经济强国。1918 年，美国工业总产值高达 840 亿美元，制造业的蓬勃发展直接带来贸易和金融的繁荣，其贸易量占世界总量的 39.2%，黄金储备占全球黄金储备总量的 59%。

美国制造业的兴起有其独特的历史背景、地缘政治因素乃至自然资源禀赋。公地拍卖的联邦土地政策吸引了欧洲资本和移民，提高了人口密度，聚集了土地财政收入并投入基础设施和基础教育，形成了独立不羁的美国精神；广袤的国土和全美经济一体化使得美国人更密集地使用资本，提高基础能源的利用和个体产出率，并建成了有别于欧洲的以通用部件和装配线为特征的泰勒制和福特工厂式的标准化生产体系；卡特尔和托拉斯创新了企业外部协作方式并推动了产业链的矩阵式整合；大规模的铁路建设在提供高效全网运输体系的同时，还打造了钢铁、铁路公司等超大型企业，作为先行者给其他行业组织提供了大规模生产、运营样板；南北战争后的统一大政府通过建立国内市场、实行金本位制度、采取关税保护三大政策推进工业化进程；独特的地理位置使得美国得以躲过两次世界大战的炮

① 资料来源：联合国贸易与发展会议（United Nations Conference on Trade and Development）。

火，却能得益于远方的战事，在为大规模工业化战争提供军火的过程中，从重工业和军工业中衍生出大量民用工业的产业链。[①]

英美两国综合实力的消长，意味着既有国际货币体系的危机已经开始萌芽，但从萌芽到成为既定事实，还需经历货币权力“合法性”的转移和对新币权最终的“加冕”。就英镑和美元体系的切换而言，这个转移的过程意味着英镑作为国际中心货币合法性的丧失，以及布雷顿森林会议最终将之转移到新的国际中心货币美元。

二、英镑“合法性”的式微

货币体系兴替遵循的第二条规律是“体系惯性说”，即，国际货币体系作为一个动态变化的权力体系，变化节奏滞后于综合国力消长，但几乎同步于国际关系体系的兴替。从历史上看，国际货币体系的切换往往以某种国际体系的建立为标志，遵循“国际战争—国际体系—国际货币体系”的路径演进，如“滑铁卢战争—维也纳体系—英镑为中心的金本位制度”，“普法战争—俾斯麦体系—马克为中心的欧洲金本位制度”，“第二次世界大战—雅尔塔体系—美元为中心的布雷顿森林体系”等。这与国际货币的权力和信用属性有关，权力的更迭是一个相对长期的斗争过程，伴随全球公信力和国际领导力的转移，即使事实上国力对比早已发生变化，原有的国际货币制度也还在运行，本位货币国家还可以继续运用货币权力来捍卫霸权，直到国际关系体系重建。这也

① 王湘穗．币缘论：货币政治的演化 [M]. 北京：中信出版社，2017:226-240.

与国际中心货币的最本质特征相一致，无论是市场还是国家，选择持有和使用一种国际货币的基础永远来自对其货币价值的信心。因此，英镑的衰落不但是国家实力衰落的过程，更是国际政治领导力“合法性”和国际货币“公信力”逐步丧失的过程。与此相对应，在货币权力的“零和博弈”中，美国国力上升，并逐步获得国际政治领导力，四百余年来第一次将国际体系的中心从欧洲移到了大西洋彼岸，为美元的“加冕”奠定了基础。

1. 英镑体系的惯性

尽管早在 1895 年美国便取代英国成为世界第一经济强国，但英镑作为国际中心货币的合法性仍保留了半个世纪之久。英镑体系的惯性一方面来自既有的国际货币格局和制度，另一方面来自英国作为世界霸主的余威——如凯瑟琳·申克（Catherine R. Schenk）所言，英镑在大英帝国衰落后仍能保持国际关键货币地位，主要原因不是市场这只“看不见的手”，而是权力这只“看得见的手”。①

由于金币本位制时期（1880—1913 年）所奠定的基础，英镑在国际货币体系中的中心货币地位毋庸置疑。1860 年前后，英国达到经济霸权和工业制造的鼎盛时期，以占全球 2% 的人口，产出了全球一半以上的钢和煤，消费了一半以上的原棉材料，外贸制成品占世界贸易总额的 2/5，是当之无愧的全球经济和贸易中心。② 与此同时，英国在全世界的殖民地以年均 10 万平方公

① Catherine R. Schenk, *The Decline of Sterling: Managing the Retreat of an International Currency, 1945-1992*, Cambridge University Press, 2010.

② 保罗·肯尼迪．大国的兴衰 [M]. 陈景彪等，译．北京：国际文化出版公司，2005:147.

里的增速迅速扩张。贸易与殖民双管齐下，带来了网络外部性和市场驱动力，英镑的流通域迅速扩张，国家驱动力随即出现。欧洲主要国家先后在 19 世纪 70 年代放弃金银复本位，追随英国这个世界经济的典范，采用了金币本位制度——该制度又被称为英镑本位制度。作为当时的世界第一大经济体、全球最大贸易国和金融资产主要供给方，英国所发行的货币比黄金更受欢迎，一是因为纸币比黄金流通更为方便，二是英镑不仅可以随时兑换黄金还能支取利息，而存储黄金非但没有利息还要付保管费，因此，各国中央银行和私人部门更多选择英镑作为储备、结算和清算手段。

在此基础上，真正具有现代性的国际货币制度围绕着英镑诞生。英格兰银行作为世界经济的“最终贷款人”扮演全球央行的角色，承诺维持黄金的可兑换性，管理并调控全球金融体系，伦敦是当之无愧的国际资本市场的中心；英镑作为国际货币本位货币，对维持稳定的储备制度和固定汇率制度起到举足轻重的作用，其作为世界贸易最重要的记账单位和全球最主要的储备货币，占全球储备的 27%。[①] 英国也维持了稳定的国际收支调节制度，其贸易顺差与资本输出相匹配，带来了 19 世纪 70 年代至一战前欧洲历史上难得的和平稳定。

与此同时，国际货币格局也日渐成型，国际社会的政治领导力使英镑不但站上了货币金字塔的塔尖，也成为“中心—外围”结构的中心。科什纳在《货币与强制》一书中以英镑为中心定义

---

① 巴里・艾肯格林. 资本全球化——国际货币体系史（第二版）[M]. 彭兴韵，译. 上海：上海人民出版社，2009:21.

了五个同心圆，由内而外分别是英国殖民地、英国自治领（印度、南非）、货币同盟国（日本、拉美）、广泛使用英镑的国家、有限度使用英镑的国家。① 这种权力制度结构形成了李巍所说的“货币伙伴网络”，从而巩固了英镑的货币体系惯性，例如，在一战期间，印度通过贸易顺差为英镑体系提供流动性，通过英镑储备来弥补英国的国际收支失衡。② 二战后，英镑区国家持有的英镑债券长期稳定保持在200亿英镑左右，说明一种国际货币的深度流通市场一旦形成，很难会仅仅因为国际中心地位的丧失而迅速失去。国家软实力所带来的意识和心理惯性同样不可小视。20世纪30年代“大萧条”期间，尽管英格兰银行几乎放弃了捍卫英镑，而美联储则以黄金储备流失为代价保持了美元和黄金的可兑换性，但各国央行仍选择保留英镑而出售美元，1931年全球外汇储备中英镑占50%，美元只占40%。③

除了体系惯性，在原有国际中心货币衰落的过程中，发行国通过运用货币权力来延缓体系兴替的进程，也是旧体系得以延续的重要原因。第一次世界大战之后，英国迫不得已让英镑价值随市场供需浮动，一年之内汇率下降了34%至3.21美元。与此同时，英国国内还经历着严重的通货膨胀，为解决该困境，英国动用货币权力，主导国际联盟金融委员会（Financial Committee of the League of Nation），要求所有欧洲国家遵循通货膨胀政策，并建立以英镑为基准的“黄金交易标准”，以避免黄

① 乔纳森·科什纳．货币与强制：国际货币权力的政治经济学[M]. 李巍，译．上海：上海人民出版社，2013:148.

② 李巍．制衡美元：政治领导与货币崛起[M]. 上海：上海人民出版社，2015:48.

③ 巴里·艾肯格林．嚣张的特权[M]. 陈召强，译．北京：中信出版社，2011:39.

金大规模流动，以让英格兰银行继续保持欧洲央行地位。[①]1932年英国放弃金汇兑本位制度，使英镑失去了全球性的中心货币地位，但通过在“中心—外围”币权结构的圆心地带（英联邦殖民体系内部）设置贸易特惠区和共同货币政策，英镑流通域形成了一个闭环，延续了其区域性中心货币的地位。[②]

2. 英镑“合法性”的失去

无论滞后与否，权力终将随着实力衰落而式微。英镑作为国际中心货币的合法性随着英镑价值的动摇而动摇，当价值坚定、信誉良好、流动性与收益性兼备这些国际中心货币的必备优点消失后，市场和政府将重新选择替代货币，国际货币体系的危机之路就此开启，道路的终点必然是国际政治领导力的移交，这意味着一种国际货币体系真正完结。

工业制造地位的相对落后，使英国在世界贸易中所占份额从1880年的23.2%下降到1913年的14.1%[③]，这从根本上损害了英镑作为国际中心货币的经济基础，使之在经历战争创伤和经济危机之时，没有实业基础来恢复经济弹性，也无法在战后以恢复战前货币平价的方式重塑英镑价值。从货币的信用属性来看，英镑价值来自可自由兑换黄金的承诺，在大卫·威廉姆斯、彼得·林德尔特、杰弗瑞·英格汉姆等学者看来，金本位制度虽然不等同于

---

① 爱德华·格里芬．美联储传：一部现代金融史[M]．罗伟等，译．北京：中信出版社，2017:404.

② Catherine R. Schenk, *The Decline of Sterling: Managing the Retreat of an International Currency, 1945-1992*, Cambridge University Press, 2011.

③ 保罗·肯尼迪．大国的兴衰[M]．陈景彪等，译．北京：国际文化出版公司，2005:219–222.

英镑制度，国际金本位集团却可被视为世界性的黄金—英镑本位区，[①]因此，只要英格兰银行能够保持黄金可兑换性的承诺，市场对英镑的信心便可维系。这种信心从19世纪70年代国际金本位集团建立[②]，到1913年第一次世界大战爆发前夕，稳固维系了近40年，但致使其崩溃的危机根源却一直存在，即英国黄金储备的流失让"可自由兑换"成为一纸空谈，黄金锚作为信用货币的发行基础，并不能用国家信用来替代。

英国黄金储备的流失与制造业中心从欧洲向美洲转移息息相关。"美国制造"的崛起形成了美国对欧洲贸易的大量逆差，造成欧洲黄金大量外流。1880年，英格兰银行的黄金储备还位列世界第4，占世界黄金总储备的15%；到1913年，便只位列世界第7，仅占世界黄金总储备的3%（见图2–1）。在正常情况下，国家信用可以弥补黄金储备不足带来的偿付信心不足问题。事实上，英国一贯以来以低黄金储备而著称，其储量之少，被凯恩斯称为"黄金薄膜"，因为在正常情况下，英格兰银行只需要持有小部分必需的黄金便能支持货币供给，但一旦英国失去公信力，市场开始怀疑其维持金本位制度的意愿和承诺，就会造成对英镑

① David Williams, "The Evolution of the Sterling System", in C. R. Whittlesey and J. S. G. Wilson, eds., *Essays in Money and Banking*, Clarendon Press, 1968; Peter H. Lindert, "Key Currencies and Gold 1900–1913", *Princeton Studies in International Finance*, 1969, p.24; Geoffrey Ingham, "States and Markets in the Production of World Money: Sterling and the Dollar", in S.Corbridge et al., *Money Power and Space*, Blackwell, 1994.

② 国际金本位并非国际协商的结果，而是自然逐步完成的，继英国之后，葡萄牙（1854年）、德国（1871年）、美国（1879年）、拉丁货币联盟（19世纪80年代，包括丹麦、荷兰、挪威、瑞典）、俄罗斯和日本（19世纪后期）、印度（1889年）、拉美国家（19世纪末）逐渐采取金本位。

的挤兑。

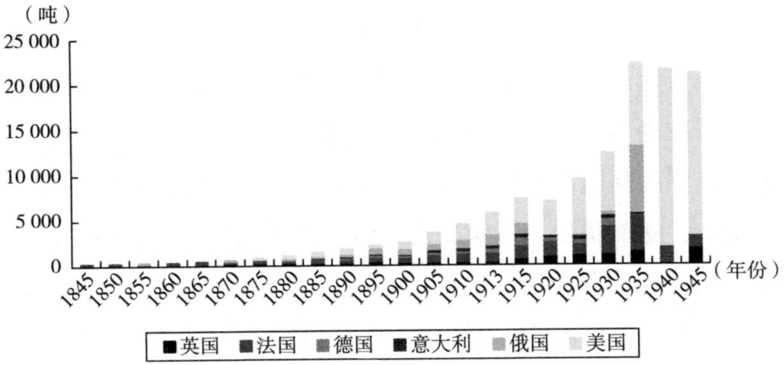

图 2-1　世界主要国家黄金储备变化（1845—1945 年）

资料来源：世界黄金协会 WGC[①]。

历史上，英格兰银行曾两度放弃金本位制度，均发生在非常时期。在第一次世界大战期间，为应付战争带来的财政赤字，英国宣布英镑停止兑换黄金，欧洲其他参战国纷纷效仿，直接导致传统金本位制度走向终结。战争结束后，为解决过度赤字带来的恶性通货膨胀问题，奥地利、德国、波兰和匈牙利四国率先于 1921—1925 年恢复金本位，英国于 1925 年 4 月宣布恢复金本位，一举带动了欧洲和英镑区近 40 国纷纷效仿，于次年基本恢复了国际金本位制度。由古典金本位制度的崩溃和重建可以看出，英国作为货币中心国家，即使经济实力和黄金储备被美、德超过，但其行动仍具有示范作用，体现了难以比肩的

① Timothy Green, "Central Bank Gold Reserves-An Historical Perspective since 1845", WGC, 1999.

国际政治领导力。正因如此，丘吉尔才会不顾凯恩斯反对，[①]坚持以战前平价恢复英镑与黄金的兑换价格，以体现国际社会的领导姿态，即使这意味着沉重的经济代价——为了填平因经历恶性通货膨胀导致的英镑和美元之间的汇率差，英格兰银行不得不采取通货紧缩、提升贴现率等措施，造成国内经济严重衰退。英国的断腕之举暂时重塑了人们对英国政府捍卫黄金本位的信心，然而很快，英镑又迎来雪上加霜的第二次危机，1929年，美国股市崩溃引燃经济危机，“大萧条”席卷全球。此时的英国，制造业和贸易已远不如19世纪末的流金时代，更多作为金融“食利者”享受资本增值和国际金融服务带来“无形收益”，[②]故而受“大萧条”影响更为深重。1931年7月，英国财政部发布了一份高达1.7亿美元的政府赤字报告，各国央行突然失去了对英镑的信心，纷纷将英镑储备兑换成黄金，导致短短一个月内，约有等值2亿英镑的黄金大量外流，迫使英国在1931年9月再度宣布放弃金本位。至1932年，25个国家先后退出金汇兑本位制，以英镑为中心的国际货币体系崩溃。二度放弃金本位制度，反映了在关键时刻英国没有能力承担货币中心国家的职责，导致英镑作为国际储备货币的流通域由全球性下降到地区性。[③]

---

① 约翰·梅纳德·凯恩斯.通往繁荣之路——丘吉尔先生政策的经济后果（1925）[M].李井奎，译.北京：中国人民大学出版社，2016.

② 巴里·艾肯格林.资本全球化——国际货币体系史（第二版）[M].彭兴韵，译.上海：上海人民出版社，2009:243.

③ Ragnar Nurske, *International Currency Experience: Lessons of the Inter-War Period*, League of Nations, 1944.

在国际货币体系兴替的过程中，对于旧霸主而言，是否能够维护持有者对货币价值的信心至关重要。以英镑为例，意味着英镑对黄金的可兑换性，以及作为国际货币体系中心国家，英国维持体系均衡、稳定、可持续，确保多数外围国家因选择该货币而受益。一旦失败，便意味着给予了新兴货币挑战国可乘之机，当一种中心货币的合法性随着体系动荡而消失，另一种货币站上中心位置，只是时间和契机的问题而已。

三、美元"合法性"的确立

美元合法性的确立，首先来自其作为国际中心货币的特质已齐备，其次来自国家力量对货币国际化的驱动，最后也是最重要的是，在货币权力交接过程中，美国从孤立主义逐渐转向国际领导力建设，从而在国际政治领域取得了话语权。

1. 塑造美元价值信心

一种货币要在国际货币竞争中胜出，需要具备的特质包括稳定的货币价值、广泛的交易网络和充分的投资渠道。稳定的货币价值首先来自历史现实所奠定的基础，其次来自使用者对未来货币价值的信心。相对于英国捍卫英镑价值时体现出的意愿薄弱和能力不足，美国作为崛起货币国，依托强大的国家实力坚决捍卫了美元币值的坚挺，在英镑中心的金本位时期，主要体现在尽量确保了美元与黄金的可兑换性。1900年，美国颁布《金本位法案》（Gold Standard Act），规定一美元相当于25.8格令的0.9成色的黄金，第一次以法律形式保证了美元的可兑换性。1913年，《联邦储备法案》（The Federal Reserve Act）规定了具有可兑换性的黄金标准准则，并以黄金储备金形式确保该准则得以落地。在第一次世界大战爆发之后到 1925 年英国恢复金本位之前的近十年时间里，大国当中只有美国将货币与黄金牢牢挂钩，其他国家的货币则通过钉住美元来稳定本国汇率。[①] 换言之，这个时期美联储已经临时代管了英格兰银行的职责，英镑中心金本位制度暂时性地转变为美元中心金本位制度，崛起货币第一次有了崛起之相——在英镑本位国际货币体系下，"美元区"逐步形成并扩大。而在 1932 年英国再次放弃金本位制后，尽管美国在"大萧条"冲击下也于 1933 年放弃了金本位制，但很快又在 1934 年宣布恢复金本位制，通过美元贬值的方式，将美元兑黄金比价固定在每盎司 35 美元，这一固定比价一直保持到 1971 年，美元区进一步扩大。英国两次放弃货币中心国的职责，两度都被美国接手，以事实支撑起美元的价值信心。

此外，日益向好的经济前景、逐步成熟的美联储央行体系、优于其他大国的通货膨胀水平、积极活跃的国际贸易、独特的地缘政治优势和迅速发展壮大的军事实力，也从底层支撑起对美元未来价值的信心。在国际中心货币的所有特质中，价值稳定始终最为重要，美元之所以胜过英镑，是有充足的黄金储备作为基础，更是因为坚守了稳定的货币制度。1900 年《金本位法案》的颁布标志着金本位主义对通货膨胀主义（金银复本位）的胜利，这是美元获得国际货币中心地位的根基所在。具有讽刺意味的是，新凯恩斯主义后来战胜了货币主义，不断扩张的

① 罗伯特·蒙代尔. 国际货币：过去、现在和未来（《蒙代尔经济学文集》第六卷）[M]. 向松祚，译. 北京：中国金融出版社，2003:125.

美国经常项目逆差带来全球美元资产的膨胀和流动性过剩，又从根本上损害了美元的价值根基，为美元本位制的危机埋下了祸根。

与此同时，交易网络和投资渠道的建设，赋予了美元更多的国际化优势。与价值信心这种偏市场驱动的特质相比，建设国际货币使用和保值增值的网络渠道，则更倚重于国家力量的驱动。

2. 建设金融基础设施

美元能够在更广范围内成为国际化货币，金融基础设施不可或缺。一国只有建立了完善稳定的中央银行和商业银行体系，才能确保其货币政策运行顺畅、清算结算系统高效，从而进一步提升国家实力和金融体系稳健性，为货币的国际化打下基础。

早在建国之初，美国第一任财政部部长亚历山大·汉密尔顿就在《国民银行报告》(Report on a National Bank) 中提出，由联邦政府特许并部分出资，建立类似英格兰银行的美国央行。基于此，美利坚第一银行和第二银行分别于 1791 年和 1817 年诞生，这两家国家大型银行的初始资本中，联邦政府均出资五分之一。银行可自行设立分支机构、发行资本限额内的银行券、向公众提供贷款，显然，这种大型国家银行混合了商业银行的一些职能，并非真正意义上的中央银行。美国真正的中央银行诞生于 1913 年，在此之前，19 世纪的美国危机频发，几乎每隔 20 年就会发生一次大型金融危机[①]，利率和价格剧烈波动，企

① 美国在 1819 年、1837 年、1857 年、1873 年、1893 年、1907 年均爆发过较大规模的金融危机。

业、银行、保险公司、信托公司大批破产，股市被迫临时性关闭……中小型经济金融危机更是数不胜数。为稳定金融体系，1908年美国国会通过《奥尔德里奇-弗里兰法案》(Aldrich-Vreeland Act)，允许银行团体在紧急时发行由政府税收担保的不可赎回的债券，以承担“最终贷款人”职能——这也是当时美国国家货币委员会全体智库的共识，正如奥利弗·斯普拉格(Oliver Sprague)所言，“一个国家银行体系中应当有借贷能力的储备，这种能力需建立在中央货币市场中”[①]。遵循该路线图，美国国家货币委员会在1913年12月提交了《联邦储备法案》，美联储应运而生。[②]在成立之初，美联储的政策目标只是信贷政策而非货币政策。[③]虽然随着美国1917年卷入第一次世界大战不得不放松联邦贴现率从而引起了严重的通货膨胀和后续的经济衰退，但美联储仍标志着现代金融制度在美国的正式确立，[④]也意味着与英镑的掌控者英格兰银行之间的竞争出现了现实载体。美国联邦储蓄体制包括从中央到12个区的多层监管体制，它的逐步发展与成熟，使一度混乱的美国金融市场逐渐稳定，同时促进了经济稳定、市场繁荣，最重要的是夯实了美元的价值信心。

---

① Oliver Sprague, *History of Crises under the National Banking System,* Nabu Press, 2010, p.134.

② 斯坦利·L. 恩格尔曼等 . 剑桥美国经济史（第二卷）：漫长的19世纪[M]. 高德步等，译 . 北京：中国人民大学出版社，2008:665–675.

③ Martijn Konings, *The Development of American Finance,* Cambridge University Press, 2011, p.60.

④ Lawrence Broz, *The International Origins of the Federal Reserve System,* Cornell University Press, 1997.

仅中央银行的存在还不足以支撑起广阔的美元清算网络。包括商业银行、储蓄银行、信托公司、保险公司、投资银行、股票和债券市场在内的多层次金融市场的深化发展，为纽约成长为可以挑战伦敦这个世界金融中心打下了坚实的地基。1784年，汉密尔顿帮助建立了最早的商业银行——纽约银行。1812年战争期间，出于战争贷款的需要，美国的私人银行数量如雨后春笋般增加，迅速扩展至 232 家。在南北战争时期，同样出于战争筹款需要，以纽约式的自由银行体系为模式的《国家银行法案》(The National Banking Act）推动建立了联邦准入银行体系，成为大型国家银行的重要补充，[①]该法案有力推动了美国东北部大型工商业区和西部城市银行的发展。南北战争后，一度停滞发展的商业承兑汇票再度风靡，使“信用”概念日益成为银行信贷业务的核心，商业银行纷纷建立信贷部门，意味着以管理信用为基础的现代商业银行制度在美国逐渐成型。

20 世纪 20 年代，美联储的建立和最终贷款人的存在，使得商业银行风险偏好发生明显变化，开始涉足包括资本市场投资在内的多元化业务。同时，美国的资本市场在这个时期得到了长足发展，加上联邦和州立法规对设立分支机构、贷款规模、投资组合的限制，造成国内银行的企业贷款业务萎缩，迫使商业银行发展多元化的“金融便利店”业务，并开始实行国际化战略，因而在一定程度上推进了美元的国际化。[②]到 1930 年，

① Richard Sylla, “Federal Policy, Banking Market Structure, and Capital Mobilization in the United States, 1863–1913”, *Journal of Economic History*, Vol.29, 1969, p.4.

② Martijn Konings, *The Development of American Finance*, pp.59–63.

美国商业银行总数达 23251 家，尽管接踵而至的“大萧条”让商业银行经历了一波破产潮，但随着 1933 年《银行法案》(the Banking Act)[①] 的通过，联邦存款保险制度建立，联邦储备系统《Q 条例》设定储蓄利率上限，新的法定存款准备金要求设定……自由放任的金融体系被严格监管，美国金融业开始沿着分业经营的道路更为规范地发展。

除商业银行外，可满足更长期的资产负债匹配需求、提供更高投资收益的其他非银行金融机构也在逐渐发展成熟。模仿英国“慈善”(charity)体系建立的互助储蓄银行成长为重要金融媒介，从 1816 年波士顿、费城互助储蓄银行成立至 20 世纪初，储蓄银行存款已占全部银行存款的 1/3。第一家信托公司——农民火灾保险和贷款公司——1822 年成立，至 1909 年总数已增加到 1504 家，总资本达到全国性商业银行和州立银行总和的近 1/3。萌芽于 18 世纪的保险公司，在 19 世纪下半叶迅速发展，寿险公司资产价值从 1854 年的 1140 万美元飙升至 1914 年的 49 亿美元，占商业银行全部资产的 18%。资本市场的发展推动了投资银行的发展，其实，早在南北战争前美国就已出现投资银行的雏形，它们负责出售基础设施（运河、铁路）债券、政府债券和外国证券。到 19 世纪 90 年代，投资银行为未来美元国际化起到了重要作用，接着联合了投资银行的金融帝国开始出现，最著名的两家是 J.P. 摩根公司和联合了美孚石油、花旗银行、库恩·洛布公司在内的巨型金融集团，后来成

① 1933 年《银行法案》又称《格拉斯 – 斯蒂格尔法案》。

长为庞大帝国的高盛也开始崭露头角，成为全美最大的商业本票交易商。[①]第一次世界大战期间，自由债券发售促使商业银行向证券业转型，纽约国家城市银行（后成为花旗银行）和大通国家银行（后成为大通曼哈顿银行）发展出成熟的投行与经纪业务。

最重要的是，股票和债券市场逐步建立健全。1817 年纽约证券交易所（NYSE）模仿费城交易所成立，仅十年时间，纽约便替代费城成为全美金融中心。南北战争期间，股票、政府战争公债、黄金交易迅猛增长推动了现代交易所制度的建立，资本市场的品种和投资人范围不断扩大。战后科技的发展，如 1866 年大西洋电缆的建成、1867 年股票行情自动接收机以及 1878 年电话的发明和使用进一步聚集了金融资源，使纽交所有了更广泛的影响力。第一次世界大战之后，美国资本发行委员会放松了对企业和地方政府发债的限制，于是企业债券和政府债券以年均 2 亿美元的数额增长。到 1929 年，新发行债券高达 8 亿美元，投资机构达 3000 多家，投资信托机构从 1921 年的 40 家猛增至 1929 年的 770 家，包括纽交所和纽约股票场外交易市场（NY Curb Market）在内的二级市场欣欣向荣。[②]"大萧条"后，金融自由化开始收紧，1934 年出台的《证券交易法》提高了证券发行的注册和信息披露要求，以防止市场操纵和内

① 斯坦利 · L. 恩格尔曼等 . 剑桥美国经济史（第二卷）：漫长的 19 世纪 [M]. 高德步等，译 . 北京：中国人民大学出版社，2008:676–684 ；查尔斯 · 埃利斯 . 高盛帝国 [M]. 卢青，译 . 北京：中信出版社，2010:6.

② 斯坦利 · L. 恩格尔曼等 . 剑桥美国经济史（第三卷）：20 世纪 [M]. 高德步等，译 . 北京：中国人民大学出版社，2008:752.

幕交易，并建立了美国证券交易委员会（Securities and Exchange Commission）作为监管部门，证券市场的安全性和稳健性得到切实提高。

3. 增加美元投资品

除了价值信心和基础设施外，向货币使用者提供以美元计价的金融产品也不可或缺，通过丰富美元资产增值的工具和渠道，可以进一步强化美元的网络外部性。

直到第一次世界大战，美国在世界金融市场中的存在感仍然相对弱小，一方面是因为国民银行不能自由设立分支机构，只能通过私人银行拓展国际业务；另一方面则是因为缺乏一个以美元定价的商业票据市场。[①] 美联储成立后，虽然其主要任务是稳定国内金融秩序，但由于第一任美联储主席本杰明·斯特朗效仿英格兰银行，通过商业票据的方式来管理和干预利率，所以客观上推动了美元商业票据市场的发展壮大。1913年《联邦储备法案》授权允许国民银行在国外开设分支机构，并可购买商业承兑汇票，其后适逢第一次世界大战爆发，欧洲银行出于融资需要以及对牢牢挂钩黄金的美元的价值信心，开始大量接受美元票据。为进一步提高票据市场容量和流动性，美联储还要求联邦储备系统内各层级银行参与购买美元承兑汇票，一战结束时，美国的商业票据市场已超越了英国，到1924年，美元在各国央行外汇储备的占比已是英镑的两倍。[②]

① Vincent P. Carosso, Richard Sylla, "U.S. Banks in International Finance" in R. Cameron et al., *International Banking 1870-1914*, Oxford University Press, 1991.

② Barry Eichengreen, *Exorbitant Privilege: The Rise and Fall of the Dollar and the Future of the International Monetary System*, Oxford University Press, 2011, p.32.

4. 提高国际政治领导力

英镑与美元的“价值基础”此消彼长，只是从市场选择的角度为美元取代英镑做好了事实准备，但货币权力的更替不会自然发生，还需要国家力量的驱动。对于美国而言，在第二次世界大战结束前，主要是通过运用“债权人”杠杆来提升其政治领导力，同时瓦解英国的领导地位。

在美国早期的外交政策中，从华盛顿时代开始，“孤立主义”宗旨贯彻始终，但孤立主义并非隔绝主义，而是一种美国式的韬光养晦。正如梅特涅对门罗总统放弃卷入欧洲事务的国情咨文的解读，认为其中包含一种想要在未来改变欧洲的意图和自信[①]——无论有意还是无意，这种意图都在后来对债权国地位的运用中得到了贯彻。1897 年，美国依托强大的经济实力，成为资本净输出国、国际贸易净顺差国以及主要世界债权国。[②] 本着孤立主义的思维，美国在第一次世界大战爆发后选择中立，即使向参战国提供资金，也是通过贷款而非援助方式，这与英国通过无偿战争援助来达到掌控欧洲大陆均势的行为方式有着本质区别。到第一次世界大战结束，欧洲国家欠美国债务达 120 亿美元，英国国债从战前 7 亿英镑飙升至 75 亿英镑，占 GDP 的 128%。此时，美国开始以债务为杠杆，进行了左右欧洲的第一次政治尝试。1923 年道威斯计划启动，1924—1929 年，德国得到的 326 亿马克中，美国资本占 70%，使美国取代法国主导支配了德国战

① 王湘穗 . 币缘论：货币政治的演化 [M]. 北京：中信出版社，2017:241.

② 乔纳森・休斯，路易斯・P. 凯恩 . 美国经济史（第七版）[M]. 邸晓燕，邢露，译 . 北京：北京大学出版社，2011:431–433.

后赔款问题，初步显示了美国参与欧洲事务的愿望和能力。

债务或者说资本武器被大规模运用在国际关系领域，在权力斗争中尚属首次。在最初阶段，美国人对债权人力量的使用与其说是有意为之，不如说源于一种美国式的本能。长久以来，欧洲国家习惯于传统的结盟和援助式的帝国竞争，狭小的国内市场使其竞相开拓殖民地，这才是真正的利益所在。然而，美国广袤的国内市场、遥远的地理位置以及威尔逊总统作为民主党人所崇尚的德式经济建设理念，使之更为关注切实的经济利益。正因如此，在第一次世界大战之后，美国人对债权的追索十分坚决，对于英法提出的“美国放弃债权，同时英法放弃德国赔款”的建议严词拒绝，到了“不讲兄弟情谊”的地步。[①] 这种债权人本能，使国际关系格局在不经意间发生了微妙变化：拖欠国家债务所显示出的能力不足，会伤害债务国的国际领导地位，美国甚至以立法形式将之合法化与神圣化。1934 年 4 月，美国通过《约翰逊法案》，强调债务偿还的道义责任，以法律形式禁止与欠债国家发生经济关系，包括贷款和买卖该国债券、股票等。该法案在执行时对英国尤为苛刻，法、德、意都得到了不同程度的债务减免，但深陷二战的英国却不得不通过廉价变卖优质海外资产来获得美国的战略物资。摩根公司以 5400 万美元买下了英国考陶尔德（Courtaulds）纺织帝国在美国的摇钱树“美国人造纤维公司”，该公司仅有形资产价值就超过 1.28 亿美元，而这只是冰山一角。截至 1940 年 11 月，英国卖掉了价值 3.35 亿美元的美国股票，英国在参战时

① 迈克尔·赫德森．金融帝国：美国金融霸权的来源和基础 [M]. 北京：中央编译出版社，2008:8–9.

有包括现金、黄金和金融投资在内的总计 45 亿美元美国资产，到 1940 年已经支付了 45 亿美元现金，以满足美国“现金购货、运输自理”的苛刻要求。①

债务负担首先从声望上消解了英国的国际政治领导力，毕竟被列为“老赖”的国家不适合再担任全球领袖。更重要的是，这给美国直接打击英镑币权制度提供了可乘之机。以债权为杠杆，美国兵不血刃，迫使英国在国际事务中一再妥协，先是于 1938 年签署了《美英互惠贸易条约》，其中无条件最惠国原则暗含以美国为核心的国际贸易体系，默认了美国在自由贸易世界的领袖地位。② 后于 1941 年通过《租借法案》（正式名为《促进美国国防法案》），迫使物资紧缺的英国接受美国的非歧视原则，进一步打破帝国特惠制。1945 年，英美进行财政和贸易谈判，美国再次以债权为武器，同意向战后几近破产的英国提供财政贷款，获得其打破帝国特惠制的正式承诺。最终在 1947 年日内瓦谈判中，美国以“马歇尔计划”为筹码，令英国签下《布朗 – 赫尔莫解决案》，③ 正式瓦解了英镑币权的国际制度基础。而以救世主形象向参战国提供物资的美国，在此过程中积累了足够的黄金、信用和领导力，只待正式的“擂台赛”开始和最终的尘埃落定。

① 温斯顿·丘吉尔 . 第二次世界大战回忆录（第二卷）[M]. 北京：商务印书馆，1975.

② 张振江 . 从英镑到美元：国际经济霸权的转移（1933—1945）[M]. 北京：人民出版社，2006:87.

③ 尚彦军 . 经济援助的力量——评英国特惠制衰败过程中的一个外在因素 [J]. 首都师范大学学报，2007 年增刊 :196–197.

第二节　美元本位制的制度基础与内在缺陷

广义的国际货币体系包括国际货币格局与国际货币制度。以美元为塔尖和中心的货币格局伴随着货币权力的转移而逐渐成型，最终却必须以国际货币制度的方式加以固化，以国际协商的形式确立一整套原则、规范和程序，以及与之相关的管理机构，这就是布雷顿森林会议对美国的意义。在布雷顿森林体系瓦解后，其所确立的国际货币体系的制度规范至今还在继续运行，这说明制度规范本身不代表权力，而只是权力的外在表现。权力来自货币发行国的经济规模、金融发展水平、对外政策关系和军事影响力；同时，货币权力还会进一步促进货币发行国的国力提升，甚至整个体系的稳定繁荣，正如布雷顿森林体系建立后所表现出来的那样。但这种国家实力与货币权力之间的良性循环，会在某一点转为恶性循环，潜伏的祸根开始萌芽时，危机就会开始显形，在本杰明·科恩看来，这两个循环阶段分别能够持续多久，取决于其他替代货币的吸引力有多大。[①] 除此之外，我们认为还应考虑其制度性缺陷所带来的破坏力有多大，毕竟货币国际化的国家驱动力不仅包括货币中心国的推动，还包括货币外围国的接受程度，一旦外围国家在使用

① 本杰明·科恩．货币强权：从货币读懂未来世界格局 [M]. 张琦，译．北京：中信出版社，2017:132–133.

该货币时的成本远高于收益，自发性的替代力量将会产生，这在下一章欧元的诞生中将详细论述。下面将主要讨论美元本位制的制度基础，以及美国“内视性”的政策取向是如何摧毁布雷顿森林体系和短暂的战后稳定的。

一、布雷顿森林会议：美元权力的制度化

关于布雷顿森林会议的论文浩如烟海，本书主要从结构型货币权力的角度论述美国如何通过此次会议获得制度性货币权力。

1. 从实力到权力

货币权力源于国家实力，基于第一节的论述，我们知道，从英镑到美元的国际货币权力转移只是水到渠成而已。在第二次世界大战收尾时，美国工业产值占世界工业总产值的 80%，拥有了全世界 3/4 的黄金，赋予了美元足金的价值保证，因此各国政府均乐意持有美国国债等美元资产，因为非但其流动性优于黄金，它还可计息付息。“因为美国独特的国际流动性，个人和公司都想持有以美元为主的资产，美元作为战后货币秩序中天然的关键货币角色，被 1945 年《布雷顿森林协议》简单地‘合法化’。”①

事实上，在此之前美元已经是世界关键货币。众所周知，布雷顿森林体系是英国“凯恩斯计划”与美国“怀特计划”博弈的结果，尽管很多文献津津乐道于叙述怀特这样一个名不见经传的技术官僚是如何与凯恩斯这位享誉全球的经济学巨擘周

---

① 罗纳德·麦金农．失宠的美元本位制 [M]. 李远芳等，译．北京：中国金融出版社，2013:23.

旋并取得了胜利，但事实上这个胜利的取得并不出人意料，正如《布雷顿森林货币战》一书作者所言：凯恩斯在 1944 年 6 月致理查德·霍普金斯爵士的信函读起来如同丘吉尔致罗斯福的信函一样令人伤感，他将自己和怀特描绘成布雷顿森林会议的合作者，完全不承认自己其实已束手无策的事实。①

2. “凯恩斯计划”与“怀特计划”

在二战结束前，英美两国对战后秩序的设计早已展开，在 1943 年 4 月便公布了各自的计划。英国的“凯恩斯计划”又称“国际清算同盟方案”，内容包括：建立世界性的银行“国际清算同盟”；各国央行在同盟开立账户，对外债务通过该账户清算，顺差国存入盈余，逆差国按规定份额申请透支、提存；发行名为“班柯”（bancor）的国际货币，以黄金计价，各国货币以班柯标价；货币分配额度按照二战前三年进出口贸易平均值的 75% 计算；同盟总部设在纽约和伦敦，理事会在两地轮流举行。美国的“怀特计划”又称“联合国平准基金方案”，内容包括：按存款原则建立国际货币稳定基金，基金总额为 50 亿美元，根据认缴份额确定基金内投票权；基金发行国际货币“尤尼塔”（unita），可与黄金兑换，可在会员间转移，各国货币与尤尼塔保持固定比值；成员国发生国际支付困难时，可用本币向基金组织兑换外汇，但是数量不能超过它认缴的份额；会员的基本投票权取决于份额的大小，基金的办事机构设在拥有最多份额的国家；取消外汇管制、双边结算和复汇率制等歧视性措施。

① 本·斯泰尔．布雷顿森林货币战——美元如何统治世界 [M]. 符荆捷，陈盈，译．北京：机械工业出版社，2014.

从两个方案的对比来看，“凯恩斯计划”强调机制和原则，认为顺差和逆差方都有调节国际收支的责任；“怀特计划”强调将主导权交给基金，事实上也就是交给了对基金具有主导权的美国。[①] 从货币分配额度的设置来看，如按照“凯恩斯计划”，仅英国就占世界货币分配额度的 16%，整个英联邦占 35%，可使英国在黄金储备告罄的情况下延续其主导地位；而“怀特计划”按照基金认缴份额排序，以财力论位次。从理事会地点来看，“凯恩斯计划”要求伦敦占一席之地，与美国轮流坐庄；“怀特计划”要求仅设立在份额最多的国家，也就是美国。从方案本质来看，英国试图通过“班柯”的设计来将国家债务转为国际社会公共债务，从而延缓交出其贸易和货币特权，这无疑会遭到美国拒绝。实力带来雄心，早在二战打响之时，罗斯福总统就组织了跨政府的战后重建委员会和外交政策委员会，开始设计美国治下的世界。

3. 布雷顿森林体系

两种方案条款的差异体现了英美两国明确直白的权力争夺，结果不言自明。1944 年 7 月，在美国新罕布什尔州布雷顿森林通过了以“怀特计划”为蓝本的《国际货币基金协定》和《国际复兴开发银行协定》，全新的国际货币体系由此建立，即所谓的“布雷顿森林体系”。

该体系的核心内容包括：（1）本位制度方面，设定“美元—黄金汇兑本位制”，规定 1 盎司黄金 =35 美元，美元与黄金挂钩，

---

① 刘明礼 . 币权竞争：美欧间的强者博弈 [M]. 北京：时事出版社，2017:62.

世界各国货币与美元挂钩，各国可按照官方价格用美元储备向美国政府兑换黄金；（2）汇率制度方面，实行“可调节的钉住汇率安排机制”，各国货币按照比价钉住美元，汇率可在 ±1% 的范围内波动，如国际收支出现严重不平衡，在 ±10% 范围内自行调整，超过需经 IMF 批准；（3）储备制度方面，以黄金为基础的美元是国际主要储备货币，美国确保提供足够的美元用于国际储备和支付，以及承诺美元和黄金的可兑换性；（4）组织机构方面，成立国际货币基金组织负责国际货币事务，监察各国货币与贸易情况，确保金融制度稳定运行；成立国际复兴开发银行（世界银行）负责促进战后重建和发展，推进世界各国的减贫事业。此外，1947 年 10 月，各国政府还在日内瓦签署了《关税与贸易总协定》（GATT），以促进贸易自由化、消除贸易壁垒，主要目的是进一步瓦解英镑帝国特惠区，鉴于此，也可被视为布雷顿森林体系的重要制度组成。

布雷顿森林体系赋予了美元国际中心货币的地位，以及随之而来的一系列货币权力。从“凯恩斯计划”和“怀特计划”相争的过程和结果来看，谁主导会议、谁确定议事规则，以及在哪儿开会，都意味着权力的归属。货币问题绝非经济问题，正因如此，国际货币基金组织与世界银行的总部，自然不能按照凯恩斯的设计坐落在伦敦，甚至没有听从英法退让后的建议，坐落在当之无愧的国际金融中心纽约，而是选在华盛顿，这印证了美国在战后领导全世界的政治雄心。从某种意义上看，美元本位制就此拉开了历史序幕。

二、战后的黄金时代：不完全承担的义务

从1944年布雷顿森林会议到1971年“尼克松冲击”，西方社会经历了20多年的繁荣和发展。根据迈克尔·博多的国际货币体系九大衡量指标，布雷顿森林体系在通胀率、人均收入增长、货币供应量、名义利率和真实利率、名义汇率和真实汇率等方面，都是所有国际货币体系最为稳定的体系。[①] 这虽然与美国承担“最终贷款人”职责积极向各国提供公共货币产品有关，但也与黄金本位制的自调节特征不无关系。事实上，从一开始，美国的孤立主义倾向和内视性货币政策取向就从未改变，这是主权货币作为公共产品所不能避免的弊端，只是在当时的货币制度下，这种内向型政策所造成的影响可以忽略不计，甚至无为而治在当时反而是更优选择。然而，随着布雷顿森林体系的瓦解和美元本位制的固化，美元对国际货币责任的“不完全承担”必然会造成问题，在罗纳德·麦金农（Ronald McKinnon）看来，这正是美元在未来必然“失宠”的原因。

1. 美国主导下的战后复兴

第一次世界大战后，美国对债务的强硬追索某种程度上导致了欧洲经济的崩溃和英镑—黄金体系的瓦解，世界性经济危机最终转为国际政治危机。第二次世界大战后，饱受“大萧条”之苦的美国吸取了一战后的教训，加之其孤立主义风格也逐渐被领导力建构意识所替代，罗斯福政府无意再次向欧洲追索其

① 向松祚．国际货币体系的内在不确定性与不稳定性——布雷顿森林体系为什么崩溃[J]．金融博览，2014(7):8–11, 55.

负担不起的债务，转而以货币为杠杆撬动欧洲来根据美国的设计逐一落实其战后多边贸易与支付蓝图计划，这进一步夯实了美元本位制。①

二战后，相较于美国的繁荣，欧洲经济濒临崩溃，粮食、燃料、生活物资极其匮乏，基础设施破坏殆尽，社会持续动荡。1947 年 6 月，美国国务卿马歇尔提出“欧洲复兴计划”（也叫“马歇尔计划”），到 1951 年计划中止时，美国通过欧洲经济合作组织（OEEC）以金融、技术、设备援助方式向欧洲各国输出共计 131.5 亿美元，主导完成了战后欧洲的经济恢复。1951 年，欧洲共同市场国家的工业产量均超过战争时期的最高值，②源源不断的美元如同血液输入虚弱的欧洲病体中，使其得以逐渐恢复重建。与此同时，在“道奇计划”（Dodge Plan）的帮助下，1949 年，日本以 1 美元兑 360 日元为锚结束了通货膨胀，成功稳定了经济。③“马歇尔计划”和“道奇计划”不单纯是为了众所周知的出于遏制苏联的需要，还出于美国拓展国际市场的长远经济考虑，更是美国作为新加冕的货币中心国家，履行其货币义务，夯实国际政治“合法性”和领导力的必经之路。

2. 美元的三种义务

在战后复苏阶段，美元主要承担了作为国际公共产品所不

① Gabriel Kolko, *The Politics of War: the World and United States Foreign Policy, 1943-1945*, Random House, 1967, pp.149–150.

② 乔纳森·休斯，路易斯·P. 凯恩 . 美国经济史（第七版）[M]. 邸晓燕，邢露，译 . 北京：北京大学出版社，2011:566.

③ Ronald McKinnon, Kenichi Ohno, *Dollar and Yen: Resolving Economic Conflict between the United States and Japan*, MIT Press, 1997.

能逃避的三种责任：担任“最终贷款人”、维持美元和黄金的可兑换、维持国际汇率稳定。

布雷顿森林体系下，美国的第一种义务是担任“最终贷款人”。在国际性危机中扮演“最终贷款人”角色是国际本位货币发行国最重要的义务之一。二战之后，直到今天，美联储和美国财政部都会在 IMF 不足以应对危机之时，直接向处于困境中的外国政府借出美元。无论是 1994—1995 年墨西哥危机、1997—1998 年亚洲金融危机、2007—2008 年美国次贷危机，还是 2011—2012 年欧元危机中，美联储均以货币互换的方式向外国央行提供了担保贷款，以帮助其度过危机。但义务和权利是一体两面，在帮助这些国家应对美元债务问题的同时，美国毋庸置疑也会获得跨主权的话语权。与荷兰式“掳掠—贸易”和英国式“殖民—贸易”模式不同，美国式的“货币—资本”模式以更隐蔽的方式掠夺别国主权，因此，二战后的西欧复苏在国际关系领域也带来两种截然不同的评价：自由主义者认为，是国际合作带来了稳定、开放、非歧视的国际经济秩序，确保了战后经济复苏；现实主义者认为，是美国利用债权国优势地位和英国濒临破产的局面，进一步确立了美国经济霸权地位。[①] 无论以何种方式获取资源，一旦权力被滥用，体系的稳定性将迟早被动摇。

第二种义务是维系体系的核心：保持美元和黄金的可兑换性。在布雷顿森林体系下，美元必须固定与黄金的对价，当所

① 本・斯泰尔．布雷顿森林货币战——美元如何统治世界 [M]. 符荆捷，陈盈，译．北京：机械工业出版社，2014:1.

有货币都与美元挂钩，美国要根据各国需求向其央行出售 / 购买黄金，以每盎司 35 美元的平价交换美国国债。“美元—黄金汇兑本位制”便建立在该基础之上，一旦美国拒绝履行该义务，货币体系的稳定性将会遭到根本性破坏，因为这意味着货币的黄金价值基础不复存在。货币价值问题永远是货币体系的核心问题，即使在今天的“无锚”时代也如此，这也是未来导致美元本位制危机爆发的最直接原因。

第三种义务是保持对国际外汇市场的“不干预”以维持汇率制度运行。布雷顿森林体系下，当其他央行都在主动干预汇率，以确保汇率在 ±1% 的范围内波动时，这隐含着要求美联储在外汇市场上“无为”之意，以避免操作冲突。一直以来，美联储都较好地履行了该项义务，美国这种允许其他国家有汇率操作主动性、自身维持被动性的做法，在布雷顿森林体系瓦解之后仍是全球货币体系和谐运行的基本要素。[①] 然而这会导致一个后果，就是美国无法直接控制其国际收支，在未来的岁月，这将成为促使美国滥用币权的重要原因之一。

3. 未履行的关键义务

在相对履行了义务的情况下，世界经济在“美元—黄金汇兑本位制”下稳健运行。根据罗纳德·麦金农的总结，这种稳定性体现在三个方面：物价、汇率和外贸。作为贸易定价工具的美元，使全球贸易品价格钉住美国批发物价指数（WPI）[②] 稳

① 罗纳德·麦金农．失宠的美元本位制 [M]. 李远芳等，译．北京：中国金融出版社，2013:30.

② 美国批发物价指数（WPI）于 1978 年更名为生产价格指数（PPI），计算方法不变。

定运行（见图 2–2）；平价 ±1% 的波动范围和经常账户自由支付，使汇率稳定；汇率稳定使国际贸易关税更容易降低，因而 20 世纪 60 年代各国对外贸易迅速增长。此外，布雷顿森林体系像典型的金本位制一样，天生具有调节机制，能够自动防止贸易的持续失衡。贸易顺差国积累更多的黄金，使其商业银行体系创造更多信用，信用扩张促进经济发展和通货膨胀，不断上涨的物价降低该国贸易竞争力，导致进口上升和黄金再度外流。然而，这些稳定性很快随着布雷顿森林体系的瓦解而瓦解。

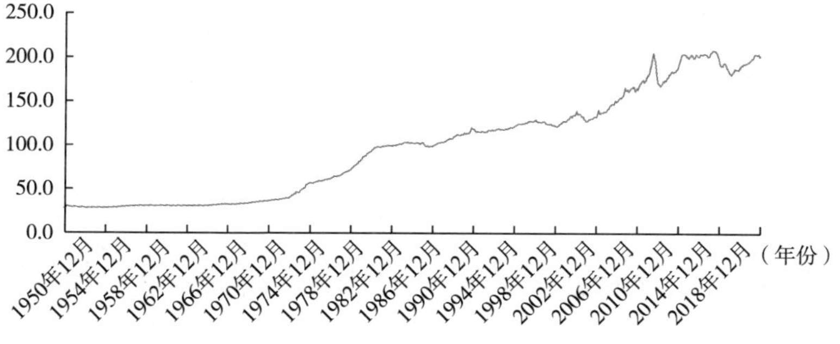

图 2–2　美国 WPI、PPI（1950—2018 年）

资料来源：美国劳工部统计局网站。

战后的繁荣掩盖了一个重要问题——美元的义务承担其实并不完整。作为货币政策的制定者，美联储忽略了最关键的一项义务：美元作为本位货币已成为一种国际公共产品，美联储作为世界的央行，除了在危机时刻承担“最终贷款人”外，还需要在制定其货币政策时具备全球视角与包容性。然而，从最初到现在，美联储在制定货币政策时，始终都是基于一种内向性的视角。尽管在 1963 年成立 50 周年时，美联储表示其职责是“培育信用和资金的流动，促进经济有序增长、美元稳定，以及国际收支的长期平衡”。但事实上，美国在制定货币政策时，哪怕在货币主义者和凯恩斯主义者争执的白热化阶段，汇率因素都极少被论及，美联储的政策单纯以国内金融指标为基础，只会紧盯美国的通货膨胀率和失业率，而不考虑对外围国家的溢出效应。布雷顿森林时代的稳定，并非因为美联储全然担负起了世界央行的责任，而是因为在 1970 年以前，美元和其他工业国家货币之间缺乏替代性，美联储可以忽视外汇兑换中美元需求的波动，只关注庞大的美国经济本身——这种内视性的货币政策制定在境外美元储备极速膨胀之后，便成为引发数次经济危机的根源。

第三节 “特里芬悖论”与布雷顿森林体系瓦解

1960 年，美国经济学家罗伯特·特里芬（Robert Triffin）在《黄金与美元危机——自由兑换的未来》一书中指出，美元作为储备货币与经常项目逆差之间的矛盾将对布雷顿森林体系稳定性造成致命影响。由于美元与黄金挂钩，各国货币与美元挂钩，美元因而取得了与黄金相同的本位货币地位，但美元的国际清偿力是通过经常项目逆差（储备的净流出）来实现的，这会产生两种自相矛盾的可能：如果要保持美元和金价的稳定，美国势必需要纠正其国际收支逆差，但逆差减少会导致美元这一国际货币公共产品输出下降，造成国际结算体系的清偿能力不足；如果按照国际需求充分供给美元，听任国际收支逆差上涨，则海外美元资产势必远超美国黄金储备，从而破坏美元的可兑换性。特里芬就此断言，布雷顿森林体系的崩溃只是时间问题而已。[①] 在布雷顿森林体系崩溃的过程中，一共出现了四次大规模的美元危机，尽管修修补补，悖论下的布雷顿森林体系最终还是瓦解，这印证了国际货币永恒的金准则：货币价值必须有据可循。

一、“特里芬悖论”：由隐及显

在布雷顿森林体系的最初几年，“特里芬悖论”并不显著。出于“大萧条”的教训和恢复西方阵营国家经济健康的需要，国际货币制度设计谨慎而克制，依托严格的固定汇率制度和汇兑管控，以及金本位制度本身对国际贸易失衡的调节机制，整个货币体系运转良好。但到了 20 世纪 50 年代末，随着越来越多的美元被用于提供国际清偿力，“美元荒”转为“美元过剩”，国际收支逆差出现，出于对美元兑付黄金能力的怀疑，在布雷顿森林体系瓦解之前，出现了多次黄金挤兑和美元危机。

1. 美元过剩问题

“马歇尔计划”的出台，除了有冷战因素推动外，还有一个重要原因就是 1947 年的希腊、土耳其危机让美国意识到，其对外贸易无法迅速增长是因为美元荒导致了欧洲的购买力不足。

---

① 罗伯特·特里芬．黄金与美元危机——自由兑换的未来 [M]. 陈尚霖，雷达，译．北京：商务印书馆，1997.

作为国际本位货币，美元需要在贸易、投资、储备货币方面提供足够的流动性。然而，在20世纪50年代初，由于路径依赖的存在，尽管美元已经成为官方本位货币，但英镑仍然在国际贸易的私人领域占有重要地位，[①]因此，在布雷顿森林体系最初阶段，美元大规模国际化更多来自国家力量的驱动。除了通过“马歇尔计划”进行资本性输出外，由于欧洲各国在发行境外债券方面设定了诸多限制，因此纽约作为唯一可选市场变得炙手可热，欧洲央行很快持有了大量美元储备，不仅是因为举债的需要，还源于国际汇率制度的制度性要求——如果不持有足量的美元储备，各国政府将无法在国际外汇市场上对汇率进行干预以保持币值稳定。与此同时，美国国债市场的成熟进一步为各国央行提供了高流动性的短期投资资产，使得各国更愿意持有美元而非黄金。早在二战期间，美联储已经就如何使用公开市场操作来配合财政部举债探索出了一套成熟的规章和程序，以确保政府可以在战时以最低成本举债。布雷顿森林体系时期，美联储继续进行类似的公开市场操作，只要政府有需要，无论财政部发行多少国债都会被美联储照单全收。[②]

由此可见，即使在严格实行金融抑制的布雷顿森林时代，美元过剩只是时间问题而已。在美国国内政治领域，为了进一步拓展欧洲市场，以“美联储—财政部”循环创造稳定的低利率环境；在国际政治领域，为了履行本位币发行国的义务，美

① Kenneth W. Dam, *The Rule of the Game: Reform and Evolution in the International Monetary System*, University of Chicago Press, 1982, p.182.

② Martijn Konings, *The Development of American Finance*, p.102.

国为各国央行提供储备货币和美元投资资产。左手印美元，右手印美债，美元本位制下最核心的货币永动机制在 20 世纪 60 年代就已开始运作，其根基之空洞，逻辑之吊诡，正如 1961 年法国经济学家雅克·吕埃夫（Jacques Rueff）用“弹珠游戏”所表达的洞见：“国际货币体系的功能已被降低为小孩子的游戏，而当这场游戏的每一个回合结束后，赢家就要把他们的弹珠还给输家。更明确地说，游戏的过程是这样的：当美国相对其他国家（如法国）出现贸易逆差时，就会支付美元，而接受这些美元的法国人，会把美元卖给法国的中央银行，以换回本国的法郎。接着法国又反过来把这些美元重新投资到美国，如此赢家的弹珠就又还给了输家。”[①] 这是“特里芬悖论”的另一面，从货币权力的角度，意味着赢家基于国际货币体系的结构性设计，凭空榨取外围国家价值。美元越是过剩，货币价值根基就越薄弱，美国就越是滥用币权，因此 20 世纪 60 年代的法国财长吉斯卡尔·德斯坦（Valery Giscard d’Estaing）才会用“嚣张的特权”来形容美元权力。

2. 四次大规模美元危机（1960—1973 年）

在 20 世纪 50 年代末，美元过剩问题日益严重。一是“马歇尔计划”带来大量资本性输出，以及欧洲市场的复苏使“欧洲美元”泛滥，这种泛滥本身是欧洲经济复苏的必要条件，即使不通过援助，也会采取别的方式进行本位币的资本性输出，才足以支撑世界经济发展；二是越南战争使美联储全力开动了印钞机，同

① 理查德·邓肯．美元危机：成因、后果与对策 [M]. 王靖国等，译．大连：东北财经大学出版社，2007:46.

时凯恩斯主义经济理念盛行，使其采取扩张性财政货币政策拉动经济增长，只要财政部需要，美联储就全盘接受，意味着美国央行对于基础货币的发行完全被动。布雷顿森林体系的危机因而浮现：欧洲美元的蓄水池越大，各国央行对美元的价值（在布雷顿森林时代体现为美元和黄金的可兑换性）越存疑，一旦到了危机触发点，便会造成黄金挤兑。该触发点就是美国对外短期债务与其黄金储备的对比，当美国在 1958 年第一次出现 33.5 亿美元的国际收支逆差时，其市场就出现了大量黄金外流，到 1960 年美国短期债务第一次超过黄金储备，美元危机彻底爆发，至 1973 年共计出现四次大规模美元危机，其间各种小规模美元危机更是频繁出现。美元危机事实上是“美元—黄金汇兑本位制”危机，最后一次危机彻底导致布雷顿森林体系瓦解。

第一次美元危机发生在 1960 年，当时美国黄金储备为 178 亿美元，对外短期债务却高达 210 亿美元，造成伦敦市场出现抢购黄金、争兑美元的风潮，从 1960 年 10 月 17 日开始突破长期维持的每盎司黄金 35.15 美元关口，连续 4 天一路飙升至 41 美元的峰值，美国的黄金储备迅速外流。当时中国经济学家吴半农曾撰文详细分析造成此次美元危机的原因。近因包括美国政府为应对 1957—1958 年经济危机余波采取降低贴现率（从 4% 到 3%）的宽松政策，而西欧采取银根紧缩措施，使资金涌向欧洲；美国为应对国际收支恶化，在 IMF 会议上要求其他成员方协助美国改善逆差，但未取得积极效果；民主党候选人肯尼迪在竞选时表态将增加政府开支、提高黄金价格。远因包括美国国际收支严重恶化，由于欧洲、日本经济复苏，1945 年美国的贸易顺差曾达 72.3 亿美元的高峰。后来，由于西欧和日本的竞争日益激烈，顺差逐年缩小，1958 年缩小至 32.8 亿美元，1959 年再缩小至 9 亿美元，因而 1958 年和 1959 年的国际收支逆差分别达到 34 亿和 38 亿美元。[①] 因国际收支逆差导致的黄金流失难以控制，1958 年起的三年内美国共计流失黄金约 47 亿美元，美国的黄金储备从 1949 年的 245 亿美元降至 178 亿美元，其中约 110 亿美元还需作为纸币和存款准备金。这意味着，可以动用的黄金只有 70 亿美元不到，而可以随时兑换黄金的短期债务却高达 210 亿美元，其中约 75 亿美元是属于私人的“热钱”，一旦出现挤兑，美国黄金储备将告罄。危机发生后，美国政府采取多种措施平抑风波，包括联合英、法、意、荷、比、瑞共同建立“黄金总库”，签署货币互换协议和一般贷款协定，要求经济复苏后的大西洋集团国家共同承担国际支出，发动“买美国货”运动及限制进口等。

第二次美元危机爆发于 1968 年。这一轮美元危机首先从英镑贬值带来的黄金紧缺开始，脱离了中心地位的英镑在整个 20 世纪 60 年代都十分脆弱。1967 年底，“十国集团”挽救英镑失败，剧烈贬值的英镑促使大量持英镑者将英镑兑换成黄金，加上第三次中东战争引发避险情绪、工业用黄金大幅增加、苏联拒绝向世界黄金市场提供黄金，整个市场出现挤兑风潮。尽管美国政府一再保证 35 美元兑换一盎司黄金不动摇，承诺增收减支，但在市场空头的疯狂冲击下，黄金总库每天流失上亿美元

---

① 吴半农 . 1960 年黄金评论 [OL]. 和讯网黄金频道，http://gold.hexun.com/2017-12-14/191972796.html.

黄金，最终难以为继，于3月15日关闭了伦敦黄金市场。此次美元危机深层次的根源仍是美国国际收支恶化，1965年美国扩大了对越战争，对外短期债务达331亿美元，而黄金储备进一步降至121亿美元。与此同时，从战后一直备受推崇的凯恩斯主义在约翰·肯尼迪的“新经济政策”推动下，造成严重通货膨胀，然而约翰逊提出的“伟大社会”构想不允许压缩政府预算，就业、劳工和商务组织也十分抗拒紧缩银根、提高利率、削减支出、增加税收等政策，导致严重经济危机。最后，此次美元危机以十国集团在华盛顿会议签署“黄金协议”而结束，措施包括实行官方和私人黄金双价制，废除黄金准备金制度以增加流通中的黄金，创立“特别提款权”（SDR）以纸黄金的方式来满足增长的世界经济对通货的要求。

第三次美元危机始于1971年，共爆发了两次，史称“五月危机”和“八月危机”。两次危机都由欧洲美元市场引爆，从德意志联邦共和国（统一前的联邦德国）重要工业中心法兰克福开始，美元挤兑使联邦德国央行在1971年5月4日开盘后4小时即拿出10亿马克来承接被私人持有者疯狂抛售的美元，以维持固定汇率比价，很快，联邦德国央行独力难支，宣布关闭外汇市场，西欧和日本央行纷纷仿效。与此同时，伦敦、苏黎世和巴黎市场被抢购的黄金价格飙升，每盎司黄金再次突破40美元大关，苏黎世宣布关闭黄金市场。尽管各国央行最初努力收购美元，但私下对美元价值的担忧促使其纷纷要求将持有的美元换成黄金，法兰西央行十日内兑换了2.8亿美元黄金，加上比利时、荷兰在内，三国共计兑换了4.22亿美元黄金。[①] 至 1971 年 8 月，情势愈演愈烈，尼克松政府于 8 月 15 日宣布实行“新经济政策”，宣布停止外国央行用美元兑换黄金，并增收 10% 的进口附加税，史称“尼克松冲击”。此次美元危机发生的直接原因是，深陷越南战争的美国遭遇严重经济危机，失业率、通货膨胀、国际收支逆差愈演愈烈，其结果是导致了布雷顿森林体系的崩溃。当年 12 月，西方十国集团在美国华盛顿史密森尼学会签署《史密森协定》，决定在相对宽松的情况下建立一个准布雷顿森林体系，作为对布雷顿森林体系的修补，内容包括：美元对黄金贬值 7.89%，每盎司黄金官价由 35 美元提高到 38 美元；调整汇率平价，美元平均贬值 10%，其他欧美主要货币升值；非储备货币对美元的波动幅度由 ±1% 调整为 ±2.25%。

第四次美元危机发生在 1973 年 [②]，“特里芬悖论”和美国贸易逆差的存在，使得修补后的布雷顿森林体系照样难以为继，加上“尼克松冲击”极大地损害了美元信誉，小型挤兑风潮在 1971 年之后时常发生。到 1973 年，旷日持久的越南战争已成为美国的沉重负担，失业率、通货膨胀、财政赤字问题日益严重，“石油危机”更是雪上加霜。1973 年 3 月，因美元再度贬值，各国不得不关闭外汇市场长达 17 天，《史密森协定》失效。经磋商，IMF 国际货币制度改革和有关问题专门委员会于 1974 年

① 张海涛 . 亲历与求索 [M]. 北京：中国社会科学出版社，2014.

② 本书提及的关于布雷顿森林体系时期的四次美元危机，主要指规模大、影响面广，且对“美元—黄金汇兑本位制”根基有明显冲击的兑付危机。学界对美元危机的次数认定各异，其中夹杂数次中小型危机，1973 年美元危机有时也被称为第八次美元危机。

6 月提出“国际货币体系改革纲要”，对黄金、储备、汇率、国际收支调节等基础性制度提出了原则性建议。基于此，1976 年 1 月，IMF“国际货币制度问题临时委员会”在牙买加金斯顿举行会议，签订《牙买加协议》，内容包括：实行浮动汇率制度改革，成员国可自由选择汇率制度；推行黄金非货币化，成员国央行可按市价自由进行黄金交易；增强特别提款权的作用，扩大其使用范围；增加成员国基金份额，从 292 亿美元特别提款权增至 390 亿美元；扩大信贷额度，增加对发展中国家的融资。《牙买加协议》标志着美元本位制的正式确立。布雷顿森林时期发生的四次大规模美元危机汇总整理见表 2–2。

表 2–2　布雷顿森林时期发生的四次大规模美元危机

	1960 年 第一次美元危机	1968 年 第二次美元危机	1971 年 第三次美元危机	1973 年 第四次美元危机
触发原因	美国对外短期债务（210 亿美元）首次超过黄金储备（178 亿美元）	美国对外短期债务（331 亿美元），黄金储备（121 亿美元）	全面国际收支逆差，对外短期债务不到美元储备的 1/5	恶性通货膨胀 国际收支恶化
历史背景	1958 年经济危机 “马歇尔计划”	1966 年生产过剩 越南战争	1969 年经济危机 越南战争	1973 年石油危机 越南战争
制度修订	货币互换协议 一般贷款协定 黄金总库	黄金双价制 签署“黄金协议” 创立特别提款权	停止用美元兑换黄金 《史密森协定》	浮动汇率制度 《牙买加协议》

二、美元本位制危机：初露端倪

本章我们一直在探讨布雷顿森林体系，也就是“美元—黄金汇兑本位制”的建立和崩溃。从布雷顿森林体系存在的短短几十年历史中，我们不但可以看到一种国际货币体系由盛而衰的完整过程，还能将其中规律教训与现今情况做出印证，从而发现牙买加体系下美元本位制危机的端倪。更重要的是，我们看到未来可能引发危机的因素在布雷顿森林体系时代便已萌芽，并将随着美元币权的滥用日益严重。

在我们进入时光隧道，开始这场美元本位制危机之旅之前，或许需要首先明确“危机”的概念。中外对“危机”的理解和释义有较大区别，英文中的“危机”（crisis）一词的意味更为迫在眉睫，表示“性命攸关的危险和困难时刻，问题已经到不得不解决的时候”[①]。而汉语中的“危机”一词，除了表示英文中“crisis”的含义，更包括未雨绸缪的意味。根据《汉语大辞典》[②]，“危机”的第一层含义是“潜伏的祸害或危险”，或者“发生危险的祸根”，亦作“危几”，探讨的是危机发生的可能性和导致产生危机的根源，本书所指的“美元本位制危机”更多偏重于该层含义。对于国际货币体系而言，尽管体系的兴衰和更替总是存在某个标志性事件，但危机的发生不是一个单纯的时点概念，在体系彻底崩溃之前，导致危机的祸根早已埋藏，并随着时间推移一直

① （1）《牛津高阶词典》（第九版）：A time of great danger, difficulty or confusion when problems must be solved or important decisions must be made；（2）A time when a problem, a bad situation or an illness is at its worst point.

② 《汉语大辞典》（第二卷）[M]. 上海：上海辞书出版社，2011:2270.

孕育演进。本书所探讨的美元本位制危机，主要是指现行国际货币体系的不平衡、不稳定和难以持续的问题，即探讨未来美元本位制发生崩溃的根本原因、现实表现和演进路径。

1. 货币信用危机

“美元—黄金汇兑本位制”危机实际上是一种货币信用危机，前述讨论的四次美元危机都是由于美国短期外债超过其黄金储备，且倒挂日益严重，加深了人们对美元和黄金可兑换性的疑虑，从私人领域（“热钱”）首先开始了货币挤兑。在布雷顿森林时代，这种货币“含金量”有明确的度量标准，因而对市场情绪影响十分直接。

美元本位制时代，由于货币价值脱离了黄金储备，变得难以量化，因而货币信用危机变得隐晦了。理论上，只要美国经济能保持着庞大总量，其创新能力和健康活力足够强，美元资产持有者就不会怀疑其资产价值会持续下降，但美国经济水平的相对下降从 20 世纪 60 年代开始，到经济金融严重空心化、“再工业化”失效的今天，始终都在一个下行曲线上。与此同时，美国对外债务的急速膨胀，比布雷顿森林时期有过之而无不及，从 20 世纪 60 年代的大约 300 亿美元飙升至 2018 财年的历史峰值 21.52 万亿美元，目前已超过美国 GDP。此时的货币信用触发事件或许不如金本位时代直观，但规模和影响力更大，例如 2008 年首次波及美国本土的全球金融危机，便为美元资产持有者带来“买家后悔”，使得美国的“经济与政治权力开始在国际体系之中流散”[①]。

① 乔纳森·科什纳．金融危机后的美国权力 [M]. 江涛，白云真，译．上海：上海人民出版社，2017.

后续章节将继续探讨造成美元信用流失的具体原因与历史演进过程。

2. 挑战货币崛起

一切历史进程都蕴含着未来的因果，出于拓展“美国制造”国际市场、打击苏联共产主义、夯实国际政治领导力的目的，美国推出“马歇尔计划”，并积极鼓励欧洲内部双边 / 多边贸易，目的是未来进一步将之纳入以美元为本位货币的新货币体系。然而，快速复苏的欧洲经济和“欧洲制造”的崛起弱化了美国产品的国际竞争力，加重了美国国际收支逆差。欧洲一体化进程随着欧洲支付联盟（EPU）的诞生偏离了美国设计的货币蓝图，[①]并为未来最强有力的挑战货币——欧元的诞生做好了铺垫。出于遏制苏联的需要，1971 年“尼克松冲击”还有另一个重大政策转向：对华政策的转变为新中国真正融入国际社会和国际产业分工链打开了通道，未来几十年“中国制造”迅速发展，带来了另一个重要挑战货币——人民币。欧元和人民币对美元的挑战，将分别在本书第三章和第四章讨论。

3. 虚拟化货币出现

1968 年，特别提款权的设立，则提供了另一种思路——虚拟化的储备货币。“特里芬悖论”归根结底是作为国际公共产品的单一国家主权货币、单一国家利益与国际共同利益之间的矛盾。一旦政策目标不一致，内视性的政策取向必然让本位货币国家的央行先关注国内诉求，从而忽略外围国家的诉求，继而引发

① Martijn Konings, *The Development of American Finance*, p.92.

国际货币公共产品失灵、本位货币国家履行义务不到位等问题。特别提款权的设计体现了一种共同协商、建构式的制度规范，从根本上规避了“特里芬悖论”。在单极走向多极、区域化经济合作兴起的大趋势下，非主权虚拟货币的存在提供了相对合理的解决方案，因此在2008年国际金融危机发生后，以中国人民银行行长为代表的各国央行行长也提出，可以通过扩大特别提款权的使用建构新的国际货币体系，这对美元本位地位也提出了挑战。

4. 滥用币权导致的问题

即使在严格的黄金约束下，美国也没有克制对货币权力的运用。除了通过举债大肆收取铸币税以满足国内外政策目标，支持“马歇尔计划”、越南战争与“伟大社会”构想等外，还通过关系型权力的运用达到政治外交目的，例如，早在布雷顿森林时代美国就已经使用货币武器打击其他国家。最典型的案例是1956年苏伊士运河危机，当美国发现通过外交手段促使英法停火无效时，便令纽约联邦储备银行在国际金融市场大举卖出英镑和法郎，引发两国汇率急剧下降。为维持汇率稳定，英法不得不动用美元和黄金储备，导致短短3个月内，英国外汇储备下降32.47%，法国下降14.47%，并造成英法两国经济和英镑区、非洲法郎区恐慌。在金融打击下，英法两国不得不从埃及撤军。尽管本次行动貌似师出有名，但作为本位货币国家的美国第一次在外围国家面前“展示力量”，即使过程中英法试图诉诸IMF获取援助也因美国的一票否决权求而不得，反映出以美元为中心的国际货币体系的霸权性质。正因如此，法国才会在20世纪60年代呼吁抵制美元“嚣张的特权”和“弹珠游戏”，着力推进欧洲一体化，并在 1967 年美元危机中率先向美国财政部挤兑了近 10 亿美元的黄金，直接冲击了美元的信用基础。

三、国际货币体系危机：由表及里

无论是英镑体系还是布雷顿森林体系的瓦解，均遵循了国际货币体系兴替的规律。当国际货币体系发生危机时，由表及里还表现出了相同的外在表征、驱动因素与根本原因。

1. 国际货币体系发生危机的外在表征

一种国际货币体系发生危机，意味着本位货币与挑战货币权力出现此消彼长，主要有两种表现：一是本位货币的流通域相对缩小。在美元对英镑的替代过程中，在定量指标上体现在本位货币英镑作为国际交易、计价、储备工具的功能逐渐被崛起货币美元所替代，这种变化具有一定滞后性。除定量指标变化外，还表现在国际货币格局的变化，即，挑战货币美元逐渐推进货币国际化的基础设施建设，为进一步建立显性制度与隐性规则做好准备。二是以货币危机为表现的直接症状。英格兰银行数次宣布放弃金本位直至英镑体系瓦解，以及四次美元危机爆发直至布雷顿森林体系瓦解，从本质上都是货币信用危机逐步深入、最终在临界点爆发的过程。因此，在观察国际货币体系危机表征时，需密切关注两种现象：挑战货币的崛起与本位货币的货币金融危机。

2. 国际货币体系发生危机的内在驱动

美元之所以能够崛起，主要有来自市场与国家两方面的内在驱动因素。市场驱动力来自国家实力的消长，英美综合国力尤其是工业制造业实力变化，促使私人领域主动选择美元，以获得更多的网络外部性。国家驱动力一方面来自其他国家政府的搭便车思维，另一方面也因英镑货币价值下降、货币危机频发对外围国家造成利益损害，推动各国政府选择其他替代货币。在美元对英镑的替代过程中，由于本位货币国家滥用币权而伤害外围国家利益，从而促使外围国家（尤其是美国）推进货币国际化的现象并不突出，与金本位制度对货币权力的边界限制有关。

3. 国际货币体系发生危机的根本原因

英镑体系与布雷顿森林体系的瓦解，根本原因都归结于国际货币体系存在内生设计缺陷。“特里芬悖论”究其根本是本位货币国家无法兑现其货币信用，这不仅与国家实力衰退有关，更源于“赤字”被内化成本位货币国家的内在义务：既要提供国际清偿力，又要确保货币价值坚挺，无论是否以黄金为锚，信用危机的发生都难以避免。只不过黄金“锚”的存在，使货币体系崩溃的时间点更加明确，而在纯信用的美元本位制下，危机爆发的时间点相对难以预测。

本章小结

本章聚焦 1944—1973 年布雷顿森林体系从建立到瓦解的历程，探讨了国际货币体系的一般兴替规律和美元本位制危机的历史源起。

从国际货币体系的兴替规律来看，综合国力的此消彼长是推动货币体系兴衰的原初动力，其中又以工业制造业为核心。然而，本杰明·科恩和王湘穗都认为，由于资本具有增值本能，霸权国家总会从“实业之春”转向“金融之冬”，货币权力与国家实力循环也会从良性步入恶性。从这个意义上而言，20世纪后半叶美国制造业相对欧洲、日本的衰落，已经意味着危机序幕的开启。

但由于货币体系惯性，货币权力的衰落具有滞后性，即使在布雷顿森林体系建立后，英镑仍有很长一段时间在国际贸易和国际储备货币领域可与美国互别苗头。而在币权交替的过程中，原有霸权货币对币权的滥用，将进一步深化既有矛盾，加速货币体系的崩溃。

就货币权力的“合法性”而言，对于守成货币，关键在于如何维护货币的价值信心；而对于挑战货币，除建立价值信心外，还需建设包括完善的中央银行和金融机构在内的金融基础设施。更重要的是，挑战货币国家要打造在国际上的政治领导力。美国通过二次世界大战所带来的债权国优势地位，一方面消解了英镑价值信心和英国国际领导力，另一方面主导设计了战后国际货币体系，从世界边陲一举转为世界中心。

美国主导下的国际货币体系经历了近二十年的黄金时期，既因为美国部分承担了本位货币国家的义务，也因为金本位制具备国际贸易自动调节机制，更因为世界经济尚未完全复苏，全球一体化远未形成，美国内视性的货币政策取向恰逢其时，并未造成激烈的冲突和矛盾。然而，这种政策上的内视性，正是导致布雷顿森林体系瓦解的关键原因，即，使用一种主权货币担任国际公共产品，必然会造成由于提供国际清偿力而带来的国际收支逆差，以及由逆差产生的对该国货币价值的质疑。在布雷顿森林时代，这种质疑以四次大规模美元危机的形式体现，最终导致布雷顿森林体系的瓦解，牙买加体系下的美元本位制随之诞生。细观历史，导致布雷顿森林体系失败的四大危机根源：货币信用危机、挑战货币崛起、虚拟化货币出现、滥用币权问题至今仍然存在且愈演愈烈，从而指向了本书的重要论点：即使当今世界美元仍然是最重要的交易、投资、储备货币，但美元本位制危机正在历史的轨道上酝酿。

3

美元本位制的建立与危机初现（1974—1999年）

美元本位制危机发生的根本原因，即“新特里芬悖论”这一制度性缺陷的存在，意味着危机发生是历史演进的必然。美元本位制的特殊性，即“脱锚”与“脱嵌”这两个基本特征，又使危机发生的内部驱动力更甚以往。本章聚焦 1974—1999 年美元本位制建立与发展的历史，首先从布雷顿森林体系瓦解和美元本位制建立的过程着手，梳理美元本位制有别于此前国际货币体系的特点；在此基础上，进一步探讨美元本位制危机的根本原因，即“新特里芬悖论”的运作机制；再探讨美元本位制危机的驱动因素，即由于货币权力滥用对本位货币及外围国家造成的负面影响，以及该影响如何驱动美元价值消解与挑战货币诞生；最后详细探讨了美元本位制建立初期出现的两大危机表征：亚洲金融危机的爆发和挑战货币欧元、日元的崛起。

第一节　美元“脱锚”与金融“脱嵌”

国际货币体系的第三个规律“体系进化说”，强调的是国际本位货币权力来源的变化，以及该变化对国际货币体系造成的影响。

该变化循着货币信用化、经济虚拟化、权力集中化的路径发生，具体体现为美元“脱锚”与金融“脱嵌”，这是美元本位制区别于历史上其他国际货币体系的特殊属性。1971 年尼克松提出的“新经济政策”使美元“脱锚”，摆脱了黄金储备的制约，此后，国际社会经历了短暂的《史密森协定》时期和动荡期，于 1976 年 1 月达成《牙买加协议》，形成了新的国际货币体系即“美元本位制体系”。该体系对黄金、储备汇率、国际收支调节等国际货币制度做出修改，由此带来的全球金融自由化深刻改变了全球经济金融格局、产业分工合作方式，“脱嵌”的金融体系弥补了布雷顿森林体系瓦解对美元地位的冲击，成为美元币权的全新来源。

一、美元本位制建立与美元“脱锚”

1.《牙买加协议》：美元本位制建立

本书基于陈彪如、蒙代尔、巴里・艾肯格林和王湘穗对国际货币体系的三到四阶段划分[①]，将历史上的国际货币体系细分为银本位 / 金银复本位时期（16 世纪至 19 世纪 70 年代）、金币本位时期（19 世纪 70 年代至 1913 年）、第一次世界大战及战后无体系时期、金块 / 金汇兑本位时期（1920—1936 年）、布雷顿森林体系时期（1945—1971 年）、过渡时期（1971—1976 年）、牙买加体系时期（1976—1998 年）、美元—欧元双支柱体

① 陈彪如 . 国际货币体系 [M]. 上海：华东师范大学出版社，1990；罗伯特・蒙代尔 . 宏观经济学与国际货币史（《蒙代尔经济学文集》第四卷）[M]. 向松祚，译 . 北京：中国金融出版社，2003；巴里・艾肯格林 . 资本全球化——国际货币体系史（第二版）[M]. 彭兴韵，译 . 上海：上海人民出版社，2009；王湘穗 . 币缘论：货币政治的演化 [M]. 北京：中信出版社，2017.

系时期（1999—2008 年）、后危机体系时期（2008 年至今）等多个历史时期。其中，美元周期从 1945 年布雷顿森林体系建立便已开启，但本书所定义的美元本位制，指的是美元与黄金脱钩之后，单纯以美元作为本位货币的国际货币体系，即从 1976 年《牙买加协议》推行黄金非货币化开始一直延续至今。

关于美元本位制何时确立，一些学者认为，从布雷顿森林体系时期开始，与黄金挂钩的美元就拥有了国际本位货币的身份；艾肯格林认为，从 1968 年黄金双价制开始，布雷顿森林体系已经是美元本位体系了。[①]关于现行的国际货币体系是否应定义为“美元本位制”，学界也有争论。在吉尔平看来，一种确定的国际货币秩序需要具备的基本要素包括：一个货币领导国和一种有效的国际货币调节机制。从这个意义上看，牙买加会议仅仅标志着一种货币体系的结束，却并不意味着稳定的新体系的开始，世界从此陷入了有着天然缺陷且不稳定的美元体系；[②]科什纳也认为，现行国际货币体系是一种广义浮动汇率制的“缺乏有效组织的体系”。[③]本书所定义的美元本位制侧重于货币权力，考虑的是一种国际货币制度是否获得了国际法的认可[④]，是否通过国际协议的方式确定了本位货币、储备货币、汇率制度

① Barry Eichengreen, “Global Imbalances and the Lessons of Bretton Woods”, NBER Working Paper No. 10497, 2004.

② Robert Gilpin, *The Political Economy of International Relations*, Princeton University Press, 1987.

③ 乔纳森·科什纳 . 金融危机后的美国权力 [M]. 江涛，白云真，译 . 上海：上海人民出版社，2017:40.

④ 王湘穗认为牙买加体系使实行多年的美元本位制获得了国际法的认可。见王湘穗：《币缘秩序的解体与重构——当前国际政治的新焦点》，《现代国际关系》，2009 年第 3 期，第 5–12 页。

和国际收支调节方式等，从而获得国际社会的政治合法性。从这个意义上说，美元本位制在1976年已由《牙买加协议》正式确立。

关于美元本位制是一个怎样的体系，理论界认识不一。蒙代尔、王楚明等学者认为，这是一个无体系的体系，既没有体系管理和共识，也无确切的国际机制，只有大国意志渗透其中；[①]刘骏民、李凌云认为，美元本位体系在欧元诞生之后，已经变成了美元—欧元双体系；[②]但以迈克尔·杜雷（Michael Dooley）等为代表的大多数学者认为，美元本位制体系作为复活的布雷顿森林体系，是一个以美元为中心的货币权力体系，[③]本书主要遵循这一论述。基于第一章中关于国际货币体系的定义，美元本位制除了形成典型的“中心—外围”权力格局，美元居于货币权力金字塔的顶尖地位外，它还通过国际货币基金组织、世界银行等国际组织，国际本位、储备、汇率、国际收支调节等显性制度，以及基于思想、文化、教育等软实力所推进的隐性制度等，确保其对国际货币体系的控制力与影响力（亦可理解为对货币权力随意运用的能力），以及通过货币权力获取收益的能力。

2. 美元本位制的“脱锚”特征

同样作为美国主导设计的国际货币体系，美元本位制只是

---

① 王楚明. 国际货币体系改革与发展中国家利益原则 [J]. 金融研究，2001(2): 88–93.

② 刘骏民，李凌云. 双本位国际货币体系与全球金融危机 [J]. 亚太经济，2009(5):22–26.

③ Michael Dooley, David Folkerts-Landau, Peter Garber, “An Essay on the Revived Bretton Woods System”, Cambridge, NBER Working Paper No. 9971, September 2003.

货币形态和货币制度发生了变化，但制度主体如国际货币基金组织、世界银行等仍被保留。根据麦金农的研究，美元本位制下美国与其他国家之间的货币博弈规则与布雷顿森林体系时期有很多类似之处，如美国在外汇市场保持消极态度，奉行自由贸易，既不考虑国际收支平衡也不考虑汇率目标，不持有大量官方外汇储备；美国将资本市场向外国开放，从结果上既可能是贷款人也可能是存款人；货币政策独立，不受外汇市场美元平价和其他国家货币政策影响。但也有一个很大的不同，即在金本位限制下，美国还必须保持净国际债权人（美元计价资产）地位并因此限制财政赤字。[①] 然而，一旦脱离黄金的枷锁，在石油美元模式下建立起的“美元—美债”循环很快应用到整个体系，体现出“信用本位、浮动汇率、债务本位”等美元“脱锚”后的特征。

（1）美元本位制是一种信用本位制。《牙买加协议》正式决定逐步使黄金退出国际货币市场；废除黄金条款，取消黄金官价，黄金可按市价自由交易；取消成员国之间以及成员国与 IMF 之间必须用黄金清算债权债务的规定；IMF 逐步处理持有的黄金。由此，美元完全脱离了黄金或其他一般等价物的“锚”，仅依托其自身信用发行纸币，美元的“脱锚”暂时缓解了“特里芬悖论”，确保了美元的本位货币地位。

（2）美元本位制是一种浮动汇率本位制。《牙买加协议》规定，取消汇率平价和美元中心汇率，确认浮动汇率制，成员国可自行选择汇率制度。根据凯恩斯的“内部平衡—外部平衡冲突”

---

① 罗纳德 · 麦金农 . 麦金农经济学文集（第四卷上册）[M]. 覃东海，郑英，译 . 北京：中国金融出版社，2006:34, 50.

理论和蒙代尔的“不可能三角”理论[①]，在金本位体系下，各国为了保持固定汇率制度，往往需要牺牲内部平衡，由此导致冲突不断。浮动汇率制度有利于防止热钱冲击、促进国际贸易发展，但可能会加剧国际外汇市场波动。

（3）美元本位制是一种债务本位制。在美元本位制下，国际收支以一种新的方式平衡，即货币外围国家通过提供商品、劳务或自然资源形成的贸易顺差积累大量美元，再通过购买美国政府发行的债券使美元回流，弥补美国的贸易和财政“双赤字”。据此，美国创造了有史以来最庞大的分红资本、生息资本和以丰富的衍生品为主体的虚拟市场来运行过剩的美元，[②]暂时解决了“特里芬悖论”的问题。

二、美式金融自由化与金融“脱嵌”

布雷顿森林体系瓦解后，国际关系领域曾一度议论，美元是否失去了独一无二的中心货币地位，毕竟在布雷顿森林体系下，只有黄金和美元是本位货币，但在牙买加体系下，SDR 的存在使一揽子货币都参与分享了美元的本位地位。从货币权力的角度，这确实是一种权力的流散，但如果考虑到美元的海量

---

① 1923 年凯恩斯在《货币改革论》中提出，政府对内目标是维持通胀稳定与温和就业，对外目标是保证汇率稳定和国际收支平衡，固定汇率的存在使国内政策必须被动适应国际货币变化，二者之间存在冲突。蒙代尔的“不可能三角”理论认为，任何国家在资本自由流动、货币政策独立、汇率稳定中只能三选二，汇率稳定往往成为被放弃的选项。

② Hyman Minsky, *The Financial Instability Hypothesis: Capitalist Process and the Behavior of the Economy in Financial Crisis: Theory, History and Policy,* in Charles P. Kindlberger et al., Cambridge University Press, 1982, pp. 13–38.

规模，SDR 的应用范围和量级与之完全不可同日而语。事实上，从 20 世纪 70 年代以来，出现了美国金融模式由国内而国际，最终进化为全球金融自由化浪潮的现象，这种金融“脱嵌”现象极大地强化了美元的本位地位，使美元权力不降反升。

1.“脱嵌”的美式金融自由化

关于金融“脱嵌”，学界虽有很多不同的说法，詹姆斯·托宾（James Tobin）称之为“金融市场的赌性”，斯特兰奇称之为“赌场资本主义”，王建称之为“虚拟资本主义”，但金融“脱嵌”的共同特征是以美元为中心的资本体系彻底脱离了生产体系、主权边界和社会生活，获得了重塑世界的力量。以卡尔·波兰尼式的术语分析，当货币从社会体系中“脱嵌”[①]，成为分配社会资源的关键要素，并伴随着美式金融自由化突破传统国际关系中“国界”的概念时，国际本位货币便获得了前所未有的权力扩张。

塞缪尔·亨廷顿（Samuel Huntington）在《文明的冲突与世界秩序的重建》一书中援引杰弗里·巴尼特（Jeffery R .Barnett）的话，提出西方文明支配世界有 14 个战略要点，前五点中有四点与货币金融相关：拥有和操纵国际金融系统，控制所有的硬通货，主宰国际资本市场，以及相应地，消费了世界上主要的商品。[②]货币与权力天然相关，但将国际货币权力强化到极致，却发生在美元“脱锚”之后。解除了黄金桎梏的美元可以无限

---

① Martijn Konings, *The Development of American Finance*, pp.86–112.

② 塞缪尔·亨廷顿 . 文明的冲突与世界秩序的重建 [M]. 周琪等，译 . 北京：新华出版社，1998:75.

运转“美元—美债”循环，一方面输送美元以提供足够的国际清偿力，另一方面发行美债提供给各国央行作为储备资产。其造成的一个必然结果是，美国信用的极速扩张和美国金融体系向全世界渗透。王湘穗在《币缘论》一书中通过回顾400年资本主义历史，详细论述了资本的增值属性是如何使金融体系逐渐脱离了实体经济和现实社会的真实需求，形成独立的运行逻辑并重塑了世界分工体系、国际关系格局、社会组织形式与人们的意识形态，最终成为左右全球资源配置和利益分配的主要杠杆，并进一步影响国家政治、左右国际关系、重构人类社会。因此，布雷顿森林体系所代表的“第一个战后秩序”瓦解后，美国的“第二个战后秩序”便在金融自由化的过程中建立，并赋予美国新的权力基础。[①]要了解美式金融自由化的来由与演进，需从经济思想、国内政策、国际政治和私人金融发展四个角度探寻，二战后美国经济是如何从一种内嵌的自由主义进化为“脱嵌”的市场行为。[②]

2. 经济思想的流变

从20世纪60年代起，一度影响深远的凯恩斯主义开始在学术上受到批判，弗里德曼和菲尔普斯提出自然失业率假设，在20世纪70年代被通货膨胀与失业率同时上升的社会现实所证实，推崇政府经济监管的凯恩斯主义彻底失去了拥趸，新自由主义经济学取而代之。新自由主义的代表流派包括：以哈耶

① 乔纳森·科什纳．金融危机后的美国权力[M]．江涛，白云真，译．上海：上海人民出版社，2017:39–41.

② Martijn Konings, *The Development of American Finance*, p.110.

克为代表的伦敦学派、以弗里德曼为代表的芝加哥学派和货币主义、以卢卡斯为代表的理性预期学派、以科斯为代表的新制度学派、以布坎南为代表的公共选择学派和以拉弗为代表的供给学派等，其核心观点是反对政府干预、倡导市场自由以及“理性经济人”假设，认为市场主体可以收集信息并运用到正确的经济运行模式中，单个行为体也许会犯错，但总体而言，这些错误会围绕正确的模型随机分布。到20世纪80—90年代，新凯恩斯主义诞生，同样将理性预期整合入自己的模型，“有效市场假设”成为学界和业界共识，人们相信市场越是自由，资产价格就越能准确反映真正、潜在和基本的内在价值，因为金融市场本身具备自我调节和纠偏机制。以上信念奠定了美国金融模式和金融自由化的思想基础，并最终成为美国推行全球金融自由化的理论基础。

3. 国内政策的转变

“大萧条”时代的教训给美国金融系统留下了一整套严格限制金融机构业务的法律法规，罗斯福新政之后的40年里，金融业都依从1933年《格拉斯－斯蒂格尔法案》（也就是1933年《银行法案》）被分业监管且约束颇多，带来美国金融史上难得的稳定期。但从20世纪70年代开始，美国国内政策因为多种原因开始发生转向：新自由主义经济学的崛起、对金融部门低效率的投诉、日新月异的金融创新、通货膨胀压力、长久以来的金融稳定带来的自满情绪和对“大萧条”教训的忘却[①]……在卡特

① 乔纳森·科什纳．金融危机后的美国权力[M]．江涛，白云真，译．上海：上海人民出版社，2017:52.

政府后期和里根政府时期，美国逐渐完成了利率市场化，“里根革命”推动放松金融管制和资产证券化，金融市场得到快速发展。到20世纪90年代，随着理性预期理论成为主流学术共识，执政的“新民主党人”开始大规模推进金融自由化，克林顿政府时期的财政部部长、高盛集团前主席罗伯特·鲁宾（Robert Rubin）在参议院银行委员会主席格拉姆和美联储主席格林斯潘的配合下，于1999年以《金融服务现代化法案》（Financial Services Modernization Act）替代了1933年《银行法案》，并签署通过《商品期货现代化法案》（Commodity Futures Modernization Act），标志着美国从凯恩斯主义秩序转向“脱嵌”的全面自由金融秩序。

4. 国际政治的巨变

20世纪90年代最重要的国际政治事件当属1991年苏联解体以及后续的东欧剧变。冷战突然终止，带来了两个根本性的变化：一是欧亚大陆的庞大市场和物质资产被纳入金融资本主义体系[①]，“脱锚”的美元和“脱嵌”的美式金融体系从此获得了全球拓展力量的纵深空间，由美国“单极”主导的全球金融自由化得以跳跃式发展；二是在20世纪七八十年代滞胀时期，由于美国国内经济低迷带来的国际领导力和话语权衰落，随着“冷战”决出胜负而重新复苏。软实力的复苏极大增强了美国的政治向心力，契合经济思想流变与国内监管风向改变，“一种新的叙事被想象了出来：西方在冷战中的胜利被归因于无拘无束的

① 温铁军，林登·拉鲁什．国际金融资本的全球危机与中国改革 [J]. 战略与管理，1996(4): 34–41.

自由市场的魔力”[①]。与此同时，注重市场作用的亚洲国家的经济腾飞，也在无形中印证了这种叙事的可信度。这种意识形态上的号召力与典范效应，成为美国金融范式最关键的助推器，也为克林顿政府通过力促取消国际资本管制强化美元币权提供了思想武器。最终，在 1990 年的拉美经济调整和改革研讨会上，美国金融范式以“华盛顿共识”的形式被赋予了国际社会合法性。

5. 金融体系的外扩

学术共识与政策取向的变化无法脱离市场现实而存在，在国际政治巨变给予“金融全球化”关键助推力之前，美国金融体系的根系早已随着市场行为扩展到国际范围。金融全球化最初和最根本的推动力来自美国的金融机构和市场实践，为规避国内严格的金融监管，从 20 世纪 50 年代开始，美国金融机构在两个方面积极探索：一是瞄准“欧洲美元”和“石油美元”市场，其初衷是摆脱国内《Q 条例》[②]带来的吸储限制，影响却更为深远，不但以美式金融市场法则重塑了国际市场规范，而且使美联储对国内市场的流动性管理失去控制，从而倒逼其完善货币政策传导机制，更多聚焦公开市场操作，[③]升级了“美元—美债”循环的技术工具；二是积极进行金融创新，在资产端进行住房抵押贷款资产证券化，1970 年房地美（Freddie Mac）成

① 乔纳森·科什纳. 金融危机后的美国权力 [M]. 江涛，白云真，译. 上海：上海人民出版社，2017:40.

② 《Q 条例》禁止联邦储备委员会的会员银行对它所吸收的 30 天以下活期存款支付利息，并对上述银行所吸收的储蓄存款和定期存款规定了 2.5% 的利率上限，直至 1957 年都不曾调整，而此后调整频繁，它对银行资金来源去向都产生了显著影响。

③ Martijn Konings, *The Development of American Finance*, p.112.

立，大量按揭贷款和消费贷款证券化产品创立，在负债端通过大额存单（CD）等工具进行主动负债管理。到 20 世纪 90 年代，克林顿政府“拥抱华尔街”，各类金融衍生工具层出不穷，以每年 20% 的复合增长率增长，数学工具被广泛运用，任何风险资产都被标以“在险价值”（VaR），极大地拓展了美国金融市场的层次和纵深。

三、“脱锚”与“脱嵌”对美元权力的影响

伴随着美元“脱锚”与金融“脱嵌”，奉行市场原教旨主义的美国，拉开了全球金融自由化的大幕。黄金“脱锚”赋予了美国无限的举债能力，无须基于有形的黄金储备，只需基于无形的国家信用就可向全球发行货币；金融“脱嵌”则无限拓宽了美元流通域向纵深发展，成为布雷顿森林体系瓦解后美元币权的新来源。国际关系学者一度认为，战后布雷顿森林时期是美国货币权力的巅峰，但这种观点在 20 世纪 90 年代发生了转变，包括斯特兰奇、海雷纳在内的学者都指出，全球金融自由化给美国带来了一种全新的、间接的、结构性的金融权力，美国无疑处于这种权力的中心位置。[①] 如苏珊·斯特兰奇所言，进化后的美元从“嚣张的特权”升级为“超级嚣张的特权”。

---

① Susan Strange, *Casino Capitalism*, Manchester University, 1986; Susan Strange, *States and Markets*, Pinter Publishers, 1988; Eric Helleiner, *States and the Reemergence of Global Finance, from Bretton Woods to the 1990s*, Cornell University Press, 1994.

第二节　“新特里芬悖论”与美元权力的滥用

国际货币体系呈现出的“脱锚”与“脱嵌”的特征，在扩大美元权力的同时，也使美元本位制的制度性缺陷更快暴露。“新特里芬悖论”这一制度性缺陷是美元本位制危机出现的根本原因，与布雷顿森林体系相比，由于没有黄金储备作为衡量标尺，该缺陷的暴露理应相对延迟，然而体系的新特征却诱使本位货币国家过度使用货币权力，反而加速了危机的出现。货币权力的滥用对包括美国在内的流通域内所有国家都造成了负面影响，客观上助推了美元信用的恶化、挑战货币的诞生，蚕食了美元的流通域与货币权力，这些可以理解为是美元本位制危机最重要的驱动因素。

一、“超级嚣张的特权”

在探讨“新特里芬悖论”与货币权力滥用之前，本节将首先探讨美元本位制赋予了美国哪些特权，以说明为何美国无法控制货币权力的滥用，以及为何外围国家会积极推动本国货币国际化——作为本位货币发行国，美国所享有的特权和承担的义务完全不对等，国际货币体系的收益分配极度不均衡，严重影响了外围国家的利益，这本身便是一种不稳定因素。

在牙买加体系下，脱离黄金枷锁的美元不再需要对财政赤字进行限制，甚至不需要再保持净国际债权人地位，“美元—美债”循环和“脱嵌”的金融体系给了美元远甚以往的货币权力。根据第一章第一节关于国际货币权力的分析，美国可以通过货币权力获得以下收益。

1. 获取国际铸币税

铸币税指的是货币名义价值超过货币发行成本的部分，作为国际结算、支付、投资和储备货币国家，美国可以从其他国家官方和私人持有美元中获得国际铸币税收益。国际铸币税有多种计算方法，科恩认为这种收益包括两部分：一部分来自国外持有的美元现金，据鲁思·贾森（Ruth Judson）估计，美联储未偿付的美元存量中 60% 在境外流通，2011 年底达 6500 亿美元[①]，按照每 1 美元钞票 3 美分成本保守估计，即使不考虑更大面额，也意味着惊人的铸币税。另一部分来自外国持有的金融债权的不断上升，实际上这降低了借贷成本，美国因此获得的利息补贴高达 80 个基点，为联邦政府和其他国内借贷者每年节省至少 1500 亿美元利息。[②]从通货膨胀税的角度考虑，美国每年要向储备国付息 3%，这部分利息完全可以通过宽松货币政策对冲，通过改变货币价值的方式将利息勾销。另一种计算方法由李翀提出，用回流美国的货币金额减去美国支付的利息，可以计算铸币税的流量收益；

① Ruth Judson, “Crisis and Calm: Demand for U.S. Currency at Home and Abroad from the Fall of the Berlin Wall to 2011”, International Finance Discussion Paper IFDP 1058, Washington D.C., Federal Reserve Board of Governors.

② 本杰明·科恩. 货币强权：从货币读懂未来世界格局 [M]. 张琦，译 . 北京：中信出版社，2017:29.

用外国持有的美元资产减去美国支付的利息，可以计算铸币税的存量收益[①]，以此方法估算，2017 年美国的存量国际铸币税收益高达 6.14 万亿美元（见图 3–1）。

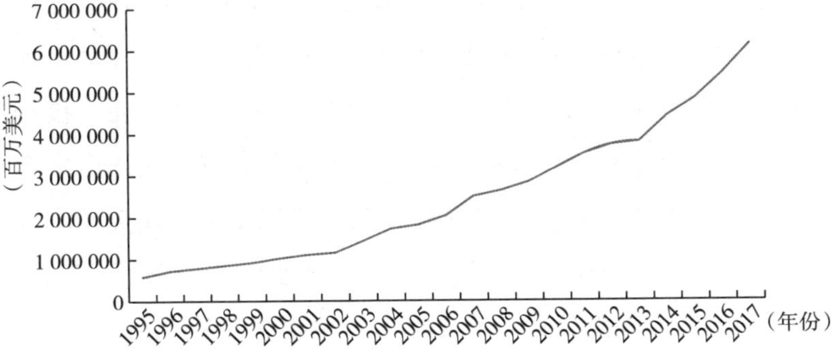

图 3–1　美国铸币税收入（存量）（1995—2017 年）

资料来源：IMF 年报。

2. 提高美国企业国际竞争力

无论是公司还是个人，在国际经济活动中使用本币结算，都能节省货币兑换成本，避免汇率变动风险。从这个意义上说，美元本位地位与美国霸权提供的政治和军事安全保护伞，有利于美国跨国企业在国际市场上的竞争，也使美国公司得以和乐于通过对外直接投资战略来维持其在世界市场中的主导地位。[②]法国总统戴高乐曾强调，美元的储备货币地位是推动美国公司对外投资的主要因素。而美国跨国公司规模巨大的国际经营又

① 李翀 . 关于国际铸币税收益的探讨 [J]. 当代经济研究，2012（8）:68–72.

② 罗伯特 · 吉尔平 . 跨国公司与美国霸权 [M]. 钟飞腾，译 . 北京：东方出版社，2011:101.

进一步巩固了美国霸权，“以美国为基地的跨国公司及其子公司与分支机构，已经取代了欧洲重商主义冒险企业，深入主要商品的采掘和组织制造业货物的供应”①。这种直接投资带来的收益远高于资本的流出，从1950年的15亿美元增加到1970年的87亿美元，到1980年达到逾200亿美元。②据测算，在浮动汇率时代，美国在海外投资的平均回报率为6.82%，外国在美投资平均回报率仅3.50%，相差3.32%。③更重要的是，美国金融企业在跨国经营中获得的收益更是巨大得难以量化。在美元本位制下，美国大型商业银行（花旗、摩根大通）、投资银行（高盛、摩根士丹利）、保险公司（伯克希尔－哈撒韦、美国国际集团）、资产管理公司（贝莱德、资本集团），以及与经济金融活动密切关联的信用评级公司（穆迪、标准普尔、惠誉）、审计机构（安永、德勤、普华永道、毕马威）、律师事务所等所构成的庞大网络，成为美元币权的关键载体和利益共同体，甚至可以理解为超出国界的隐形权力机器，其所具有的天然优势在美元本位制之下，如同维多利亚循环中遍及殖民地的英国商船一样令人难以望其项背。

3. 影响全球经济、分配全球资源

当美联储成为全球央行，美国跨国公司进入全球市场，金融机构以美国新自由主义模式重塑了全球分工，且货币和资本

① Kari Levitt, *Silent Surrender: The American Economic Empire in Canada*, Liveright, 1970, pp.23–24.

② 罗伯特·吉尔平．跨国公司与美国霸权[M]．钟飞腾，译．北京：东方出版社，2011:125.

③ 向松祚．新资本论[M]．北京：中信出版社，2014:222.

的产出与流动不再受到黄金本位与固定汇率制的限制，美国便自然获得了影响全球经济和分配全球资源的能力。美元本位制是一种信用本位制，“当一种国际货币体系可以直接从信用扩张中获取利益时，就不单再是单纯的交易工具，而具有了资本的属性，成为可以产生价值的价值体系”①。马克思将这种脱离了实体经济的劳动和生产过程的资本称为“虚拟资本”，但在《资本论》诞生的岁月，这种虚拟资本仅掌握在银行家手中，且多少与实体经济密切相关；而在美元本位制时代，通过在金融市场上交易金融工具，便能完成资本的增值和变现。由此，伴随着美元本位制提供的制度化保障、新自由主义思想的传播、美国跨国企业的经营发展，美式自由主义金融化在全球范围内重新整合了政府、社会和生产资源，建成了以美元体系和全球金融市场为中介，用虚拟货币、虚拟资产与实体经济国家真实财富和资产进行交换的制度体系，从而发展出世界性的虚拟资本主义模式和全球社会的组织方式。②由此，以美元为媒介，美国一边主导全球金融自由化，一边完成了对世界资源和财富的再分配。

4. 运用关系型权力施加影响

根据科什纳的理论框架，通过关系型权力杠杆至少可以获得三方面的收益：货币操纵、货币依赖、体系破坏。早在1956年苏伊士运河危机中，美国便通过货币操纵来向英法施加影响，直接导致其改变军事行动计划；至美元本位制时代，随着金融

① 王湘穗．币缘论：货币政治的演化[M]. 北京：中信出版社，2017:262.

② 王湘穗．币缘论：货币政治的演化[M]. 北京：中信出版社，2017:284–285.

市场“脱嵌”，私人机构成为“虚拟资本主义”金融网络的重要载体和美元币权的全新代理人，对关系型权力的运用更加隐蔽和难以应对，如1992年英镑因受对冲基金狙击，不得不退出欧共体货币体系联系汇率机制，便被视为主权国家因货币权力改变国家政策的又一标志性事件。在一个高度金融自由化的世界，随着金融市场、金融机构、金融动机在经济和社会生活中的地位不断提升，谁掌握了货币权力，谁就掌握了比核武器更为有力的权柄。所谓全球金融自由化，正是以金融为坚船利炮，叩开主权国家最重要的币权之门，使之直面来自货币强国的金融压力，让渡最重要的货币主权。为操纵币权，美国向别国施压的方式包括，从思想上推行新自由主义理念，以国际共识方式推动放松资本管制，通过金融、评级、审计、财经媒体等机构全方位施加影响力和驱使力等。

5. 运用自主型权力免于受到影响

包括科恩和科什纳在内的学者均认为，运用自主型权力是最重要的货币权力之一。一方面，它使美国可以拥有完全独立的货币政策，当其他国家均以美元作为本币的驻锚货币时，拥有本位货币的美国便可以享受货币政策自由，完全从自身考虑出发制定政策。根据蒙代尔的“不可能三角”理论，其他国家必须与美联储的货币政策保持一致，否则只能放弃钉住美元，或者控制资本的自由流动，这也是资本项目完全开放的各国央行始终与美联储保持加息或者降息步调一致的原因。[①]另一方面，

① Charles Kindleberger, “The Benefits of International Money”, *Journal of International Economics*, Vol.2, No.4, Nov. 1972, pp.425–442.

它使美国可以在面临国际收支失衡时，有余地避免外部失衡的调整成本，也就是科恩所谓的“拖欠权”与“转嫁权”。当其他国家面临逆差时，不得不选择以货币贬值、通货紧缩、关税壁垒或资本控制的方式来调整收支失衡，并承担上述措施对经济产生的负面影响。但美国却可以通过国际社会话语权来压迫别国调整汇率，而非自己做出调整，一个经典案例便是，20世纪80年代，为缓解“双赤字”困境，美国召集日、德、英、法四国在纽约广场饭店举行会议，迫使这几个国家同意美元对主要货币的汇率有秩序地贬值，造成日本泡沫经济破灭和长达十年的经济停滞。

6. 运用结构型权力塑造博弈规则

相较而言，结构型权力的强制性较为隐蔽，但它无疑可以决定其他国家的行事方法，重塑国际关系和博弈规则。[①] 在美元本位制下，任何一次关于国际货币体系的讨论都是在美国主导下进行的，尽管不涉及任何武力强制，但经过有倾向趋导的议程设定、环境创设，乃至意识形态的潜移默化、国际盟友的道德施压，其他国家总会遵循美国意图，表面自主地在既定博弈规则下做出货币选择，[②] 正如《广场协议》的签订。此外，结构型权力还带来一种“金融恐怖平衡”式的共生关系，即持有大量美元储备的国家同样不希望美元币值崩溃，美元的命运不只是美国的问题，而是将所有美元持有者都纳入了“美元利益共同体”。

① Susan Strange, “Finance, Information, and Power”, *Review of International Studies*, Vol.16, No.3, July 1990, pp. 259–274.

② Susan Strange, *States and Markets*, Pinter Publishers, 1988, p25.

7. 运用建构型权力塑造他人认知

美元本位制的确立，让美元成为全球唯一“硬通货”，从而为美国增加了“软实力”。货币权力作为国家主权最重要的象征，在国际社会同样具有权威意义，货币的使用能够带来认同意识，使美元币权的合法性有了自强化特征。最典型的便是美国从 20 世纪 70 年代起一直倡导的新自由主义理念，随着金融全球化而成为一种国际通识。正如美国公司的制度规范始终代表世界前沿的“业内最佳实践”，美国意识形态也占据着天然的制高点，依托美元币权所带来的庞大收益，向外围国家展示美国从理论到方法论的正确性。

二、新特里芬悖论：危机的根本原因

“特里芬悖论”所指出的以主权货币替代国际公共产品的问题，在美元与黄金脱钩、布雷顿森林体系解体后，仍具有强大的阐释力。失去黄金之锚的约束之后，这一悖论非但没有消失，美元的国际清偿力与价值稳定之间的矛盾反而越发凸显。全球经济增长需求使海量美元供给和巨额经常项目赤字成为必选项，快速飙升的经常项目逆差（用于向全球供给美元）与财政赤字（用于为海外储备提供美国国债等投资品）却又令美元持有者怀疑其价值。尽管不会出现美元与黄金脱钩这种突发性的冲击事件，但频发的金融危机一再“教育”美元债权人，使外国政府出现“买家后悔”①，从根本上冲击了美元的公信力。对于“特里芬悖论”在美元本位

① 乔纳森・科什纳 . 金融危机后的美国权力 [M]. 江涛，白云真，译 . 上海：上海人民出版社，2017:12.

制时期的发展，中国宏观经济学会副秘书长王建从美国如何平衡国际贸易收支的角度说明为何国际货币体系必将走向终结，他认为在虚拟资本主义时代，美国平衡贸易收支的唯一途径是通过提供金融投资品来获得资本项目顺差，从而可以部分平衡经常项目逆差。但资本项目顺差都以债务形式体现（股票分红、债券付息），过度累积的债务迟早会破坏美元坚挺的基础。[①] 李波、曹红钢比较了布雷顿森林体系和美元本位制体系下“特里芬悖论”的不同表现，提出货币无法同时满足价值稳定和供给充足的悖论，该悖论不存在根本的解决方案，只能权宜行事，对其进行完善修补。[②] 陈建奇通过实证研究论证了货币发行量已经偏离了实体经济的实际需求，提出，如果国际储备货币发行国能够保持与清偿力需求相匹配的适度逆差，或许能够延缓或者规避“特里芬悖论”。[③]

美元本位制体系自身的制度性缺陷是危机发生的根本原因，“美元—美债”循环只要运转，本身就是对货币信用的破坏，这种制度性缺陷和天然悖论，决定了美元本位制必然随着时间推移而崩溃，正如其前身布雷顿森林体系。因此，学界也将这种缺陷称为“新特里芬悖论”或“广义特里芬悖论”，包括国际收支赤字与财政赤字“双悖论”。

1. 国际收支赤字悖论

包括法哈瑞、奥博弗尔德在内的一些美国学者认为，在牙

① 王建 . 为什么美元霸权必然终结？[J]. 中国企业家，2005（11）:62-63.

② 李波，曹红钢 .“特里芬悖论”与国际货币体系改革 [J]. 金融市场研究，2012(5):9-16.

③ 陈建奇 . 破解“特里芬”难题——主权信用货币充当国际储备的稳定性 [J]. 经济研究，2012(4):113-123.

买加体系下，“特里芬悖论”仍然存在，除表现为经常项目失衡外，更多还表现为本位货币国家的财政赤字。[①]具体而言，之所以存在“新特里芬悖论”，主要是因为美元本位制的设计使“双赤字”成为必然，但其存在同时又对美元价值形成侵蚀。一方面，美国必须以贸易赤字的方式，向世界源源不断输送美元以确保国际清偿力，但这意味着美国必须消费大于生产，因为只有在工业生产总量与别国发生逆转时，贸易逆差才有可能发生。这种逆转在布雷顿森林时期便已存在，牙买加体系下更是变本加厉，当 3 美分成本的纸币可以换取 1 美元的实物时，不会再有人愿意使用 50 美分的成本来制造实物，资本的逐利性和增值本能使金融资本超越产业资本成为美国经济的主流，消费主义的兴起和实体经济的空心化也成为大势所趋。这会从根本上侵蚀美元的价值基础，因为国际货币最底层的价值支撑来自国家实力，尤其是工业生产力。也就是说，在不考虑美国滥用币权满足国内政治要求的情况下，单考虑国际清偿力问题，世界经济越发展，则美元输出越多，贸易逆差越大，美国实体经济空心化的状况就会越严重，这是美元本位制的第一重悖论。

2. 财政赤字悖论

另一方面，作为本位货币发行国，美国还需要满足各国央行管理外汇储备资产的需要，不断提供增值、保值的金融工具，

---

① Maurice Obstfeld, “International Liquidity: The Fiscal Dimension”, National Bureau of Economic Research, 2011, w17379; Gourinchas E. Fahri, *Reforming the International Monetary System*, Mimeo, 2011.

这是作为本位货币国家为确保货币领导力所必须做出的安排。[1]由于各国外汇储备都具有高流动性和高安全性的要求，美国国债便成为各国央行的不二之选，因此，美国政府必须以财政赤字的方式源源不断向全世界提供投资工具，否则不但会降低美元作为储备货币的吸引力，还会扰乱国际金融市场运行。例如，在克林顿政府时期，由于美国经济不断增长且奉行强势美元政策，1998 年和 1999 年曾出现近千亿美元的财政盈余，因此，美国减少了债务工具发行并在市场上净额清偿国债，造成国债余额下降和国际金融市场流动性储备资产不足。同时，作为其他固定收益债券的基准标的，国债的减少还给回购、期货、套期保值市场的流动性和竞标价格带来了负面影响，最终美国财政部不得不新增发行一种为期 4 周的短期债券，以缓解市场上的流动性不足，尽管其根本没有赤字财政的需要。[2]这种内化在货币制度中的“财政赤字”义务，导致美元本位制的第二重悖论，即作为本位货币国家必须向其他国家提供大量国债作为外汇储备，但国债一再攀高，叠加国际收支逆差和实体经济相对衰落，必然造成持币者对货币价值的怀疑，恰如布雷顿森林体系时期，四次美元危机均是由美国政府的短期债务超过黄金储备所导致的美元抛售风波。区别在于缺少了黄金的锚定，美元价值的衡量变得不再直观，但随着“双赤字”带来的离岸美元泛滥、通货膨胀和美元购买力下降，货币价值信心崩溃的爆发点终归会

① 彭兴韵 . 国际货币体系的演进及多元化进程的中国选择——基于货币强权的国际货币体系演进分析 [J]. 金融评论，2010（5）:16.

② 李扬 . 国债规模：在财政和金融之间寻求平衡 [J]. 财贸经济，2003（1）: 51–52.

到来。

三、币权滥用：危机的驱动因素

探讨完危机发生的根本原因，再看危机发生的驱动因素。美元本位制危机要最终爆发，两个条件缺一不可：一是崛起货币足以替代美元行使国际本位货币职能；二是货币金融危机进展到美元信用危机的临界点。促使挑战货币崛起以及货币金融危机爆发的驱动因素，主要源于美国对货币权力的滥用及其造成的负面影响。

前面我们讨论了在牙买加体系下，“脱锚”的美元如何通过“脱嵌”的全球金融体系强化自身货币权力，随后讨论了这种无限制的超级特权所能带来的超额收益，考虑到这种收益通过开动“美元—美债”印刷机便能轻易获得，而所承担的义务却比挂钩黄金时代更为模糊，美元对货币权力的滥用便成为一种必然。这种必然与美国强化全球政治领导力的雄心相关，也与高福利社会和民主选举制度对国内选票的追逐相关，但归根结底，还是因主权货币充当全球公共产品产生的矛盾所致。美国一贯采取的内视性货币政策取向和对外围国家的忽略，在布雷顿森林时代尚可称为“善意忽略”，但在牙买加体系下和全面金融自由化的历史背景下，这种自利型货币政策所带来的破坏力不但严重损害了外围经济体利益，同时也消解了美元作为本位货币的政治合法性。

1. 美元本位制的“中心—外围”权力结构

在探讨美元如何滥用币权之前，首先分析美元本位制下的“中心—外围”权力结构如何通过货币这一媒介在全球范围内分配利益。国内宏观研究从业者习惯使用图 3–2 来理解决定世界经济走势的关键因素。

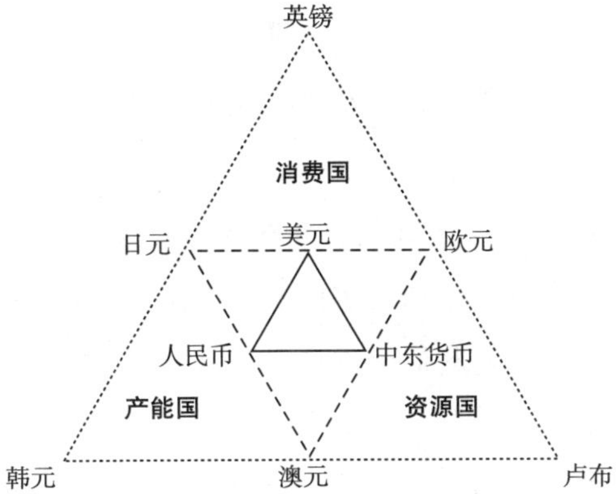

图 3–2　美元本位制的“中心—外围”结构

资料来源：《如何建立自己的宏观分析框架》，投研帮，https://www.zhihu.com/question/46135259。

作为“中心—外围”的中心，美国通过“双赤字”输出美元和美债，获取外围国家的产能与资源。如图 3–2 所示，最中心的三角代表与美元挂钩最紧密的伙伴国家，中国作为最重要的产能国家，中东地区作为最重要的资源国家，由于出口产品和石油积累了大量的外汇储备，其货币与美元挂钩最为紧密。第二个虚线三角是相对重要的产能、消费和资源国，以日本、欧洲和澳大利亚为代表。第三个点状线三角包括英国、韩国、俄罗斯，以及其他未列入其中的重要经济体。这张图除了反映国际货币之间的联系，还体现了美元作为中心货币对全球经济格局的重塑。世界各国根据其资源禀赋的不同，被划分为产能国、资源国与消费国，向体系的中心输送产品、能源、服务、市场。

在虚拟资本主义时代，通过币权进行的利益攫取或许比英帝国直接使用武力拓展殖民地更为隐蔽，但权力是一种相互作用，受力者必然有所感知。雅克·吕埃夫在布雷顿森林时期就看出“弹珠游戏”的荒谬之处，其后又以“无泪赤字”来形容“美元—美债”循环，尤其当美元在享有“超级嚣张的特权”的同时，却很少承担与权利对等的义务，反而利用币权转嫁国际收支、调整成本，滥发货币支撑本国政治诉求，更会催生反对的声音。

2. 币权滥用与全球性通货膨胀

在所有货币权力中，最容易被滥用的就是国际铸币税特权。众所周知，在一国疆域内，无限制地印刷纸币和实行赤字财政，无疑会带来数不尽的麻烦。[①] 因为货币实际价值降低会带来恶性通货膨胀，财政过度举债则必然引发政府信用破产。然而，一旦货币的流通域拓展到全球，货币发行国就可以实现无限印钞和举债，同时维持本国货币政策稳健和通货膨胀可控，并将通货膨胀风险输出至别国来承担，正应了尼克松政府时期财政部部长康纳利的名言：“美元是我们的货币，却是你们的难题。”

考虑到美国赋予自己的国际领导定位和民主国家特性，手握铸币税特权而不使用的可能性为零。即使在黄金桎梏下，美国也因“马歇尔计划”、越南战争和“伟大社会”构想而大肆开启举债

① 安迪森·维金. 美元的堕落 [M]. 刘寅龙，译. 广州：广东经济出版社，2006:12.

模式。脱离黄金限制之后，作为冷战的西方阵营领导者、北大西洋公约组织的军事保护伞，美国军费开支一直居高不下，尤其是20世纪80年代，里根政府对苏联采取强硬政策，展开军备竞赛，1979—1983年连续5年军费保持两位数增长；尽管军费支出在20世纪90年代随着苏联解体有所下降，但出于争取选票的目的，联邦财政支出中另一个大项福利支出也始终居高不下。从图3–3可以看出，福利支出的比例和增长，日渐成为美国财政的沉重负担。

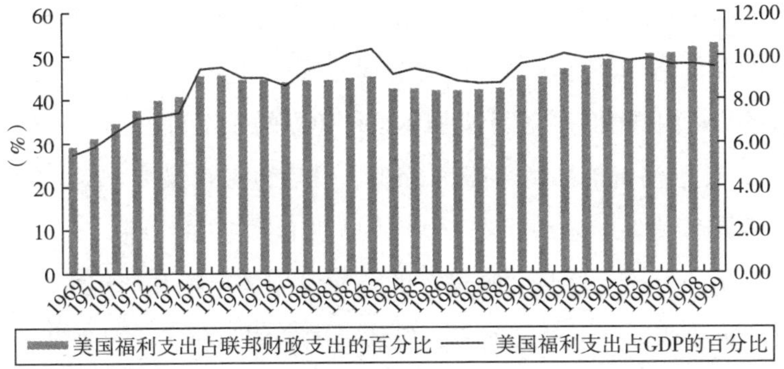

图3–3　美国福利支出占联邦财政与GDP的百分比（1969—1999年）

资料来源：美国商务部经济分析局。

“双赤字”增长是美元本位制的内在要求和美国国家政策的必然需要。与此同时，20世纪70年代之后经济学界信奉的三种“谬误”也给美国实施宽松货币政策提供了理论支持：一是对菲尔普斯曲线的迷信使货币当局认为货币紧缩措施意味着高失业率；二是有效市场假设让市场对宽松货币政策吹起的泡沫视而不见；三是以汇率工具纠正贸易逆差（净储蓄）的理论则让美国政府一味强迫债权国货币对美元升值，希望以此提高美国产品竞争力、降低顺差国贸易盈余。①在种种因素推动下，美国不停开动印钞机和动用汇率武器成为必然之选，这种不加限制的“铸币税权”滥用，从三个方面给美元本位制带来了负面冲击：通货膨胀和汇率问题导致美元价值下跌，对外围国家经济造成的负面影响使美元产生了离心力，离岸美元池的积聚也成为美国系统性不安定因素。

首先，对于一种国际中心货币而言，保持货币价值稳定是最基本也是最核心的要求。“脱锚”后的美元“含金量”可以通过内部价值和外部价值，或者说通货膨胀和美元汇率两方面来衡量。从内部而言，在牙买加体系初建立的5年间（1975—1980年），美国消费价格指数高达8.8%，其后也一直保持4%~5%的高通货膨胀率，与20世纪60年代早期1%左右的通胀率形成极其鲜明的对比，这是“脱锚”的美元滥用铸币税和信用本位特权的重要印证。从外部而言，仅从美国的国际收支状况来考量，任何传统经济学理论都会得出美元被高估的结论，长期来看，一定是贬值而非升值趋势，即使作为本位货币国家美国还有较大的回旋余地，但这种自由度总有一天会干涸见底。②更何况美国很难抗拒使用“汇率武器”的诱惑，面对国际收支失衡，往往信奉“汇率决定收支论”，选择采取美元贬值的方式来解决问题，正如20世纪70年代初的“尼克松冲击”、70年代末的“卡

① 罗纳德·麦金农．失宠的美元本位制[M]．李远芳等，译．北京：中国金融出版社，2013:8.

② Jonathan Kirshner, “Dollar Primacy and American Power”, pp.419–420.

特冲击”、80 年代的《广场协议》所证明。当美国的货币供应量从 1970 年的 4010 亿美元飙升到 2000 年的 4.917 万亿美元，1 美元的购买力也下降到了 22 美分。[①] 美元的泛滥严重冲击了美元价值，降低了美元购买力，也消解了美元作为国际本位货币的基础。

其次，“双赤字”政策、恶性通货膨胀和大幅汇率波动给外围国家经济带来负面影响，考虑到美元币权的权利与义务不对等，进一步增加了美元的离心力。“美元—美债”双赤字模式对外围国家造成的第一重损害是，流通中的美元爆炸性增长，使美国可以用通货膨胀税的方式使美元对内通胀、对外贬值，从而压低美元实际购买力，从实质上减少美国对外负债，将调整国际收支负担转嫁至外围国家。[②] 第二重损害是美元本位制下的外围国家的发展模式，是通过出口货物、资源或服务积累贸易顺差，再以顺差形成的外汇储备为基础制定货币政策，正如中国过去三十年来以“外汇占款”来发行基础货币的政策模式。离岸美元的爆炸性增长，造成外围国家外汇储备飙升，从而引起被动型的通货膨胀，吹大各国的资产泡沫，由此埋下经济危机的种子。一旦泡沫破灭，一方面将引起外围国家对国际货币制度的反思（尽管这种反思直到 2008 年才大规模出现），另一方面也将引起外围国家对美国不作为和内视性货币政策的强烈不满。这种内外政策矛盾并无调和之道，1981—1983 年，保

① 资料来源：美元时间通胀数据库，https://www.dollartimes.com/inflation/。

② Susan Strange, “The Persistent Myth of Lost Hegemony”, *International Organization,* Vol.41, No.4, 1987, p.569.

罗·沃尔克力排众议采取极端紧缩的货币政策，虽然遏制住了恶性通胀与汇率动荡，挽救了美元声誉，却造成美国中西部地区制造业惨烈下滑，形成所谓“废铁区”（rust bowl）。[①] 此后，美联储进入信奉自由市场的格林斯潘时代，在长达 16 年的时间中保持着创纪录的低利率，每当经济过热需要加息，市场便显露悲观情绪，造成国债长短期利率倒挂的“格林斯潘之谜”。

最后，离岸美元池的积聚对于美国自身而言，也是一种系统性风险和不安定因素。长期低利率政策和美元贬值策略，使大量美元聚集于高利率的外围国家，然而一旦外围国家资产泡沫破裂，或者出现任何投资洼地或热点，所谓“国际热钱”就会重新涌回美国，推高美国资产价格并形成泡沫。2001—2002 年 IT 泡沫的形成便与 1974 年以来的美元供应飙升不无关系。无论理论界试图以怎样的模型加以约束，从帕尔默准则到弗里德曼货币供应量增长率准则，从泰勒准则到伯南克灵活通货膨胀率准则，货币供应总量的约束问题从未真正解决。[②] 另一重危险来自各国央行、主权基金持有的海量美元资产，随着美元价值基础持续消解，离岸美元的持续积聚，很有可能会出现一个时间点，也许是某次金融危机，让所有持有者都做出一个判断，美元相对其他货币已经不值得继续持有，[③] 这就会造成牙买加体系下的美元危机，如同布雷顿森林时期四次美元信用危机一样。

① 罗纳德·麦金农 . 失宠的美元本位制 [M]. 李远芳等，译 . 北京：中国金融出版社，2013:45.

② 向松祚 . 国际货币体系的内在不确定性与不稳定性——布雷顿森林体系为什么崩溃 [J]. 金融博览，2014(7):8-11.

③ Jonathan Kirshner, “Dollar Primacy and American Power”, p.420.

此外，高度依赖“双赤字”的美国政府一旦面临境外债权国集体停止借贷，就会造成如 1991—1992 年时的严重信贷紧缩。[①]从这个角度来看，美元币权是一把双刃剑，在拥有权力支配他国的同时，又将致命武器同样交到了别国手中。

3. 币权滥用与全球金融自由化

铸币税、通货膨胀税和汇率武器等相关币权的运用，所带来的收益和带来的危机因素相对直观可见，而围绕全球金融自由化展开的币权运用，则更偏向于结构性和建构性的角度，即从博弈规则和意识形态的层面来强化美元本位制，但因此造成的局部性金融危机和理念性变化，却从根本上瓦解着美元本位制的合法性基础。

在理解为何美国可以毫无节制地滥用币权之前，首先需要充分理解“多余自由度”这一概念。多余自由度理论除了探讨国际货币体系的本质缺陷，还真正涉足了“权力”领域。蒙代尔首先提出了“多余自由度”的概念，认为在一个由 n 个国家组成的世界，只有 n–1 个国家需要保持国际收支平衡，第 n 个国家则自然达到平衡，不需要设置并达到国际收支平衡与汇率目标，这就是“多余自由度”。美元本位制下，第 n 个国家无疑就是美国。蒙代尔提出，美国如何使用这个额外的自由度，决定了国际货币体系是否有序。[②]基于此，罗纳德·麦金农探讨了多余自由度这一特权被滥用的情况，n–1 意味着自然的非对称

① 罗纳德·麦金农 . 失宠的美元本位制 [M]. 李远芳等，译 . 北京：中国金融出版社，2013:81.

② Robert Mundell, *International Economics*, Macmillan, 1968.

性，以某国货币为锚的体系在特定历史条件（锚货币的发行国经济占统治地位且金融稳定）下或许可以持续，但多余自由度很容易被滥用，损害其他国家利益。麦金农以美元本位制为例，指出其货币政策长期以来只满足本国经济需要，造成了其他国家的不满和体系的动荡。[①]事实上，如艾肯格林所指出，在布雷顿森林体系的实际运行中，已经产生了不满情绪，法国总统戴高乐以“过分的特权”形容美元货币权力，它使得国际货币体系天然具有非均衡的特性。[②]

“多余自由度”问题也被国内学者广泛深入地探讨，主要集中在美元权力与义务不匹配、权力体系的不对称和权力的滥用等方面。李若谷（2009）总结了由多余自由度带来的三种不平衡现象：一是美国可以通过发行美元填补贸易赤字，导致全球经济失衡；二是国际收支失衡责任承担不平衡，美国出台政策时并不考虑对他国可能产生的溢出效应；三是储备资产分布和使用不均衡。张明在分析次贷危机原因时提出了“约束不对称论”，他认为，当前国际货币体系的最大缺陷在于缺乏对储备货币发行量的强制性约束，使得流动性过剩和资产泡沫周期性破灭成为常态。[③]葛兆强认为，以美元为主导的国际货币体系的内在弊端，是造成全球失衡和金融危机爆发的根源，由于储备货币（本位货币）缺乏适度性和稳定性，导致国际金融危机频发。原本为了促进世界经

---

① Ronald McKinnon, “The Rule of the Game: International Money in Historical Perspective”, *Journal of Economic Literature,* Vol.31, No.1, 1993, pp.1–44.

② Barry Eichengreen, *Exorbitant Privilege: The Rise and Fall of the Dollar and the Future of the International Monetary System*, Oxford University Press, 2011.

③ 张明．次贷危机对当前国际货币体系的冲击 [J]. 世界经济与政治，2009(6):74–80.

济发展而建立的国际货币基金组织和世界银行，逐渐变成了被美国操纵、为美国利益服务的机构，推波助澜破坏了世界经济的平衡。[①] 彭兴韵基于“国际货币强权”分析了国际货币体系演变过程，认为美国对货币强权的追求导致布雷顿森林体系瓦解，美元本位制的形成强化了美国的货币霸权，但美元强权的扩张和储备的迅猛增长使得金融危机频发。他明确提出，美国的双赤字、美元低利率及流动性扩张，都内生于美元作为单一货币主导国际货币体系安排之中，是美国为维护“美元强权”而采取的“刀刃上的平衡”措施。[②] 甘当善、王尧基主要从美元的“本位”基础分析美元本位制如何蜕化变质，从当初以黄金为锚，到以美国国债为锚（货币发行绑定美国国债，按照经济景气变动，以国债为抵押物发行货币），到量化宽松货币政策中以劣质抵押贷款支持证券为抵押物来发放债券，一步步打破制约，使得美元本位制走向失控。[③] 王道平、范小云认为现行的国际货币体系不仅带来全球经济失衡，而且在过去三十年频繁引发金融危机，美元本位制使美国的赤字问题难以解决，无论其他国家选择国际收支盈余、赤字还是平衡，都难以避免贸易冲突和金融危机，唯一解决之道是改革现行的国际货币体系。[④]

---

① 葛兆强 . 国际货币体系改革与人民币国际化研究 [J]. 首都经济贸易大学学报，2009（5）: 29–38.

② 彭兴韵 . 国际货币体系的演进及多元化进程的中国选择——基于货币强权的国际货币体系演进分析 [J]. 金融评论，2010（5）:8–27.

③ 甘当善，王尧基 . 美元的量化宽松与超主权货币构想评析 [J]. 理论视野，2011（2）:51–54.

④ 王道平，范小云 . 现行的国际货币体系是否是全球失衡和金融危机的原因 [J]. 世界经济，2011（1）:52–72.

综合考量蒙代尔的“多余自由度”和“不可能三角”理论，美国作为第 n 个国家，如果要获得充分的多余自由度，必须确保剩余的 n–1 个国家尽量保持资本完全自由流动，这就是为何美国要大力推进全球金融自由化。克林顿政府时期的财政部部长劳伦斯·萨默斯（Lawrence Summers）在 20 世纪 90 年代明确指出“国内、国际金融自由化是美国议程的重要组成部分”，并逐个国家、逐次会议、逐项制度地向他国施压。在这个过程中，美国将其结构型权力运用到了极限：在双边领域，美国商务部和贸易代表积极向国外政府施压，要求取消资本限制，为美国的银行、保险公司、基金公司等跨国企业提供业务机会。[①] 无论是 1995 年智利自由贸易协议谈判，还是 1996 年韩国寻求加入经济合作组织，美国都将资本项目自由化作为绝不妥协的谈判条件；在多边领域，美国于 1994 年召开夏威夷多国财长会议，试图说服日本、泰国、马来西亚和印度尼西亚的财长实施资本项目自由化，尽管当时多数国家已经开始担忧热钱流动和投机风险；美国还积极利用其掌控国际合作机构的优势，在 1995 年亚太经济合作论坛大阪会议上，强调“任何抑制资本自由流动的行为都会对投资者信心造成莫大的伤害”，而彻底自由的市场能够消弭一切风险；[②] 在所有行动中，对国际货币基金组织章程的修订淋漓尽致地体现了美国“建章立制”的特权，IMF 第一

① Nicholas Kristof, “How US Wooed Asia to Let Cash Flow in”, *New York Times*, February 16, 1999, p.A–1, quoted from “US to Urge Financial Liberalization at WTO Talks”, *Asia Pulse*, August 13, 1997.

② Anne Davies, “APEC Determined to Avoid Another Mexico”, *Sydney Morning Herald*, April 17, 1995.

副总干事斯坦利·费希尔（Stanley Fischer）和美国执行董事卡林·利萨克斯（Karin Lissakers）积极促成了章程修订，IMF 于 1997 年 9 月在香港年度会议上发表《国际货币基金组织章程修订案中的资本流动自由化声明》，取消了其中凯恩斯主义的相关章程，建立了全球范围内资本流动自由化的新机制。[①]

全球资本自由化从两个方面消解了美元货币权力的基础：一方面，资本自由流动所带来的经济危机频发，进一步推动外围国家质疑美元本位制的制度缺陷，以及美国大力推动金融自由化的目的，本章第三节将以亚洲金融危机为例对此做出详细剖析。另一方面，更重要的是，金融自由化对美国并非百利而无一害，反而从最根基处腐蚀了美元本位制的基础，造成了美国经济的空心化和产业向欧洲、亚洲等地转移。从 20 世纪 70 年代起，美国制造业的重点由国内生产转向了海外投资，1977—1982 年，美国在发展中国家年均投资增长率为 13.3%，发达国家增长率为 8.2%，到 80 年代，制造企业几乎停止在美国国内生产，主要通过购买制成品贴牌后进行贸易，至 2001 年，美国制造业对外直接投资达 3580 亿美元。[②]资本的逐利特性使虚拟资本超越实业资本成为历史的必然，1980 年美国公司的总利润中，金融、保险和房地产份额已经超过了制造业。美国制造业就业从 20 世纪 60 年代开始持续萎缩，60 年代中期制造业产出约占国内生产总值的 27%，创造的就业份额占 24%，

---

① 乔纳森·科什纳. 金融危机后的美国权力 [M]. 江涛，白云真，译. 上海：上海人民出版社，2017:65-71.

② 杨仕文. 美国非工业化研究 [M]. 南昌：江西人民出版社，2009:89-90.

到 2004 年已经分别下降至 13.8% 和 10.1%。而从虚拟资本一端来看，以道琼斯指数为例，1973—1987 年这 14 年的上升幅度超过此前的 44 年，1987—1995 年这 8 年的上升幅度超过此前的 58 年。1995 年 2 月至 1998 年，仅短短 3 年零 10 个月的时间，道琼斯指数上升幅度和总量超过此前的 66 年，1998 年美国股市总值达 11.4 万亿美元，是美国 GDP 的 140%[①]，这充分显示了“脱锚”后的美元如何脱轨运行。从第二章阐述的英镑的教训中可以得知，本位货币的衰落正是从工业制造业的衰落开始，美国的产业空心化，意味着欧洲制造和亚洲制造的崛起，促成了挑战货币欧元、日元和人民币的崛起。

4. 货币体系危机的驱动因素

综上可知，美国对币权的滥用，在美元本位制体系的中心与外围层面，均催生了货币体系危机的驱动因素。

本币发行国作为国际货币体系的中心，在美元“脱锚”与“脱嵌”之后不加节制地滥用货币权力，对其自身造成了不可逆转的负面影响。实体经济空心化侵蚀着美元价值的现实基础，日益严重的“双赤字”问题将美国推向信用违约的边缘；工业制造实力的此消彼长，从市场选择角度，促使外围国家选择替代货币，以获取更多的网络外部性；流动性泛滥与资产泡沫高企对美国自身的反噬，使其货币价值持续下降，经济模式难以为继，金融危机周期性发作，从货币体系的中心瓦解着美元本位制的合法性。

货币崛起国作为国际货币体系的外围国家，面对美元本位

① 张海涛 . 亲历与求索 [M]. 北京：中国社会科学出版社，2014:315.

制带来的诸多负面影响，也着手推进本币国际化，并从外围挑战着美元本位制的合法性。美国滥用币权对外围国家带来诸多负面影响，包括：货币超发直接降低了美元储备的货币价值；美国实体经济空心化导致其政府信用背书含金量降低、美元信用违约概率上升，危害外围国家美元储备的安全性；金融自由化给外围国家带来流动性泛滥、资产价格高企、通货膨胀失控等问题；美国内视性的货币政策引发周期性全球金融危机，冲击外围国家经济稳定；美国运用直接或结构型货币权力打击外围国家，形成金融霸权主义等。

第三节　危机表征：亚洲金融危机

货币信用危机是美元本位制危机的重要表征之一。在美元本位制下，美元信用危机不直接体现为兑付危机，而体现为合法性危机，即，周期性爆发的大规模金融危机，这使外围国家从理念上质疑金融自由化的合理性。由于金融自由化是美元本位制得以继续运转的必备要素，意味着外围国家开始质疑美元本位制存在的合法性。

“双赤字”本位货币制度带来的全球美元流动性泛滥和全球金融自由化，催生了大量国际游资和以高风险博高收益的对冲基金，适逢新自由主义思潮泛滥的叠加，致使国际金融市场完全陷入“无政府主义”，市场风险因而急速积累。货币金融危机是金融自由化无法避免的副产品，在亚洲金融危机发生之前，就曾发生过以1987年美元危机和1995年墨西哥金融危机为代表的货币危机，但因为这两次危机时间短、范围有限，并未引起过多关注，直到1997年亚洲金融危机爆发。这场金融危机给东南亚国家造成严重经济损失的同时，促使外围国家开始思考“资本自由流动论”的谬误之处，第一次使美国“第二个战后秩序”产生了意识形态裂痕。而美国在处理亚洲金融危机时所显示出的自利性和强制性，又一次体现了货币权力的滥用，并进一步造成理念性的影响，从而将美元本位制危机推向更深。

一、亚洲金融危机发生的历史背景

1. 美国针对亚洲推行“金融自由化”

自20世纪80年代起，里根和老布什两届美国共和党政府就致力于推动经济全球化和金融自由化，里根曾公开宣布“我们的任务就是要打破对贸易、外国投资及资本自由流动设置的壁垒”，老布什也表示支持“自由市场和资本自由流动”[①]。这种思潮在克林顿时期被推行至极致。1993年1月上台伊始，克林顿就提出“对外政策三原则”，其中“经济安全”原则主要针对欧洲和日本经济崛起，确保通过“金融自由化”使美国掌握全球经济金融话语权。克林顿政府采取了一系列措施使原则落地，先是于1995年成立了全国经济委员会负责推动全球金融自由化，由高盛前董事长鲁宾任委员会主席，后来鲁宾和哈佛大

① 张海涛．亲历与求索[M]. 北京：中国社会科学出版社，2014: 322.

学教授萨默斯分别成为财政部正副部长，正式将矛头指向亚洲，除日本这一关键目标外，还勾选出十大新兴市场作为必须打破的“壁垒国家”。

对于克林顿政府而言，打破亚洲的金融壁垒，重要性不亚于当初英国打开亚洲市场的门户。美国商务部因此将方案执行作为军事战役，在鲁宾和萨默斯的办公室建立了作战指挥室和为自由市场而战的指挥中心。[①] 战略规划层层推进，以韩国为例，1996 年针对韩国加入亚太经合组织，美国财政部向韩国开立具体条件，其中包括：（1）向美国投资者开放韩国资本市场，可自由买卖股票、债券；（2）允许韩国公司在境外市场自由融资。这两条事实上意味着使韩国资本项目基本实现可自由兑换。到 1997 年亚洲金融危机爆发前夕，鲁宾主持召开七国集团财长会议，正式发表声明要促进资本自由流动，把修改 IMF 章程作为重要任务推进。

2. 金融自由化对亚洲经济的影响

首先，金融“脱嵌”带来了遍地“热钱”。在亚洲金融危机爆发的 1997 年，全球货币交易额为 600 万亿美元，[②] 其中与外贸相关部分仅占 1%，绝大部分属于“虚拟资本”而非“产业资本”，而在十年前，外贸相关占比为 5%~10%。从外汇交易来看，1998 年一天交易量即达 1.5 万亿美元，是十年前的 8 倍。1990—1997 年，以华尔街金融垄断资本为主的虚拟资本持有的

---

① Nicholas Kristof, “How US Wooed Asia to Let Cash Flow in” *New York Times*, February 16, p.A-1, quoted from “US to Urge Financial Liberalization at WTO Talks”, *Asia Pulse*, August 13, 1997.

② 王湘穗 . 币缘论：货币政治的演化 [M]. 北京：中信出版社，2017:281.

海外股票金额增长了197倍，而1997年一年内各种衍生品在国际间交易总金额高达360万亿美元。[①]

其次，全球金融自由化催生了大量以虚拟资本套利为盈利目标的金融机构，主要活动区域便集中于亚洲，其投机活动直接导致了亚洲金融危机的爆发。伴随各类金融衍生品的爆发式增长，传统金融机构如商业银行、储蓄银行、投资银行、养老基金和共同基金都经历了脱胎换骨式的变化，成立了专门的交易团队以博取交易价差。更重要的是，还催生了大量对冲基金和私募基金等专门从事套利活动的机构。由于发展中经济体较高的利率水平和增长速度，“亚洲四小龙”和泰国、菲律宾、马来西亚、印度尼西亚等亚洲国家和地区成为“热钱”最主要的集散地。1986年的新加坡金融大爆炸，更是直接将新兴市场国家卷入全球金融自由化浪潮。20世纪90年代，华尔街金融机构一方面向上述国家提供贷款以赚取信用利差，另一方面大规模买卖股票、债券、外汇和金融衍生产品，热钱流动和投机活动极大地增加了亚洲国家或经济体的脆弱性，为金融危机的发生埋下了伏笔。

二、资本流动与金融危机的关系

资本的自由流动孰优孰劣，在经济学领域一直存在学术争议。正常情况下，自由市场的运行可以达到资源高效配置的目标，然而市场失灵时，不受监管的以“无政府主义”方式完全

---

① 张海涛．亲历与求索[M]. 北京：中国社会科学出版社，2014: 324.

自由流动的资本则意味着灾难。事实上，大多数研究都无法证明，资本自由化与经济增长或是其他合意的经济结果之间存在正相关性，但取消资本管制的国家在面对金融危机时更加脆弱却真实有据可寻。①

1. 逻辑演绎

从虚拟资本的特性来看，金融资产的价值表现与实物资产大相径庭。由于实际用途的存在，实物资产具有相对稳定的价值，然而金融资产却只拥有"人们所认为的价值"。这种虚拟价值本身存在高度变动的可能性，尤其当资本可以在较大范围内、以现代化科技手段迅速移动时，投资者可以在瞬息之间以最小成本跨境转移大量资金，使得传统经济学基本原理经常出现阐释力不足——个体的理性在市场发生骤变时，很有可能因为羊群效应转化为群体的非理性，也就是凯恩斯所谓的"动物性"，金融市场的"黑天鹅事件"由此发生。

一旦资本流通域扩大到国际领域，这种市场动荡便很容易发生，原因之一是各国宏观经济要素和政策取向各有特点，但投资者的共识（某种意义上是"华尔街共识"的映射）却非常同质，一旦偏离了资本持有者的共识，便会立刻面临热钱大规模撤离的"惩罚"，进而促使该国被迫采取通货紧缩政策，从而伤害经济。凯恩斯一直强调完全不受控制的资本流动属于"次优选择"，会降低各国货币政策的自主性，因为资本自由流动只在"世界各地利率均衡化"的情形下才是正确的。正因如此，

① 乔纳森·科什纳 . 金融危机后的美国权力 [M]. 江涛，白云真，译 . 上海：上海人民出版社，2017:7.

他对战后货币体系的设计体现了对境内外资本流动控制的理念：既允许资本自由流动，又保持各国对经济政策的自由裁量权，给予各国政府政策工具来区分投资资本和投机型资本。[①]

原因之二更为关键，就是投资者并非都是善意的个体，这也是为什么经济学界的货币危机理论中将“投机冲击”作为重要影响因素。20世纪80年代，第二代货币危机理论直接摒弃了“理性投机”假设，提出了投机者的道德问题：当某国外汇储备减少到一定程度、汇率崩溃变得可以预测时，一些投资者出于规避资本损失或增加资本利得的考虑，必然会发起货币冲击。从这个意义上说，凯恩斯的观点再次被证实，即，过多的资本流动相当于“金融污染”，必然会带来负外部性。当市场中充满只追求个体利息的投资者，市场就不可能产生对集体有益的结果，因此部分经济学家也提倡通过增加“托宾税”[②]来控制这种负外部性。[③]

原因之三可以从金融衍生产品的套利属性来说明。尽管金融衍生品被创造的初衷是为了规避而非扩大风险，目的是让人们可以对冲跨周期的远期风险或者跨币种的汇率波动。然而，随着金融衍生品的品类增加和复杂化，一旦监管缺失，很容易被用作套利交易的工具。由于资本利得来自低吸高抛，与企业

---

① John Maynard Keynes, “Treatise on Money”, in *The Applied Theory of Money*, 1930; “Post-war Currency Policy”, 1941; “Proposal for an International Currency Union”, 1941; “Letter to Roy Harrod”, 1942; “Speech before House of Lords”, 1944.

② 托宾税是指针对短期投机的金融交易税。

③ Barry Eichengreen, James Tobin, Charles Syplosz, “Two Cases for Sand in the Wheels of International Finance” , *Economic Journal*, Vol.105, 1995, pp.162–172.

内在价值增长并无关系，市场波动越大其获利空间和机会就会越多，这使专门从事金融衍生品交易的金融机构有动力推动市场风险波动发生，因为风险意味着收益，更高风险意味着更高收益。对于金融市场而言，这本身就是一种系统性风险因素。[①]

2. 实证分析

事实上，正是亚洲金融危机的爆发，为资本自由流动孰优孰劣提供了实证分析的重要案例，并促使学界开始针对这种在思想和政治上合力被塑造为“天然正确”的金融自由化理论进行辩论。

1998年，对亚洲金融危机根源讨论正盛时，毕生倡导自由贸易的经济学家、美国哥伦比亚大学教授、世界贸易组织顾问、经典教材《高级国际贸易学》的作者杰格迪什·巴格瓦蒂（Jagdish Bhagwati）提出了一个问题：是否有实证分析可以证明，资本自由化有益于经济发展。在他看来，所谓“资本自由”完全来自“贸易自由”的简单推及，然而后者以大量实证研究作为支持，证明自由贸易确实有助于更快的经济增长，但自由资本的支持者却只基于数学模型说话，就此他论定，无论理论演绎还是实证分析都表明，对资本流动进行限制才有利于经济发展。[②]在抛出这个问题后，大量经济学家进行了实证研究，试图证明自由市场会引导资金流向更有效率的地方，而专业理性的投资人则会用惩戒性的市场法则来掰正那些与市场共识相违背

① 王湘穗. 币缘论：货币政治的演化[M]. 北京：中信出版社，2017:287.

② Jagdish Bhagwati, “The Capital Myth”, *Foreign Affairs*, Vol.77, No.3, May/June, 1998, pp.9–12.

的外国政府行为。

实证研究的结果与资本自由论的倡导者的逻辑推论恰恰相反：一方面，在100个国家的样本研究中，没有任何证据表明实施资本自由化的国家发展得更快，[①]这一点后来被保持了三十多年快速发展的“中国经济奇迹”所证实。另一方面，市场在执行“纠偏政府行为”和“惩戒政策失灵”方面更是显示出令人遗憾的滞后性，这一点在1997年亚洲金融危机中已经有所体现，甚至在危机爆发前不久，IMF专家还对亚洲资本自由化的国家给出了极其乐观的前景预测，认为在亚洲强劲增长引领下，全球经济将迎来“理性繁荣”时期。[②]如果说当时对这一点的认识还不够清晰，那么十年后的2008年全球金融危机所表现出来的市场失灵和纠偏滞后，就进一步证明了自由市场在管理资本行为方面的无效性。

3. 以亚洲金融危机为例

亚洲金融危机的爆发，真实地证明了金融自由化所带来的系统性风险。尽管亚洲金融危机的导火索是泰铢，但其背后的真正推手却是日元，再往深层次追究，则是美国和美元本位制。

牙买加体系下美元的“脱锚”与“脱嵌”，从20世纪70年代中后期开始深刻影响全球分工体系，其中一个重要变化就是进一步推动了“日本制造”的崛起。早在1968年，日本的国内生产总值就超过了英国、法国和德国，成为资本主义世界第二

① Dani Rodrik, “Who Needs Capital-Account Mobility?”, *International Finance,* No.207, May 1998.

② “International Capital Market Chartering a Steadier Course”, *IMF Survey*, September 23, 1996, pp.293–294; “IMF Wins Mandate,” *IMF Survey*, May 12, 1997, pp.129–130.

大经济强国。到 20 世纪 70 年代后期，被纳入美元本位制体系的日本已成为“中心—外围”组织最内圈的制造国成员，开始以“飞雁模式”在亚洲拓展和构建制造产业链。作为“头雁”的日本带领了“亚洲四小龙”（韩国、中国台湾、中国香港、新加坡）和“四小虎”（泰国、马来西亚、菲律宾、印度尼西亚）以及中国大陆的制造业发展。然而，由于美元本位制的内在缺陷，美国迫于“双赤字”压力，推动日元对美元升值，从 1985 年 9 月《广场协议》签订后日元持续升值，在不到两年时间内日元兑美元汇率从 240∶1 升到 120∶1，巨大的房地产和股市泡沫因此产生。1989 年底日本房地产市值约为 24 万亿美元，是美国的 4 倍，股指达 38 916 点的峰值，平均市盈率（P/E）70 倍，而美国公司仅 15 倍。如此巨大的泡沫破灭带来严重的通货紧缩，日本政府开始通过基建刺激经济增长，并采取极其宽松的货币政策，基本维持了零利率。上述政策带来了外汇交易的套利机会，大量国际投资者借入零利率的日元，投资于因挂钩美元而执行更高利率（美国联邦基金利率高达 5%）的东南亚市场，资金在自由市场的大进大出，为亚洲金融危机的爆发埋下了隐患。根据香港金管局时任副总裁沈联涛估计，1995—1998 年，流向东南亚的日元海外贷款约 2600 亿美元，意味着日元套利交易的平均利差收益三年达 390 亿美元，同期日元兑美元下跌一半，还额外带来 1300 亿美元的汇兑收益。[①] 资本的贪婪和非理性不但体现为资金大进，也体现为资金大出。20 世纪 90 年代中期日本银行业开始大量爆出不良贷款，资本充足率承压，银行出

① 沈联涛．十年轮回：从亚洲到全球的金融危机 [M]. 上海：上海远东出版社，2009.

现倒闭潮。1997 年北海道 Takushoshu 银行倒闭使得日本银行大量撤回境外贷款，1995—1999 年间撤回东南亚贷款达 1925 亿美元，东南亚信用紧缩从而开始。

此时，被纳入美元金融自由化体系和日本“飞雁模式”的东南亚国家已被快速涌入的热钱推高了国内资产价格，而且出现了不同程度的久期错配（短债长投）和外汇错配（借美元和日元，用本币投资）问题。短期外债到期之后，国外贷方急剧削减在东南亚国家的头寸，立刻让东南亚国家政策取向陷入两难：如果提高利率来维持汇率，国内经济将不堪其重；如果不提高利率，将会损失大量外汇储备。随着各国外汇储备见底，一直伺机的对冲基金发动了攻击。事实上，在 1997 年索罗斯对泰铢发动正式攻击之前，美国的套利资本已经利用汇率软挂钩美元的机制，强迫英格兰银行英镑贬值，又于墨西哥小试牛刀造成一次小规模经济危机，并在 1996 年尝试对泰铢发动了几次冲击。1997 年 7 月 2 日，在空头攻击下，泰国外汇储备告罄，宣布放弃固定汇率制，实行浮动汇率制，当天泰铢兑美元汇率下降 17%。之后，菲律宾比索、印尼盾、马来西亚林吉特陆续成为国际炒家攻击对象，甚至一直坚挺的新加坡元也受到冲击。1997 年 11 月中旬，金融风暴蔓延至韩国，一度影响香港，并于年底进一步冲击日本金融业，大量日本银行与证券公司倒闭破产，东南亚金融风暴升级为亚洲金融危机。

在总结亚洲金融危机教训时，人们常常集中于讨论索罗斯等对冲基金的道德问题，或者东南亚国家的“裙带资本主义”、糟糕的金融业监管和治理、失调的外债结构和外汇政策、市场体制发育不成熟等内部原因。然而，究其根本，却是美元本位制下被重塑的世界分工体系以及“脱嵌”的自由资本带来的破坏力。具体来分析，可包括以下几点：美元本位制下以“双逆差”输出美元和美债的国际货币体系内在设计缺陷，是逻辑的第一环。美国试图转嫁成本，通过使日元升值的方式调整国际收支失衡，是逻辑的第二环。日元大幅升值扩大国内经济泡沫，泡沫破裂带来通货紧缩和随后的低利率政策，是逻辑的第三环。廉价的套利资金涌入高利率的东南亚国家，带来久期与币种错配，是逻辑的第四环。资金撤离暴露出东南亚经济体的脆弱性，以及为维持汇率而动用外汇储备的失败尝试，是逻辑的最后一环。此时，伺机而动的对冲基金推倒了第一块多米诺骨牌，金融风暴应声而起，而使之环环相连最终形成逻辑闭环的必要条件，既不是索罗斯，也不是日本，而是决定美元本位制权力大小的关键：资本的自由流动。

三、亚洲金融危机对美元本位制的冲击

一种国际本位货币的合法性包含实与虚两方面内容。除了货币发行国的经济、资源、人口、军事等硬实力带来的价值信心，还有货币本位国家的国际政治领导力、意识形态力等软实力给货币价值提供的信用背书。亚洲金融危机之所以在一定程度上可以被理解为局部的美元本位制危机，是因为它第一次造成了意识形态的裂痕，使外围国家认识到了美元本位制的霸权性质，并看到了美国在解决危机的过程中和危机后续措施中体现的国际领导力缺失，这些都促成了外围国家的反省和区域货

币合作意识的觉醒。

1. 经济学家的转变

必须承认，学术界对货币危机最早的认识，更多集中于经济金融领域，经济学家单纯就汇率论汇率，研究为何一种货币会发生对外价值的危机，为何会发生固定汇率制度的崩溃或者被迫调整（法定贬值、浮动区间扩大）、外汇储备急剧缩水（国际收支危机）、本币利率大幅上升等[①]，这些被称为货币危机理论。

在 20 世纪 70 年代理论萌芽阶段，以金德尔伯格的一般危机模型为代表，将货币危机视为经济危机的货币表现。

20 世纪 70 年代中期到 80 年代出现了第一代货币危机模型“克鲁格曼模型”，以保罗·克鲁格曼（Paul Krugman）为代表的经济学家认为，经济基本面决定了一国的货币对外价值是否稳定。当一国经济基本面恶化导致财政平衡出现问题，政府为解决财政赤字不得不罔顾外汇储备，执行无限制的货币宽松政策，从而导致国内信贷过度扩张。根据利息平价理论，资本将流向境外利率更高的国家，如想保持汇率稳定，该国政府将不得不抛售外汇储备，直至储备耗尽。[②]

第一代模型已经考虑到“投机冲击”的影响，认为当外汇储备减少到一定程度，汇率崩溃变得可以预测，投资者出于规避资

① 根据 IMF 界定，所谓货币危机是指由于投机冲击导致一国汇率贬值，或者迫使该国政府为保卫其货币抛出大量外汇储备，或者大幅提高国内利率水平。

② Paul Krugman, “A Model of Balance-of-Payments Crises”, *Journal of Money Credit and Banking*, Vol.11, No.3, 1979, pp.311–325. 可将其理解为克鲁格曼“三元悖论”的具体表现形式，即，对于一个自由开放的经济体而言，货币政策的独立性、汇率稳定和资本自由流动，只能三选二。

本损失或增加资本利得的考虑[①]，会向该国发起投机冲击，在极短时间内购入剩余储备，直到迫使该国政府放弃固定汇率制度。

20 世纪 80 年代中期出现了第二代货币危机模型，莫瑞斯·奥博弗尔德（Maurice Obstfeld）等经济学家认为，货币危机不一定是由于经济基础恶化，而是市场参与者的预期影响了政府对成本和收益的衡量，政府会动态考虑一系列因素，决策是否坚持或者放弃固定汇率制度，未必要等外汇储备彻底耗尽。[②]第二代模型又称为“贬值预期的自我实现模型”，认为在一个多重均衡区间，当人们普遍具有本币的贬值预期，将导致国内利率上升，政府迫于就业、预算等压力，倾向于放弃固定汇率制度。该模型认为，固定汇率制度的固有缺陷导致其易受投机冲击，即使没有过度扩张的财政货币政策，只要失业率和政府债务达到一定程度，就有可能在市场推动下陷入货币危机，因此市场投机者被认为是不公正、不道德的。

1997 年东南亚金融危机之后出现第三代货币危机模型，并出现了三个全新的分支。

一是克鲁格曼等学者提出的“道德风险模型”。他们提出了“金融过度”的概念，认为新兴市场国家企业和金融机构普遍有强烈过度投资和过度借贷的倾向，外国金融机构出于对政府“隐性担保”的信任，常常会迎合这种倾向，从而导致该国可以较

① 第一代货币危机模型认为投机冲击和汇率崩溃是投资者在经济基本面和汇率制度间存在矛盾下的理性选择，并非不道德行为，因此也被称为“理性冲击模型”（rational attack model）。

② Maurice Obstfeld, “Risk-Taking, Global Diversification, and Growth”, *American Economic Review*, Vol.84, No.5, 1994, pp.1310–1329.

低成本从国际市场借入资金，同时在高风险领域的房地产、股票市场投资套利，形成金融资产泡沫，一旦泡沫破灭、外资撤退，便出现汇率制度崩溃。①

二是罗伯托·张（Roberto Chang）等建立的开放经济条件下的流动性危机模型。他们认为货币危机源于国际金融体系的内在不稳定性，在汇率固定且央行担任“最终贷款人”的情况下，一旦投资者恐慌导致资本流出，大量长期投资项目被迫中途变现，企业就会出现流动性危机。②

三是克鲁格曼提出的多重均衡模型。他探讨了企业净资产与融资能力关系，假定外国金融机构只愿意提供高于企业净资产一定比例的借款，随着市场预期企业净资产下降，资金流入减少甚至流出，外债负担便会因为本币贬值而加重，从而引发汇率危机。③

这三代货币危机模型都在探讨资本项目开放的经济体的情况，因为汇率危机往往发生在这些国家，对资本管制下货币危机爆发的可能性、传导渠道均未涉及。值得注意的是，罗伯托·张等学者第一次将视线投注到国际金融体系的内在不稳定性上，这种经济学领域的觉醒在 2008 年国际金融危机发生后进一步强化，经济学家开始跳出单个国家与微观经济层面，侧重

---

① Paul Krugman, “What Happened to Asia”, in Ryuzo Sato et al., *Global Competition and Integration*, Springer, 1999, pp.315–327.

② Roberto Chang, Andres Velasco, “The Asian Liquidity Crisis”, NBER Working Paper No. 6796, November 1998; Roberto Chang, Andr é s Velasco, “Financial Crises in Emerging Markets: a Canonical Model”, NBER Working Paper No.6606, 1998.

③ Paul Krugman, “Balance Sheets, the Transfer Problem, and Financial Crises”, *International Tax and Public Finance*, Vol. 6, No.4, November 1999, pp.459–472.

于研究国际金融体系的缺陷和国际金融危机的传导机制。

2. 意识形态的裂痕

在杰格迪什·巴格瓦蒂教授抛出对自由资本的质疑的同时，饱受危机之苦的亚洲国家也开始对危机发生的原因进行反思。面对美国关于亚洲国家“糟糕的公共政策”的指责，原日本大藏省次官榊原英资（Eisuke Sakakibara）指出，国际资本市场自由化的内在不稳定性才是危机爆发的关键。[①]亚洲国家精英人士的类似观点得到了事实的支持：遵循IMF开出的通货紧缩“药方”的国家长久陷于经济困境，而顶住美国压力实施资本管制从而顺利度过经济危机的国家反而发展良好。尽管西方国家一致抨击马来西亚的外汇管制措施，认为其从正统走到了异端，将导致经济的大崩溃，结果却恰恰相反——马来西亚阻断了危机进一步蔓延的可能，获得了国内政策自由行动的空间，通过区别性对待投机性热钱流动和生产性外国直接投资，最终成功使经济复苏。[②]而如巴西、阿根廷这些遵循“华盛顿共识”的典范国家却一再遭受危机之苦。另一个具有说服性的例子是俄罗斯，自由资本并未使脱离计划经济的独联体国家实现经济腾飞，反而是临时的外汇管制使其免于受到亚洲金融危机最严重时期的破坏。更不用提包括中国在内的外汇管制国家如何成功躲过了金融危机的冲击。事实上，马来西亚正是从智利和中国模式

① Eisuke Sakakibara, “Reform of the International Financial System”, Speech, Manila Framwork Meeting, Melbourne, Australia, March 26, 1999.

② Beth Duff-Brown, “Malaysia Defies Western Orthodoxy with Unorthodox Currency Controls”, *Associated Press,* September 11, 1999.

中学习了以外汇管制避免货币攻击的经验。[①]

亚洲金融危机后，尽管外围国家开始质疑资本无国界的自由流动是否有益，美国却坚持己见，仍于 1998 年 3 月召开 IMF 资本账户自由化高级研讨会，表示要继续推动 IMF 章程修订。格林斯潘在国会听证会上甚至表示："亚洲金融危机的后果之一是该地区日渐认识到，西方国家，特别是美国的市场资本主义是最优模式。"[②]然而，日本、韩国、巴西开始改变考量，甚至在 IMF 内部断然予以反对，在科什纳看来，这种理念上的变化，意识形态上的裂痕，正是美元本位制开始出现危机的重要迹象。它意味着，美国"第二个战后秩序"即美元本位制体系第一次出现了合法性的流失，[③]人们开始质疑美元本位制的思想根基——新自由主义是否有所谬误。

3. 货币权力的滥用

无论通过虚拟资本完成的价值榨取如何隐蔽，权力只要被运用便能够被感知。在金融危机状况下，对权力的感知更加明显，因为这正是需要本位货币国家履行义务的时刻，义务背后所附带的权力条件难免有趁火打劫之嫌疑。在亚洲金融危机中，首先，IMF 所提供的援助并不尽如人意，并未承担起危机中"最终贷款人"的职责。提供给泰国的首笔一揽子

① 沈联涛. 十年轮回：从亚洲到全球的金融危机 [M]. 上海：上海远东出版社，2009.

② Alan Greenspan, "The Current Asia Crisis and the Dynamics of International Finance", Before the Committee on Banking and Financial Services, U.S. House of Representatives, January 30, 1998.

③ 乔纳森・科什纳. 金融危机后的美国权力 [M]. 江涛，白云真，译. 上海：上海人民出版社，2017:75-83.

援助，170 亿美元中有 100 亿来自亚洲、27 亿来自世界银行和亚洲开发银行，余下才来自 IMF；印度尼西亚在与 IMF 的谈判僵持中由金融危机恶化为政治危机和社会动荡。与此同时，IMF 开出的“药方”却苦不堪言，泰国从 1997 年 8 月开始实施紧缩政策，到 1998 年 5 月，泰国 GDP 下降 35%，人均 GDP 从 1997 年的 2476 亿美元下降到 1829 亿美元。到 2003 年，IMF 才终于在独立评估办公室的报告中承认，当初在一定程度上使泰国情势恶化。

令亚洲国家真正感到难以接受的是，除通货紧缩外的其他额外条件。IMF 要求韩国除采取通货紧缩外，还要接受一系列与纾困无关的附加条款，如取消外国直接投资壁垒、开放保险和证券交易市场、加快外汇交易自由化、放宽企业国际借贷限制等“长期以来美国要求亚洲各国去做但却被拒绝的条款”[①]，而这些恰恰是导致危机发生的原因。此时，美国一味推行资本自由化的自利性面目彻底暴露，美元本位制的“新殖民”特性也体现无疑，以至于韩国称之为“令人震惊的帝国主义干预”，而与 IMF 意向书的签署则是“韩国的第二个国耻日，第一个国耻日是在日本殖民统治之时”。[②]一旦违背了美国利益和意志，就会受到货币权力的打击，权力的代言人不是军队、政府，而是市场主体。当马来西亚决定走中国道路实施资本管制后，除

① Robert Gilpin, *The Challenge of Global Capitalism: The World Economy in the 21st Century*, Princeton University Press, 2000, pp.157–159.

② Donald Kirk, *Korean Crisis: Unraveling of the Miracle in the IMF Era*, Palgrave, 1999, p.35; Andrew Sheng, *From Asian to Global Financial Crisis: An Asian Regulator's View of Unfettered Finance in the 1990s and 2000s*, Cambridge University Press, 2009, p.40.

了遭到西方政府和国际组织的谴责，穆迪等国际评级机构也纷纷下调了马来西亚的信用与主权评级，各大股票指数提供商如明晟指数（MSCI）、富时指数（FT）和标准普尔指数（S&P）等均将马来西亚股票从股指中剔除。美国在疏于承担义务的同时，还惩戒对外汇进行管制的马来西亚、谴责对汇市进行干预的中国香港、拒绝试图成立亚洲货币基金以自救的日本。在亚洲金融危机之后，为缓解 1998 年长期资本管理公司（LTCM）倒闭危机和 2000 年科技泡沫危机，美国继续滥用铸币税权执行超规模的货币宽松政策。以上种种均意味着美元危机正在步入纵深。

第四节　危机表征：挑战货币的崛起

货币体系危机除了体现在由于本位货币国家硬实力和软实力根基弱化，以及权力滥用带来的货币价值和吸引力下降上，还体现在挑战货币的相对崛起上。由于货币制度、路径依赖、网络外部性的存在，即使美国在经济实力上被其他国家超越，美元的本位货币地位还将维持较长一段时间，正如英镑在二战后的储备货币地位。但从某种意义上来说，这段持续期的期限主要由挑战货币的崛起速度来决定。因此，挑战货币的出现，本身就是危机的重要表现之一。

在第一章的国际货币体系兴替模型中，衡量挑战货币的崛起主要考察以下两方面因素：国家实力和货币权力的相对上升。其中，国家实力主要考察硬实力（经济）和软实力（声誉）两个方面。相应地，货币权力也将随着国家实力的增长而提升，体现在市场选择和官方选择两个方面，在这个过程中，崛起货币发行国是否有意识推动市场和政府做出选择是十分关键的因素。

在美元本位制下，20世纪后30年出现的最重要变化是“亚元区”和“欧元区”的相对崛起，其中在亚元区出现了领导货币日元并推进了区域货币一体化合作；在欧元区出现了领导货币德国马克并创立了人类历史上第一个超主权货币欧元。从日元和欧元的对比可以看出，对于挑战货币而言，国家硬实力提升是先导条件，但软实力尤其是政治声誉更为重要。就一种货币而言，要获得完整的货币权力必须经过国家推动和制度化“加冕”，正如布雷顿森林会议之于美元、欧洲一体化之于欧元。

一、亚洲：挑战失败的日元

日元是由于国家硬实力和软实力不匹配，以及政府驱动力不足从而导致货币国际化失败的典型例子。尽管日本在长达30年的时间内其经济实力仅次于美国，且从市场选择的角度，已经具备成为区域化关键货币的条件，最终却没能让日元在货币金字塔上获得与之相应的地位，这与日元国际化的市场性、单边性和被动性有关。从货币权力视角来看，日元并未从真正意义上对美元形成过挑战。

1. 硬实力与软实力的失衡

第二次世界大战后，作为战败国的日本借助美国的“道奇计划”迅速实现了经济腾飞，1968 年日本超过德国，成为资本主义世界第二大经济强国，1978 年日本又超过苏联，成为全球第二大经济体，这个记录一直保持到 2010 年被中国超过。① 作为资本主义世界最主要的制造业国家之一，日本在大力发展外贸的同时，也在市场选择的作用下使日元成为重要的贸易结算货币。1982—1984 年，日本外贸中有大约 38% 的金额通过日元结算，在“去美元化”的欧洲市场，这个比重甚至高达 60%。② 市场选择日元还有另一个原因：布雷顿森林体系时期，日元实行与美元挂钩的单一固定汇率，将汇率稳定在 1 美元兑 360 日元；而固定汇率制度崩溃后，日元又进一步升值，因此，日元首先是以稳定的货币价值赢得了市场的认可。就这一点而言，德国马克和日元可谓处在同一起跑线上。

然而，一旦进入软实力领域，日本便立刻体现出弱势。无论是国际声誉还是区域地缘关系，还是通过承担义务来获取政治向心力方面，日本都远不如同是战败国的德国。国际声誉方面，日本在二战后的表现与德国大相径庭，军国主义思想的余孽始终存在，从未对侵略历史进行彻底清算。1966 年，日本厚生省将含有远东国际军事法庭判决的 14 名甲级战犯的祭祀名单交给靖国神社；1978 年 10 月，这 14 名战犯名字被正式列入神社合祭；1985 年和 1996 年，中曾根康弘和桥本龙太郎以内阁首相身份参拜靖国神社，引发中、韩等邻邦普遍不满。由此，日本很难在东亚地区获得政治上的向心力。区域地缘关系方面，

---

① 数据来源：联合国网站，www.un.org/en/。

② 付丽颖．日元国际化与东亚货币合作 [M]. 北京：商务印书馆，2010:41.

除却对战争罪行反思不足导致的频繁政治摩擦，日本长期以来将自己归入西方发达国家阵营，与东南亚发展中国家划清界限，这种精神认知与地理身份的冲突同样使日本无法在亚洲培育充分的政治向心力。①义务承担方面，在危机中展示力量是获得政治向心力的重要方式，然而在亚洲金融危机爆发之时，日本并没有能够向危机中的东南亚国家及时伸出援手，主动作为“最终贷款人”来履行救市义务，因而也错失了获得货币领导地位的机会。

一种货币的崛起很难立即直面全球，都需要从区域化货币开始逐渐聚合政治领导力，即使是美元，在最初阶段也是通过在英镑体系内建立以美洲为圆心的“美元区”起步，最终逐渐成长为全球性关键货币。直到 2002 年，日本才认识到这种脱离地缘关系谈货币国际化的问题所在，日本综合研究开发机构在《东亚货币政策协作及其深化》报告中指出，直接谋求全球范围内的交易和资本交易货币地位是错误的战略，应考虑“通过促进日元在东亚地区的使用来推进其国际化”②。然而，此时日本已失去通过区域化货币制衡美国霸权的机会，被动应对美国币权的结果是《广场协议》和其后十数年的经济衰退，一旦失去经济后盾，再谈货币权力就只是空谈。更何况战后半个多世纪以来，包括“慰安妇”在内的广大战争受难者都逐渐离世，日本却始终没有清算其侵略罪行，使邻国始终对其保持一种政治上的警惕，这种警惕同样也体现在很难从官方角度选择

① 李巍 . 制衡美元：政治领导与货币崛起 [M]. 上海：上海人民出版社，2015:193.
② 李巍 . 制衡美元：政治领导与货币崛起 [M]. 上海：上海人民出版社，2015:199.

日元作为重要储备货币，以防日本借助货币权力行使新的霸权主义。

2. 国家驱动乏力

如果说，软硬实力失衡只是使日本缺乏推行货币国际化的基础，那么国家驱动力的缺乏则使日元国际化彻底难以实现。在日元崛起的过程中，日本政府的推动行为具有三个基本特征：市场性、单边性和被动性。

日本政府在推动日元国际化的过程中，体现出鲜明的“重经济、轻政治”特征，在1984年《金融自由化与日元国际化的现状与展望》报告中，关于日元国际化的优点主要聚焦在货币国际化对日本制造企业、金融企业、本国金融市场可以带来哪些好处方面。[①]政府行为也体现了这一点，通过在国内放松对资本市场和外汇市场的管制，以及一揽子促进对外贸易的政策，日元仅以单纯的经济扩张的方式扩大流通域。也就是说，日本政府并非通过货币外交，而是通过以政府驱动来提升市场驱动力的间接方式来推动日元国际化，其问题在于并没有通过国际货币制度的方式将货币权力固化，一旦经济形势发生转变，如同20世纪90年代美日经济实力再次出现逆转的情况，货币权力也会迅速流散。

单边性则与日本轻视地缘政治有一定关系，由于日本长期以来在外交上执行亲西方政策，东亚在经济上也因此处于一种各自为政的“无政府状态”，后来随着日本政策转向和中国崛起，

① 付丽颖．日元国际化与东亚货币合作[M]．北京：商务印书馆，2010:701-702.

才出现与欧洲类似的区域一体化制度建设。尽管日本在亚洲地区一直怀有政治抱负，从 1940 年臭名昭著的“大东亚共荣圈”，到 20 世纪 60 年代末“环太平洋合作构想”，到小泉纯一郎政府的“东亚共同体”，然而在早期的军国主义野心破产之后，日本政府的每一次构想都是以发展经济为基轴，几乎不涉及政治议题，更谈不上政治领域合作。[①] 在中国积聚起足够的政治领导力之前，第一次在亚洲地区建立起官方区域经济合作机制的领导人甚至并不来自亚洲，而是 1989 年澳大利亚主导建立的亚太经合组织（APEC）。

被动性则体现在日本政府长久以来对于推动日元国际化的消极态度上。20 世纪 70 年代，日本出于对日元升值会伤害出口的考虑，坚持执行对美元的“搭便车”战略，始终抑制日元升值趋势；至 80 年代，日本终于缓慢启动了日元国际化战略，还是在美国的倒逼之下——由于当时西方经济界都持有被麦金农称为“汇率与贸易平衡谬误”的观点，认为通过汇率工具可以纠正贸易逆差（净储蓄），因此美国决意通过推动日元国际化和金融自由化的方式迫使日元升值。中曾根康弘不情愿地与里根成立了“日元美元委员会”，同意实行金融资本市场自由化、改善市场准入条件、促进直接投资交流等，此后日元国际化才开始提速。然而，这种被动性使得日元国际化完全听从美国的指挥，随着美国进入信息革命大爆炸和经济蓬勃发展的克林顿政府时期，重返强势政策的美元很快扭转了日元在国际市场大

① 王雅红，韩飞．试析“环太平洋合作构想”和鸠山的“东亚共同体构想”[J]. 沈阳工程学院学报（社会科学版），2010（6–2）:164–166.

举扩张的局面。①

从1984年发布《金融自由化与日元国际化的现状与展望》报告，日元经历了十年的快速国际化阶段，这也是日本经济高速发展的黄金十年。至1995年，日元在国际储备货币中所占份额达到历史最高的6.8%，是仅次于美元和德国马克的第三大国际储备货币。当时，日本经济总量占世界经济总量的17.7%，位列世界第二；第一是美国，占24.5%；第三是德国，占8.4%。日本对外贸易中，日元计价比率出口占36%，进口占22.7%，后者远高于1986年时的9.7%。然而，随着美国转嫁国际收支失衡成本，日本经济出现衰退，缺乏制度保障的日元很快被市场抛弃，迅速进入下行通道。②

3. 昙花一现的挑战与失败

美国对币权的滥用，以及亚洲金融危机的爆发，终于使日本意识到区域金融合作的重要性，而美国在国际货币事务上合法性的暂时下降，也给日本提供了短暂的战略机遇期。

日元真正对美元发起挑战，是在亚洲金融危机爆发之后。基于对《广场协议》和“失去的十年”的长久反省，以及亚洲金融危机中美国对货币权力的进一步滥用，日本率先与美国出现了理念性的背离，出现大规模反对资本自由化的声音。日本大藏省大臣宫泽喜一直接将亚洲金融危机归因于“当今全球体系固有的一般性问题”，并呼吁“改革国际金融架构”；原日本大藏省次官榊原英资提出“资本自由流动并不总是带来最优的

① 李巍．制衡美元：政治领导与货币崛起[M]．上海：上海人民出版社，2015:188.
② 李晓．日元国际化的困境及其战略调整[J]．世界经济，2006（6）:3-8.

资源分配”；其余日本官员也认为 IMF 附加的援助条件与危机解决并不相关，只是为了促进美国利益而已。[①]

与此同时，日本的单边主义政策也出现转向，开始以多边方式推动亚洲区域货币合作。1997 年 9 月，日本在 IMF 和亚洲开发银行会议上提出建立亚洲货币基金组织（AMF）的构想，建议日、中、韩三国和东盟共同出资 1000 亿美元，组建一个亚洲的国际金融机构，作为区域性的“最终贷款人”进行“自救”，其中，500 亿美元资金来自日本，无疑，日本有意在新的区域性基金中起到主导作用。该基金如果成立，显然在危机救助方面会比 IMF 更加迅速和有效，也不会附带含有美国意愿的苛刻条件。然而，这种对美元币权的直接挑战，毫无疑问也会遭到美国直接而强硬的打击：萨默斯半夜给“日元之父”榊原英资打电话，刮起了“萨默斯风暴”；鲁宾和格林斯潘也给亚洲其他国家的财长和央行行长去信，对这个基金方案表示强烈反对。[②] 美国反对的理由冠冕堂皇——认为没有必要浪费资源进行重复建设，IMF 足以担任全世界的“最终贷款人”，而且对救援条件的放宽不利于东南亚落后国家的内部改革，容易造成道德风险问题。其实，反对的真正理由却是不允许在美元框架下出现一个区域性的货币合作组织，从而对美元币权造成破坏。

在美国的反对和亚洲其他国家的消极态度之下，日本领导建立亚洲货币基金组织的构想最终流产。从日元短暂的崛起可

① 乔纳森·科什纳 . 金融危机后的美国权力 [M]. 江涛，白云真，译 . 上海：上海人民出版社，2017:83.

② Phillip Lipscy, “Japan’s Asian Monetary Fund Proposal”, *Stanford Journal of East Asian Affairs,* Vol.3, No.1, 2003, pp.95–96.

以看出一些普遍规律：货币国际化总是从硬实力和市场开始，但最终成型却一定需要软实力和政治向心力的支持；成功的货币国际化会以放眼全球结束，但开始成型却一定需要区域性流通域的建立和地缘伙伴的支持。

二、欧洲：欧元的崛起

同一时期，欧洲大陆的货币事务走上了一条与亚洲截然不同的道路。有别于日本，欧洲大国从一开始就深刻认识到美元本位制的霸权特性，法国一直以来都在货币思想上与美国保持对立；而德国作为欧洲区的经济领军者，一方面坚定捍卫德国马克的货币价值，另一方面通过“华沙之跪”[①]修复地缘关系，通过利益牺牲和妥协之道打造区域政治领导力，并一直积极主动地与法国一起引领政府间货币事务对话，通过区域货币制度将对话成果逐步落实。最终，欧洲在美元本位制下切割出一个独立的区域货币本位体系，欧元的诞生“使欧洲逐步发展成为具有完整产业链和价值链……既可以全力参与全球竞争，又可以承担把获取的利益相对公平地分配给每个成员国的新型社会组织”[②]，从而撕开了美元本位制下迄今为止最大的裂口，直接割裂了美元的流通域。下面主要讨论欧元从萌芽到诞生的历史进程，以史实说明美元权力的滥用如何逐步推动欧洲货币一体化

① “华沙之跪”发生在1970年12月7日，当天联邦德国总理维利·勃兰特在华沙犹太隔离区纪念碑前献花后下跪，并且为在纳粹德国侵略期间被杀害的死难者默哀，这一举动引起了世界各国震惊，也标志着战后德国与东欧诸国关系开始改善。

② 王湘穗．币缘论：货币政治的演化[M]. 北京：中信出版社，2017:382.

进程，并从货币权力的角度说明为何欧元诞生是美元本位制危机的重要表征。

1. 欧美货币竞争的缘起

一直以来，欧洲对于美国的货币霸权便有清醒认识。早在 20 世纪 60 年代，法国学界和政界提出的“嚣张的特权”和“弹珠游戏”已清晰地指出了美元本位制的霸权性质。戴高乐明言，美国通过不加控制的赤字财政和通货膨胀将国际收支失衡的成本转嫁到了别国。正因如此，珍视货币权力的法国总是走在挑战美元的前列，在美元危机中率先挤兑黄金，试图以此约束美国的国际收支和财政纪律，[①]并于 1965 年 6 月提出建立新的全球储备货币“共同储备单位”（CRU，即 SDR 的前身）来代替美元，于 1967 年 6 月退出黄金总库直接挑战美国。至 20 世纪 70 年代，此前一直支持美国货币政策的德国也开始拒绝购买美元，以对抗美元贬值和热钱流动对德国经济造成的冲击。正是从这一阶段开始，法德积极联合推动欧洲货币联盟建设，个中关键原因是，随着牙买加体系的建立，美元本位制下“中心—外围”国家的权利—义务愈发不对等，出现了如安德鲁·沃尔特（Andrew Walter）所描述的情况：在构建一个国际货币秩序之初，国际体系的领导者往往可以自我克制；然而在其权力巅峰之时，领导者便倾向于利用特权地位为本国牟利，久而久之，这种利益侵占便会促使“主要竞争性货币及相关金融中心的出现”[②]。

① Edward L. Morse, *Foreign Policy and Interdependence in Gaullist France*, Princeton University Press, 1973, p.43

② Mark Metzler, “The Road to the Dollar Standard: Monetary Hegemony and Japan’s Place in the International Order”, *Japanese Economy*, Vol.30, No.3, 2002, p.74.

2. 关键货币领导国：德国

从同时期的亚洲失败经验可以看出，一种区域性国际货币合作制度的诞生，需要一个区域性的关键货币领导国来承担领导职责和义务，在政治上从多边进行推动，并将以制度化方式落实货币运行机制。在欧洲，德国担任了关键货币领导国的角色，欧洲央行模仿德意志银行成立，欧元也是以德国马克为中心。德国之所以能成为关键货币领导国，与其硬实力和软实力的同时稳步增长有关。

二战后，德国经济很快复苏，创造了被《泰晤士报》称为“莱茵河奇迹”的经济快速增长纪录，从 20 世纪 70 年代至今德国 GDP 占全球比重一直保持在第三或第四的位置，“德国制造”享誉全球。但真正让德国称为区域货币领导国的重要原因，还是对德国马克的信用塑造。

“大萧条”给其他国家带来的或许只是经济教训，在德国却为纳粹掌权政治营造了温床。德国从“大萧条”中吸取的教训比其他国家要深刻得多，对通货膨胀所能带来的恶果也格外警惕，正因如此，货币秩序在德国被十分看重。战败后联邦德国甚至是先创设了德意志联邦中央银行，再成立联邦中央政府。高度独立的德国央行坚定地整肃货币秩序、抗击通胀，为德国马克的崛起打下了坚实基础。[①] 德意志央行始终保持着良好的汇率稳定记录，1972 年通过“蛇形浮动”，联合欧洲国家共同抵御了布雷顿森林体系瓦解带来的汇率冲击，只有在东西德统

---

① David Marsh, *The Euro: The Politics of the New Global Currency*, Yale University Press, 2009, p.33.

一时，由于以 1∶1 比例实现联邦德国马克对民主德国马克替换，造成了货币供应急速扩张。但总体而言，1979 年欧洲货币体系成立之后，德国马克因其背后的国家经济稳健和物价稳定成为欧洲地区事实上的“驻锚货币”。在布雷顿森林体系瓦解后，各国都倾向于将本国货币与德国马克挂钩，以遏制通胀。

软实力方面，与日本单边亲美自利性经济路线不同，德国通过“华沙之跪”“新东方政策”以及在推动欧洲一体化谈判中的一系列利益供给和政治妥协，全方位提升了其在欧洲地区的政治领导力，为依托德国马克的经济地位主导欧洲货币联盟的建立奠定了基础。区别于日本，德国在二战之后对纳粹罪行进行了彻底的忏悔，1970 年 12 月，联邦德国总理维利・勃兰特在华沙犹太隔离区起义纪念碑前下跪，并于当天与波兰签订了两国关系正常化的《华沙条约》。“华沙之跪”开启了联邦德国与东欧的邦交正常化之路，也为其 1973 年加入联合国铺平了道路。更重要的是，这种正视历史错误的态度使欧洲国家逐渐相信德国有意愿浴火重生，德国的政治声誉也因此迅速得以重建。其后，与美国意图背道而驰的“新东方政策”为联邦德国带来明显的经济回报，使之成为苏联和东欧国家在西方最大的贸易伙伴，成为德国谋求独立外交、提高国际地位、在国际舞台重新发挥重要作用的开端。[①]

从“新东方政策”和放弃一个德国原则、承认民主德国地位的举措，可以看出德国一个重要的特质：德国倾向于通过利益供给和磋商妥协来弥合各国在理念和取向上的差距，以获得

① 赵怀普 . 当代美欧关系史 [M]. 北京：世界知识出版社，2011:166.

更大的共同利益，这个利益就是由德国主导的区域货币体系。德国这种主动承担义务、向区域内其他国家进行利益供给的倾向，是欧洲一体化得以推进的重要动力，德国的政治领导力也在这个过程中得到了极大提升。在欧洲煤钢联营和关税同盟建设过程中，德国对法国、荷兰等欧洲农业大国做出重大利益让步。[①] 在 1969 年《维也纳报告》草拟过程中，引发了经济学派与货币学派的大讨论，体现了不同经济发展水平的欧洲国家的不同诉求，而最终版本的报告也是德国与其他国家妥协的结果。1979 年欧洲货币体系成立，在十几年的运行过程中，通过协商方式进行了 12 次汇率重组，避免了国家间通过贬值竞争的方式冲击欧洲货币市场和转嫁危机——德国"稳定精神"成为欧洲宏观经济政策的核心理念，[②]这种理念上的向心力，是德国得以领导建立欧元区的最重要前提条件。

3. 德国主导下"欧元"的诞生

从美元成功和日元失败的经验可以看出，国家驱动力在货币国际化的过程中不可或缺。德国一直积极主导推动区域性货币制度建设，但由于欧洲一体化的思想传统以及德国经济上崛起但政治上受制的现实因素，最终欧洲区域货币体系以前所未有的独特面貌问世：与英镑本位制和美元本位制不同，欧元体系是人类历史上第一次以超主权货币的方式构建起的区域性货体系，目的是对抗美元本位制霸权、争取货币权力自主。从诞生过程可以看出，美国对币权的滥用是催生挑战货币欧元的根

① 孙中才 . 世界农业发展与欧洲共同农业政策 [M]. 北京：法律出版社，2003.

② 王湘穗 . 币缘论：货币政治的演化 [M]. 北京：中信出版社，2017:377.

源，对于货币权力的分享，美国也一直持打压态度。

德国主导推动欧元诞生的过程可以分为三个阶段：

第一阶段：20 世纪 70 年代“去美元化”。从国际局势来看，东西方和东西欧的缓和是 20 世纪 70 年代的主要特征。由于经济危机频发，布雷顿森林体系瓦解，各国视线一致向内，使得欧洲一体化进程放缓，这一阶段所取得的成果主要包括 1973 年欧共体实现历史上首次扩大和 1979 年欧洲货币体系的建立。对于欧洲而言，可以增强力量的成果，对于美国而言，却是威胁。然而这种在政治与货币方面产生的威胁，均与美国滥用货币权力有关，所谓未来的危机，总是蕴含在历史的缘由之中。

1973 年 1 月 1 日，英国成为欧共体成员，有力增强了西欧联合的力量，显著提高了欧共体在国际事务中的话语权。英国加入欧共体是符合历史逻辑的发展结果，与美元币权的运用密切相关。因为美元本位制下，英国霸权土崩瓦解，为提高对欧话语权、分享欧洲共同市场，自 20 世纪 60 年代起，英国两度申请加入欧共体，均因法国的反对而失败。1970 年，希斯出任英国首相，他再度深切感受到孤立的英国前景黯淡，必须与欧洲其他国家一起“制定欧洲共同政策”[①]，这一次英法两国达成了谅解，原因固然包括法国希望引入新的力量制衡日益壮大的联邦德国，但也与 1968 年“苏伊士运河事件”的发生不无关系。英法两国深深感觉到在美元本位制体系下，分裂的欧洲再也无力与美国抗衡。可以说，正是这第一次大规模的币权运用，推

① 爱德华・希斯 1971 年 10 月 16 日在保守党年会上的讲话，转引自：赵怀普 . 当代美欧关系史 [M]. 北京：世界知识出版社，2011:167。

动了欧共体的扩张。

欧洲货币体系的建立更是源于被滥用的美元币权。最初，欧洲并没有明确的货币联盟设计思路，1958 年 1 月 1 日生效的《罗马条约》中只出现了为确保欧洲共同市场运转顺畅而设定的相关货币政策。然而，布雷顿森林体系下发生的数次美元危机，使坚定捍卫马克汇率的联邦德国损失惨重，因此，在 1969 年欧洲国家峰会上，联邦德国总理勃兰特率先提出了货币联盟建议，表示欧共体应当“掌握自己的命运”。[①]1970 年 10 月，《维也纳报告》出台，设计了一个以美联储为蓝本的欧共体中央银行，以及一系列关于汇率、货币、资本流动的制度设置。尽管该报告提出建立货币联盟构想的步骤后来被布雷顿森林体系瓦解打乱，却使欧洲国家学会了如何以“协商”的方式来建构政府间合作机制，为日后欧洲经济货币联盟的推进奠定了重要的方法论基础。

布雷顿森林体系瓦解后，国际汇率频繁动荡，美国通过“新经济政策”转嫁危机使欧洲普遍不满，此时德国表现出与日本截然不同的领导气质，在 1972 年以“蛇形浮动”机制主导了欧洲货币秩序的重建。该机制将欧洲各国之前的分别钉住美元变为联合浮动，允许欧洲各国（欧共体六国和英国、丹麦、挪威、冰岛、瑞典）在 2.25% 区间范围内自由浮动，但由于德国拒绝担任“最终贷款人”，否决了法国提出的建立共同储备基金的建议，“蛇形浮动”机制最后以失败告终。至 1976 年，“蛇形浮动”仅

① David Marsh, *The Euro: The Politics of the New Global Currency*, Yale University Press, 2009, p.50.

在北欧国家和高度依赖对德贸易的低地国家（荷兰、比利时和卢森堡）之间发挥作用，这些国家选择货币与马克挂钩，更多是出于市场理性和“搭便车”效应，与德国的国家驱动力并无关系。

“蛇形浮动”机制的失败，使德国意识到货币外交的重要性。想要成为欧洲地区的货币领袖，德国需要向邻邦证明两件事：一是，一个强大的德国不会成为欧洲公敌；二是，作为货币中心国家的德国可以与外围国家利益共享、让渡权力。从 1974 年起，德国尝试以货币外交争取更多的伙伴国家，先后承诺向法国提供 90 亿马克、向意大利提供 20 亿美元贷款，作为支持德国主导的欧洲汇率安排的交换。[①]然而，最终真正促成德国以政治协商和权力让渡方式推动货币联盟建设的，仍然是滥用币权的美国。牙买加体系下狂飙猛进的美元发行量给德国马克带来极大压力，一方面，美元贬值损害了德国产品在国际市场的竞争力；另一方面，热钱在市场上买入强势货币马克，进一步推高了马克汇率，从 1977 年春到 1978 年 10 月底，美元对马克跌幅达 26%。[②]而一贯对德国持警惕态度的法国，也因为汇率波动对共同农业政策的影响，迫切需要加强汇率稳定。在此背景下，德法两国都做出让步，德国同意建立一个新的欧洲货币单位作为欧洲货币体系的中心，考虑通过放弃马克的中心货币地位，缓解欧洲国家因历史原因对德国产生的本能的担忧。[③]法国则放

① Loukas Tsoukalis, *The Politics and Economics of European Monetary Integration*, George Allen & Unwin, 1977, pp.110–113.

② 赵怀普．当代美欧关系史 [M]. 北京：世界知识出版社，2011:181.

③ David Marsh, *The Euro: The Politics of the New Global Currency*, Yale University Press, 2009, p.84.

下对德国的戒备，以欧共体的名义允许德国第一次站在了领导欧洲的位置上。在 1978 年 4 月召开的哥本哈根欧洲理事会上，联邦德国总理施密特与法国总统德斯坦携手推动成立欧洲货币体系，该体系于 1979 年 3 月 13 日正式开始运转，确立了一系列货币制度，建立以成员国一揽子货币为基础的新的货币单位“埃居”（ECU），作为本位货币、结算货币、储备货币，成为未来欧洲货币联盟和欧元诞生最重要的基石。

第二阶段：20 世纪 80 年代形成“马克区”。20 世纪 80 年代东西方关系从持续紧张走向全面缓和，然而美欧之间出现了对苏态度分歧，美国试图维护其在大西洋联盟内的霸权地位与西欧谋求更大的自主性之间的矛盾变得明显，[①] 这加大了欧洲在安全防务和经济货币方面与美国的离心力。80 年代中期，欧洲一体化进入快速发展新阶段，随着《单一欧洲法案》的发布和单一欧洲市场战略的实施，欧洲货币联盟问题重上日程，1989 年，欧共体通过《德洛尔报告》，拉开了欧洲货币联盟建设的序幕。

推动《单一欧洲法案》发布的主要原因是里根第一任期内，美欧关系疏远至战后以来的冰点。出于对美国空袭利比亚和对西欧天然气管道问题上的不满，以及扫除欧共体内部贸易限制和市场壁垒的需求，欧共体委员会发布《科尔菲尔德报告》，拟定了共同市场目标，并于 1985 年制定《单一欧洲法案》，承诺在 1992 年建立欧共体内部统一市场。在《单一欧洲法案》中，法国财政部部长德洛尔写入了“货币统一”这一重要条款，一

① 赵怀普 . 当代美欧关系史 [M]. 北京：世界知识出版社，2011:207.

方面旨在创造一种可以与美元比肩的欧洲储备货币，毕竟这是法国在战后一直秉持的梦想；另一方面也是希望通过共同货币来制约德国，以免出现由德国马克主导欧洲货币体系的情形。

由于欧洲货币体系在 20 世纪 80 年代的平稳运行，埃居（ECU）背后的德国马克从 1979 年开始取代美元，成为欧洲国家最主要的本位货币、结算货币和储备货币，将欧洲逐渐变成了一个“德国马克区”。[①] 吸取 20 世纪 70 年代的教训，德国采取了外向型的区域货币政策，部分承担起了“最终贷款人”的义务，向欧洲货币体系参与国提供巨额援助资金，并努力保持货币价值和通货膨胀稳定。

至 20 世纪 80 年代末，德国马克作为储备货币在各国央行的储备占比达 16.6%，作为结算货币以马克计价的国际贸易量份额占 13%，作为干预货币在欧洲货币体系内占成员国外汇市场干预货币比重超过 60%，成为仅次于美元的世界第二国际货币。[②] 在如此情势下，尤其在德意志央行四十余年坚决捍卫马克声誉的不懈努力下，做出放弃德国马克的选择并不容易，此时又是美国推动了德国前进。面对新一轮欧洲一体化浪潮，里根政府采取“单边制裁”策略，试图各个击破，迫使欧共体成员国背弃其共同立场；而在《单一欧洲法案》发布后，由于担心形成“欧洲壁垒”，布什政府公开干预欧共体谈判。美国的干预引起了德法不满，内部需求结合外部推动，1988 年 2 月，德国

① 翁贝尔托·特留尔齐 . 从共同市场到单一货币 [M]. 张宓等，译 . 北京：对外经济贸易大学出版社，2008:216.

② 刘谊，胡国正，闫晓茗 . 国际货币体系非主流货币国际化对人民币国际化的启示——基于德国马克模式的思考 [J]. 经济研究参考，2010(22):11.

外长根舍提交一份关于建立欧洲中央银行的备忘录，同意创造一种单一货币以减少欧洲对美元的依赖。[①]

1989 年 4 月欧共体发布《德洛尔报告》，提出三步走建立统一的欧洲货币区，实现成员国货币自由兑换、资本市场自由化和金融市场一体化，同时货币区内实行固定汇率制度。尽管报告没有明确提出一定要设立欧洲单一货币，但设计了完整的欧洲央行与分支机构体系，统一货币将是一个逻辑上的自然进展。

第三阶段：20 世纪 90 年代“从埃居到欧元”。冷战的终结带来欧洲一体化新发展，欧共体加快推动政治一体化，通过了关于建立欧洲联盟的《马斯特里赫特条约》。然而，德国的统一又带来了新的问题，关于“欧洲的德国”还是“德国的欧洲”的探讨，死灰复燃的“恐德”情绪，以及突如其来的 1992 年货币危机反而推动了德国进一步加快欧洲单一货币的步伐。在弥合纷争过程中，德国再次体现了建构和协商意识，最终促成了欧元的诞生。

1989 年 11 月，“柏林墙”的倒塌给东西德统一带来了契机。次年 7 月，科尔政府以 1 : 1 的比例完成了民主德国马克和联邦德国马克的兑换，尽管市价的兑换比例是 7 : 1。这个大胆而果决的货币行动让联邦德国政府以极大的经济代价换回了一个统一的德国，也印证了德国不惜通过利益供给和权力分享换取政治向心力的取向，这是德国一直以来获取国际领导力的主要来

① Barry Eichengreen, *Exorbitant Privilege: The Rise and Fall of the Dollar and the Future of the International Monetary System*, Oxford University Press, 2011.

源。[①] 这种取向体现在德国同意通过《德洛尔报告》放弃德国马克，也体现在《马斯特里赫特条约》谈判过程中德国对其他国家做出的诸多让步。德国主张建立严格的宏观经济政策标准，欧洲央行的货币和汇率政策制定必须完全独立于部长会议；法国、意大利、希腊、葡萄牙、西班牙、爱尔兰等经济弱国则要求宏观政策的制定，应当体现对落后国家更多的宽限和援助；最终德国同意欧洲央行理事会由独立的执委会外加成员国央行行长组成，以简单多数方式进行政策制定，这意味着给予了支持宽松货币政策国家话语权。

1991 年 12 月，《马斯特里赫特条约》从法律上明确了关于建立欧洲货币联盟的设计，欧洲货币体系将按计划向欧洲货币联盟过度，然而一场突如其来的货币危机扫荡了整个欧洲，其原因与美元本位制下的亚洲金融危机如出一辙。作为欧洲实质上本位货币的联邦德国马克，出于统一东西德的需要德国放弃了一直以来的审慎原则，因 1:1 兑换民主德国马克形成了通货膨胀，为抑制通胀又采取了高利率的银根紧缩政策。正如美联储加息全球央行必须跟进一样，在实现了统一金融市场和资本自由化的欧盟内部，为保持与马克汇率的稳定，各国央行不得不同步采取紧缩政策，导致各国出现企业破产和经济困难。

在最初阶段，德意志央行与美联储采取的是同样的内视性政策，几乎斩断了欧洲统一货币之路，直到 1992 年 9 月后芬兰、意大利、英国、西班牙陆续推出欧洲货币体系自由浮动，对冲

① 李巍 . 制衡美元：政治领导与货币崛起 [M]. 上海：上海人民出版社，2015:146.

机构开始攻击法郎，德国总理科尔才在法国总统密特朗的要求下，推动两国央行达成协议，以无限收购法郎来维持法郎与马克的汇率，最终顺利度过了危机。有别于亚洲金融危机中美国隔岸观火的态度，在此次危机中，德国对法国的坚决援助重塑了德国的政治领导力，从而得以进一步推动欧洲货币联盟建立。1995 年 12 月，欧盟马德里首脑会议同意以欧元（Euro）代替埃居作为统一货币的新名称。1998 年 5 月欧盟布鲁塞尔特别会议正式批准欧盟 11 国（德国、法国、比利时、荷兰、卢森堡、意大利、西班牙、葡萄牙、奥地利、芬兰、爱尔兰）成为欧元创始国，1999 年 1 月 1 日欧元正式诞生。

4. 欧元对美元的挑战

欧元的诞生意味着欧洲获得了戴高乐理想中制衡美元"嚣张的特权"的武器，其存在本身就是美元本位制危机的最重要表征，在削弱美元权力、挑战美元本位制、加深意识形态裂痕方面，均严重侵蚀着美元本位制的合法性。

首先，欧元的诞生割裂了大一统的美元权力，在全球性的美元本位制货币体系内，第一次制造出一个区域性的货币体系。尽管欧洲人强调欧元只是基于"最佳货币区"设计，目的是降低欧洲汇率波动、增加铸币税收益、深化金融市场，无意挑战美元霸权，[①]但这种对本位货币权力所带来资本收益的分割，恰恰触及了美元权力的核心，相当于在美元的围场内开辟了美元无法触及的欧元堡垒，形成区域内部利益分配

---

① 雅克·佩克曼斯．欧洲一体化：方法与经济分析（第二版）[M]. 吴弦，陈新，译．北京：中国社会科学出版社，2006:484–485.

自主的“欧元—欧洲资本”体系，脱离了“美元—华尔街资本”体系的控制。

其次，欧元的诞生在事实上挑战了美元权力。与步入恶性循环的美元相比，尚处于良性循环的欧元给其他国家提供了一个替代选项。货币权力可以提高国家实力，对于货币共同体而言亦是如此。除了脱离美元体系带来的货币政策独立性，欧元的创立还消弭了欧洲区域内部的汇率波动和交易成本，推动了生产要素的跨国流动和统一大市场的形成，进一步增加了欧盟实力与欧元吸引力。当时美国经济学家弗雷德·博格斯腾预测，欧元的诞生会使 5000 亿 ~10 000 亿美元价值转向欧元[①]；罗伯特·蒙代尔也预言，欧元“毫无疑问将挑战美元地位并改变货币体系的权力格局”[②]。

最后，也是最重要的，这种让渡权力、分享收益、风险共担的建构性货币机制，提供了完全有别于美元本位制霸权性质的样本，造成更深的意识形态裂痕，给其他区域货币树立了全新的合作模式。特殊的历史造就了多边协商的币权分享机制，尽管德国作为欧元区头号经济强国享有更多话语权，但与美元本位制的独裁性不同，德国并未垄断欧洲货币霸权，却与其他多国共享货币决策。这种对传统国际货币权力游戏规则的改写，从根本上冲击着美元本位制的地位。

---

① 丁一凡 . 欧元时代 [M]. 北京：中国经济出版社，1999:205.

② Robert Mundell: “The Euro and the Stability of the International Monetary System”, in Robert Mundell and Armand Cleese, eds., *The Euro as a Stabilizer in the International Economic System*, Kluwer Academics, 2000, pp.57–84.

本章小结

本章聚焦1974—1999年美元本位制诞生到金融自由化全面推进的历史进程，探讨了美元本位制有别于之前所有国际货币体系的特殊之处、与生俱来的设计缺陷，以及由于缺陷引发的危机表征。

牙买加体系下的美元本位制脱离了黄金之锚，呈现出历史上从未有过的“信用本位、浮动汇率、债务本位”的特征；而美元作为一种纯信用、无约束的本位货币，在虚拟资本增值属性的推动下，通过全球金融自由化获取了更广的流通域，以“美元—美债”无限循环造成美国信用的急速扩张，形成“脱嵌”于现实社会的独立运行体系，重塑了世界分工、国际格局、社会组织形式与意识形态，成为左右全球资源配置和利益分配的主要杠杆，美元权力由此获得强化。

“脱锚”与“脱嵌”的美元给美国带来一种全新的、间接的、结构型金融权力，从“嚣张的特权”进化为“超级嚣张的特权”。美国获取国际铸币税、提高本国企业国际竞争力、影响全球经济、分配全球资源、运用各种类型权力获取利益的能力更胜以往。这种权力—义务的失衡，使美元本位制体系内生的“新特里芬悖论”难以控制，随着美国对本位货币权力的滥用，催发了亚洲金融危机和挑战货币日元、欧元的崛起。

金融自由化是美国强化币权的必要手段。然而，作为资本自由化不可避免的副产品，亚洲金融危机促使广大外围国家开始思考美元本位制的思想基石——“新自由主义”经济学的谬误，第一次出现了“中心—外围”国家意识形态的裂痕，同时也让危机中的外围国家感受到美国对货币权力的滥用，因而产生了对美元的离心力。此外，金融自由化对美国经济“脱实向虚”的负面影响，也在持续弱化着美国作为本位货币国家的硬实力，以上种种均会带来本位货币价值和吸引力的下降。

而危机的另一种表征是挑战货币的崛起。本章通过对比日本和德国所走的两条截然不同的货币国际化道路，归纳出挑战货币崛起的重要规律：在经济实力和贸易往来增长的国家硬实力推动下，某种价值稳定的货币，可能会因市场选择而成为国际重要结算货币甚至干预货币，但日元国际化失败的教训表明，经济理性和市场选择很容易发生逆转，远不足以形成国家实力与货币权力的良性循环，只有通过打造国家政治领导软实力、寻觅地缘政治伙伴，以国家驱动的方式大力推动货币外交和多边磋商，才能使货币体系以制度化方式固定下来。联邦德国在其马克国际化过程中，通过收益输出、权力共享一力主导了欧元区的建立，切割了大一统的美元权力，形成了富有吸引力的挑战货币，并以建构性的货币合作机制，展示了国际货币体系的全新可能，进一步加大了意识形态分歧，加深了美元本位制危机。

4

金融危机全球化与美元本位制危机加深（2000—2008年）

进入 21 世纪，美元本位制危机的制度性缺陷、内在驱动因素与外在表征，以前所未有的速度进一步暴露。如果说 20 世纪 90 年代美国对金融资本还只是“放松监管”，那么 21 世纪初则是彻底的“放弃监管”。种种历史原因导致金融自由化的“怪兽”被放出了笼子：冷战的终结、“9·11”事件、高科技股票泡沫破裂，以及挑战货币欧元的诞生等。正如前几章所分析的，在美元本位制下，美国依靠“美元—美债”循环来获取并巩固美元权力，而金融自由化通过打破国家疆域，将美元权力延伸至全世界。然而，信用“脱锚”带来的“双逆差”和金融“脱嵌”带来的“脱实向虚”，一方面侵蚀着美元价值的基础，另一方面在世界范围内造成严重通货膨胀和影响范围愈发广泛的金融危机，持续冲击着美元本位制的合法性，在中心与外围同时催生美元本位制危机的驱动因素。只要美元本位制还继续运行，这种恶化趋势就难以控制，2008 年起源于美国的全球金融危机已证明了这一点，它终结了科什纳所称的“美国第二个战后秩序”，导致外围国家更深的理念性背离，并进一步催生了区域货币多元化现象。危机之后，除欧元外，人民币也加快了国际化的步伐。

第一节　货币扩张与全球经济失衡

在“美元—美债”循环模式下，美元的超发不可避免。由于多种历史因素催化，21 世纪前十年美国的货币扩张加速脱离了全球经济增长的实际需要和经济学关于货币供应的基本准则。在全球金融自由化背景下，美元泛滥所造成的恶果无论在范围还是严重程度上都远甚以往，这快速消解着美元的价值基础，使外围国家更深刻地意识到美元霸权的存在，进一步驱动美元本位制步入危机。

一、失控的货币扩张

自布雷顿森林体系崩溃后，美国的货币扩张便一发不可收拾。随着全球金融自由化的快速推进，美元有了更广阔的流通域，美国市场上出现了更丰富更复杂的金融衍生产品，它们如同膨胀的“海绵”，源源不断吸收过度充裕的美元流动性。21 世纪初，美国继续滥用铸币税和举债特权，在各种历史因素的刺激下，无节制地启动“美元—美债”印刷机。

1. 小布什政府的内外政策调整

2001 年初小布什入主白宫之后，新保守主义思潮推动了美国对外政策迅速右转。秉持单边主义和进攻性干涉主义，美国竭力向全世界推广其普世价值，将结束“邪恶轴心”的暴政作为其使命。这种政策取向主要源于两个因素的综合作用：一是精英阶层对美国所拥有的巨大权力的强烈自信和权力带来的诱惑；二是 2001 年“9·11”恐怖袭击的影响。[①]

20 世纪 90 年代以来，美国在政治上经历了苏联解体和冷战终结，经济上经历了新科技革命和信息技术广泛运用，无论在意识形态还是经济实力上都成为名副其实的“领军者”，这种精神和物质上的优越感使得美国单极意识浓厚，屡次退出多边国际条约，不接受多边规则和国际组织约束。例如，2001 年退出《京都议定书》，2002 年退出《反导条约》并宣布不接受国际刑事法庭管辖等。值得一提的是，2001 年“9·11”恐怖袭击和同年发生的炭疽事件所带来的心理脆弱感，进一步加重了小布什政府的单边干涉主义倾向，使得美国于 2001 年 10 月撇开北约发动了对阿富汗的战争，2002 年又进一步对伊拉克采取“先发制人”的军事行动。上述种种，均成为美国政府大行赤字财政的理由。因此，小布什政府一上任就改变了克林顿政府削减开支的政策，大规模扩大国防开支和发展导弹防御计划，并在“9·11”之后通过《国防拨款法案》新增了近 300 亿美元国防拨款。2003 年，总统预算方案中国防相关拨款达 377 亿美元，同比增长 93.3%。此外，还提出“支持第一反应者”“抵御生物恐怖主义袭击”“保卫美国疆域”“运用 21 世纪科技保卫祖国”等四大优先预算项目，总计拨款 704 亿美元。在小布什第二任期，尽管他已经在财政赤字压力下做出减支承诺，但也只削减了社会福利部分，2006 年国防预算

① 赵怀普 . 当代美欧关系史 [M]. 北京：世界知识出版社，2011:310.

仍高达 4193 亿美元，同比增加 4.8%，2007 年国防预算再增 7% 至 4393 亿美元。

从经济角度来看，小布什上台之初，即面临克林顿时代“新经济”增长周期结束的困境。修正后的统计数据显示，2001 年美国经济出现了两个季度的负增长，分别为第一季度的 -0.5% 和第三季度的 -1.4%，消费和投资两大经济驱动因素均从 2000 年第四季度后出现较大跌幅，其中居民消费支出从 2000 年第一季度的 7.4% 下降到 1.3%，企业投资增速从 2.1% 跌至 -1.4%。消费者信心指数、制造业与非制造业订货指数、制造业存货增长、工业生产总值增长率、劳动生产率、公司盈利、就业和银行资产质量等一系列经济核心指标都出现了恶化态势。[①] 面对该局面，小布什政府延续了里根经济学的供应主义政策，一方面增加军费，另一方面减少税收，于 2001 年通过了《经济增长和减税协调法案》，2002 年通过了《创造就业和劳工援助法案》，2003 年通过了《就业和增长减税协调法案》，并于 2004 年签署了两项减税计划，计划十年内减税 1.6 万亿美元，以此刺激经济增长。在供应主义经济学指导下，货币宽松成为必然的选择。

2. 美元货币扩张失控

在政治、经济多重因素影响下，2001 年美联储的货币政策方向突转，不再像“新经济”时代将控制通货膨胀作为主要政策目标，而是着力于以宽松货币政策来应对经济疲软，防止出现通货紧缩。美联储的货币政策工具分为价格与数量两种类型：价格型货币政策

① 丁舫．“新经济”后美国财政货币政策及对金融市场的影响研究 [D]. 硕士论文，南京理工大学经济学，2006.

工具的主要调控目标为联邦基金利率，当利率降低时，贷款需求增长，货币乘数增加，从而增加货币供给；数量型货币政策则通过扩充央行资产负债表直接投放基础货币，主要通过美联储购买中长期国债、抵押贷款支持证券等方式实现，也就是“量化宽松”。小布什政府执政之初主要使用价格型货币政策工具来增加货币投放。面对经济疲软，2001年1月3日美联储首次下调联邦基金利率50个基点，当月再次下调50个基点，打破了1987年以来从未两次连续降息50个基点的惯例。然而，即使降低利率，美国经济仍颓势不减，到5月底，美联储已连续降息5次达250个基点。随着8月经济略有好转，降息幅度减为25个基点，但突如其来的恐怖袭击严重打击了美国消费者的信心，美联储不得不再次以50基点为幅度继续降息，至2003年6月25日，美联储宣布降息25个基点，整个降息周期连续降息共计13次，将联邦基金利率从6.5%的历史高点降至1%的低位。

为刺激经济而执行的宽松货币政策，事实上已经偏离了美联储理应遵照的“泰勒规则”，导致货币发行的失控。二战后，美联储的货币政策中介目标经历了四个时期的演变：二战后到20世纪60年代中期主要是钉住利率，70年代到80年代后期钉住货币供应量，80年代后期到90年代初期钉住储备金总量，1994年至今主要基于“泰勒规则”钉住实际利率开展操作。所谓“泰勒规则”是斯坦福大学教授约翰·泰勒（John Taylor）于1993年基于多国数据模拟提出的著名货币调控规则，他认为根据产出和物价水平与设定目标值之间的差额来调整利率，最有利于央行保持产出与物价稳定。用以下公式表达：

$$i_t=\pi_t+r^* +\alpha(\pi_t-\pi^*)+\beta y_t$$

其中，i_t 为短期名义利率，r^* 为长期均衡的实际利率，π_t 为通货膨胀率，π^* 为中央银行目标通货膨胀率，y_t 为产出缺口。简而言之，当产出缺口为正（负）和通胀缺口超过（低于）目标值时，应提高（降低）名义利率。根据泰勒规则，2003—2004 年联邦基金利率 1% 的低水平显然无法平衡代表实际通胀率的总体 CPI 增长率和经济生产过剩，保持中性政策立场的联邦基金利率水平实际上应该在 4% 左右。[①] 由此可见，美联储的货币政策更多倾向于使用价格和数量工具来实现短期目标，是一种相机决策型的货币政策，与其说贴近经济现实与实际需求，不如说更贴近政治、经济与国际关系等多目标要求。

小布什第一任期内的宽松货币政策，直接造成了广义货币 M2[②] 的急剧扩张。从 2000 年 1 月的 4.7 万亿美元飙升至 2004 年 12 月的 6.4 万亿美元。这一趋势在小布什第二任期内，当美联储进入 2004—2006 年的快速加息通道后仍没有发生变化。由于资产泡沫尤其是房地产泡沫的快速膨胀，信用及衍生工具使得加息环境下派生货币仍然居高不下，到 2007 年 8 月次贷危机爆发前已达 7.3 万亿美元（见图 4–1）。

---

① John Taylor, *Getting Off Track: How Government Actions and Interventions Caused, Prolonged, and Worsened the Financial Crisis*, Hoover Institution Press, 2009.

② 广义货币（broad money）M2 是一个经济学概念，在美国，M2 表示 M1+ 准货币（小额定期存款、居民储蓄存款、货币市场存款账户存款、货币市场共同基金），M1 包括流通中的现金（M0）和旅行支票、活期存款、其他支票存款。M2 反映的是现实与潜在购买力，M2 增速较快表示投资与中间市场活跃，更适用于本书探讨金融自由化和资本市场活跃的情形。

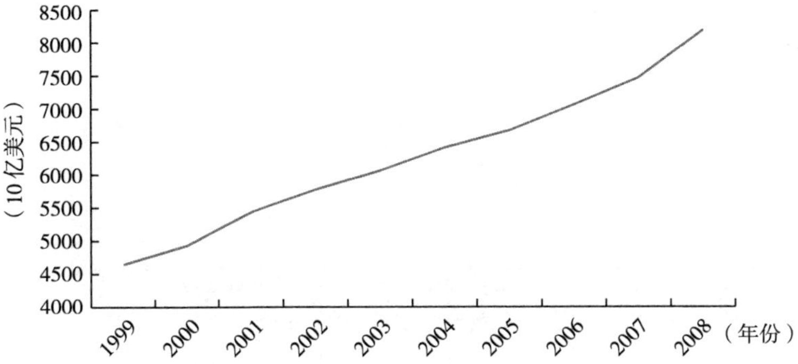

图 4–1　美国 M2 增速（1999—2008 年）

资料来源：万得资讯。

麦金农在分析小布什政府对泰勒规则的偏离原因时强调，美联储所瞄准的通货膨胀指数是核心消费者物价指数这一单纯的美国国内通胀目标，由于其中扣除了价格波动较大的食品和能源，从而忽视了美元超发对全球范围内资产价格造成的影响。如果观察美国商品调查局（Commodity Reserve Bureau）编制的美元商品价格（CRB）指数就会发现，该指数从 2003 年第一季度起一路上扬，至 2008 年第二季度登顶，增幅超过 90%，同期石油价格涨幅比 CRB 指数增幅更大（见图 4–2）；以卡斯 – 希勒（Case-Shiller）衡量的美国住房指数价格在 2006 年 6 月涨至 189.9 的历史高位，较 2000 年上涨了 93.2%；更不用提同一时期在巴西、中国等新兴市场的房价走势（见图 4–3）。[①]

① 罗纳德·麦金农 . 失宠的美元本位制 [M]. 李远芳等，译 . 北京：中国金融出版社，2013:46–47.

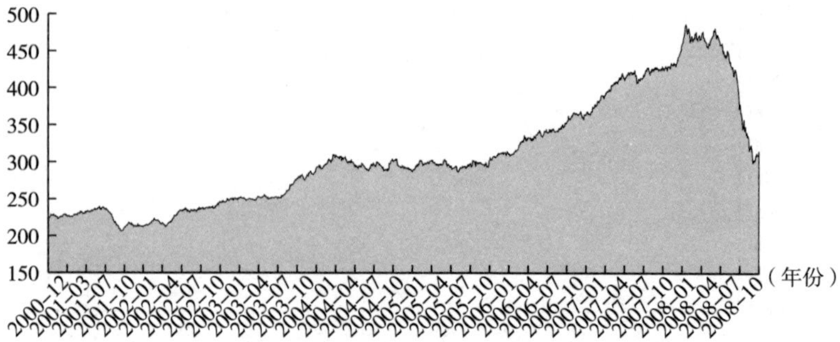

图 4-2　美国商品价格指数（2000—2008 年）

资料来源：万得资讯。

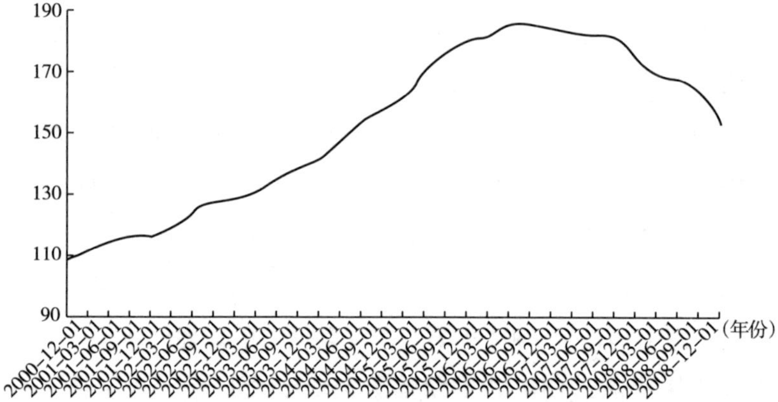

图 4-3　美国 Case-Shiller 住房价格指数（2000—2008 年）

资料来源：圣路易斯联储经济数据库，https://fred.stlouisfed.org/。

二、币权滥用及其后果

美联储之所以会偏离货币数量法则，最根本还是因为其并非如想象中那样完全独立，而是仍会受到政府政策取向的影响。“新经济”时代和克林顿政府留下的大量财政盈余，原本应当用于支付国债，最终却被用来支付巨额减税法案和两次消耗不菲的局部性战争。此举恰恰是因为美国作为本位货币发行国，认为其有腾挪空间来充分运用其货币权力，满足其短期目标，而不会伤及美国本体——这种迷思最终被发源于美国本土的次贷危机所打破。

在下面探讨次贷危机及其引发的全球金融危机之前，本节将首先探讨美国对币权滥用所带来的后果，包括双赤字延续、外围国家储备激增和全球经济失衡。这也是全球金融危机爆发的深层次原因，以及美元危机两大表征（美元货币信用危机、美元流通域缩小）之所以会出现的驱动因素。

1. 美国“双赤字”延续

财政赤字方面，在克林顿政府时期（1993—2001 年），借助“新经济”创造的良好宏观环境，通过增税、减支双管齐下，美国财政赤字迅速下降，至克林顿离任的 2001 年，美国政府财政盈余达 2370 亿美元，当时美国国会预算委员会（CBO）甚至乐观估计，到 2011 年，美国财政盈余将达 5.9 万亿美元。然而，事实却是在小布什任期内财政赤字大幅增长，2004 年达到 4127 亿美元高峰，2004 年之后，虽略有下降但仍居高不下。[①] 此后，美国联邦政府“财政悬崖”问题一再出现，克

① 边卫红，蔡思影．美国“双赤字”困境探析——基于美国 50 年来双赤字发展情景分析 [J]. 国际贸易，2018（8）:47.

林顿成为美国最后一届任期内还有财政盈余的总统。据统计，1913—2001 年美国积累的国债共计 6 万亿美元，但至 2006 年这个存量数据已经达 8.6 万亿美元，短短 5 年内便积累了过去 87 年近 1/3 的债务。2000—2008 年美国联邦政府财政赤字如图 4–4 所示。

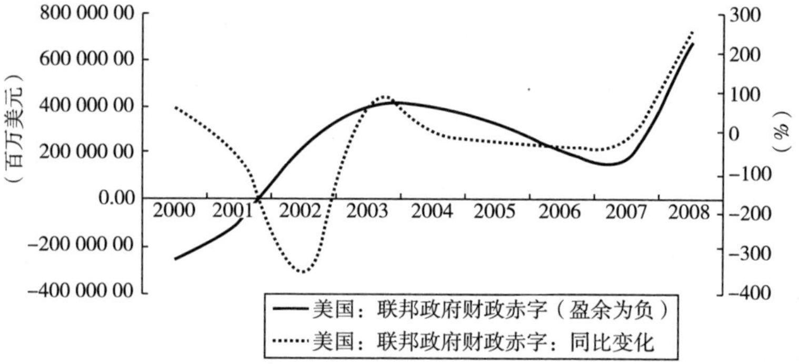

图 4–4　美国联邦政府财政赤字（2000—2008 年）

资料来源：美国财政部 https://home.treasury.gov/。

贸易赤字方面，即使在克林顿时期，贸易逆差也只增不减。由于经济繁荣带来强劲的收入增长和资产增值带来的财富效应，美国消费快速增长，因此只有不断扩大进口以满足国内消费需求。与此同时，欧洲和日本经济却相对疲弱，使贸易逆差逐年扩大。此外，经济增长吸引了大量资金回流美国，美元的强势和坚挺进一步扩大了贸易赤字。至 2000 年，美国贸易逆差达 3600 亿美元，约占当年 GDP 的 3.6%。小布什时期，美国贸易赤字继续恶化，从 2001 年的 3953 亿美元上升至 2006 年的 8115

亿美元，年增速 112%，2006 年贸易赤字占的 GDP 比重史无前例超过 6%，直到 2007 年次贷危机爆发后，才由于消费萧条有所缓解。

如果说经常项目赤字是美国提供国际清偿力的主要手段，在美元本位制下完全难以逆转，那么财政收入由盈余走向赤字则彻底体现了美国对货币权力的滥用：在满足国内政策目标和偿还国际债务二者当中，美国必然选择前者，而恐怖袭击、新经济泡沫破裂、安然财务丑闻只是让财政赤字出现得更快而已。

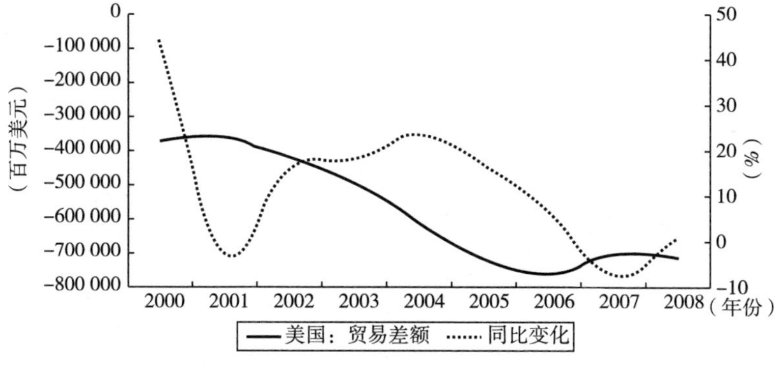

图 4-5　美国经常项目逆差（2000—2008 年）

资料来源：美国商务部经济分析局。

2. 外围国家储备激增

21 世纪前 10 年，在美国出现“双赤字”的同时，外围国家出现持续的经常项目盈余，主要集中在亚洲地区的日本、中国和中东北非地区的石油输出国，分别是“中心—外围”格局核心圈的重要产能国和资源国。欧洲地区的德国和荷兰尽管也出现经常项目盈余，但西班牙、葡萄牙和希腊存在持续赤字，基本在欧洲内部保持了均衡。这种经常项目的持续盈余体现在国家资产负债表上，便是产能国和资源国的外汇储备激增。亚洲新兴经济体和中东产油国将商品和资源换取的外汇收入以外汇储备的方式留存，1995—2012 年，全球外汇储备增长了 6.9 倍，其中新兴市场外汇储备增长 14.9 倍。[①]

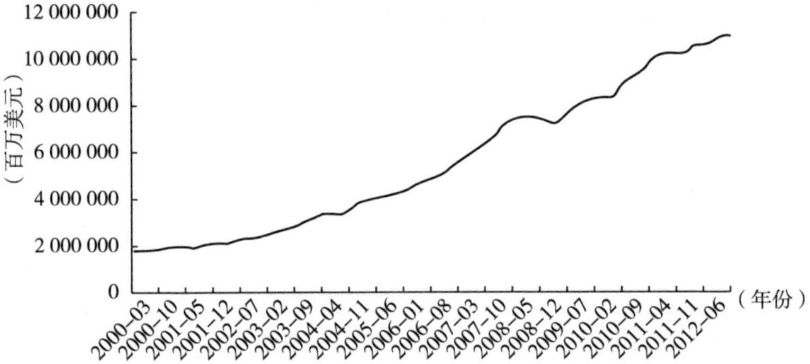

图 4-6　全球外汇储备增长（2000—2012 年）

资料来源：万得资讯。

从国家资产负债表的角度，外汇储备属于一国中央银行的资产（以外汇存款或国债方式存在）。根据现代货币供给理论和中央银行资产负债项目的变化规律，外汇储备与货币供给之间具有一定乘数关系，当一国央行资产增加时，负债也需要相应增加，为此该国央行通常以增加基础货币的方式来配平资产负

① 王宇哲．当代国际货币体系可持续性及治理研究 [D]. 博士论文，清华大学公共管理学，2014（6）:13.

债表，因此，外汇占款往往具有高能货币的性质。对于各外围国家而言，不断积累的外汇储备就意味着不断增加的货币投放，因此，当美国货币“双赤字”持续恶化，外围国家也会面临流动性泛滥的问题。以中国为例，2000—2007 年基础货币（M0）投放从 1.6 万亿元飙升至 3 万亿元，广义货币（M2）从 12.1 万亿元飙升至 40.3 万亿元。也就是说，在美元本位制下，美国可以只顾及内部均衡而忽视外部均衡，而宽松货币政策带来的负面影响并没有完全体现在美国的通货膨胀水平上，而被外围国家尤其是亚洲重要产能国和中东资源输出国主要承担。

3. 全球经济失衡

在美元本位制运作之初，这种“中心—外围”式的失衡权力结构就注定了全球经济必将长期处于失衡状态，且会随着货币权力的滥用而持续恶化。随着 20 世纪 90 年代金融自由化的推进，以及“9·11”之后美国扩大财政支出，全球贸易失衡进一步加剧，2004 年美国“双赤字”达到历史巅峰[①]，引起广泛关注。2005 年 2 月 23 日，国际货币基金组织总裁拉托在题为“纠正全球失衡、避免相互指责”的演讲中首次使用了“全球经济失衡”一词，主要就是指美国“双赤字”与产能国和资源国大量贸易及外汇储备盈余这一国际收支失衡问题。

西方理论界多从全球储蓄率失衡的角度进行分析，认为美国的低储蓄率，或者全球尤其是东亚国家储蓄过剩是造成美国贸易赤字的罪魁祸首。对于美国的“投资—储蓄”缺口问题，贸易

① 2004 年美国经常赤字高达 6660 亿美元，占美国 GDP 的 5.7%，财政赤字达 4255 亿美元，占 GDP 的 3.6%。

顺差国可以通过减少储蓄、增加投资来降低盈余，逆差国可以通过增加储蓄、减少投资来降低赤字，从而达到国际收支平衡。

从这个角度出发，经济学家进一步看到了美元本位制体系不稳定的迹象。艾肯格林认为，无论是美国的高消费，还是中国的高投资和高储蓄都不可能永久持续，美国利率上升或地产价格下降会促使美国储蓄率上升、消费下降、美元贬值，从而使投资美国国债的外汇储备国资产缩水，从而寻觅其他替代储备；中国等东亚国家不可能一直依靠投资拉动经济，人口老龄化带来储蓄率下降也会减少。①

罗纳德·麦金农提出“储蓄不对称论”，认为美国“双赤字”和储蓄不足导致东亚国家出现“高储蓄两难”，即，一方面，美元资产的过度积累会使持有者担心资产价值缩水，在某个时间点会选择将之转为本币资产，迫使本币升值；另一方面，美国认为贸易逆差源于货币低估，也将迫使东亚国家货币升值。在此两难局面下，东亚国家如不升值本币可能被贸易制裁，而升值本币又会引发通货紧缩，经济陷入流动性陷阱。②杰弗里·弗兰科尔（Jeffrey Frankel）梳理了20世纪80年代的“饿死野兽”财政赤字政策③、全球储蓄过剩等问题，认为双赤

① Barry Eichengreen, “Global Imbalances and the Lessons of Bretton Woods”, NBER Working Paper No. 10497, 2004.

② 罗纳德·麦金农．美元本位制下的汇率：东亚高储蓄两难[M]. 王信，何为，译．北京：中国金融出版社，2005.

③ “饿死野兽”（starve the beast）是美国保守主义者的一项财政手段，目的在于通过削减税收来剥夺政府收入，刻意造成财政预算危机，意图减少联邦政府的支出（而非恢复税收水平）。这种手段的短中期效果是增加了美国国债而非减少开支。

字风险和低国民储蓄率可能会让美国经济硬着陆，间接破坏美国霸权的根基。[①]

奥博弗尔德等指出，2000 年以来美国经常账户赤字一路走高，贸易失衡的成本被转嫁至其欧洲和亚洲的贸易伙伴，将从根本上动摇全球汇率稳定性和经济健康。[②] 在所有探讨贸易失衡的经济学家中，理查德·邓肯（Richard Duncan）率先指出了"贸易—储蓄—投资"失衡与国际货币体系固有缺陷之间的关系，梳理了美元本位制体系难以避免的失败。对于贸易顺差国，巨额外汇储备增加了这些国家的货币供给，流动性泛滥带来资产价格高企、经济过热和最终的经济崩溃；对于本位货币国家美国，当贸易顺差国用美元储备购买美元资产，同样会造成美国资产价格飞涨、经济过热和最终的泡沫破灭。[③]

总之，由于美元本位制缺乏有效调整贸易失衡的机制，全球信用扩张—通货紧缩—经济衰退的厄运难以摆脱，除非建立一种新的国际货币体系来取代现有的美元本位制。邓肯 2003 年的论断 2007 年被历史再次证明，迄今仍印证着历史行进的轨迹。

如第二章和第三章所论述，从根本上而言，美元本位制下的国际收支失衡无法解决，甚至无法稍加缓解。就财政赤字而

① Jeffrey Frankel, "Could the Twin Deficits Jeopardize US Hegemony?", *Journal of Policy Modeling*, No.28, 2006, pp.653–663.

② Maurice Obstfeld, Kenneth Rogoff, "Global Current Account Imbalances and Exchange Rate Adjustments", *Brookings Papers on Economic Activity*, Vol.36, No.1, 2005, pp.67–146.

③ 理查德·邓肯 . 美元危机：成因、后果与对策 [M]. 王靖国等，译 . 大连：东北财经大学出版社，2007.

言，平衡预算的最直接手段是克林顿政府曾使用过的增税和减支，然而美国经济在世纪之交近 120 个月的稳定增长，是建立在互联网技术爆炸式发展的技术革命基础之上，美国只有再次出现新的技术革命，才能将社会生产力和公司盈利提升到足以贡献更多税收的水平。

就贸易赤字而言，有两种方法可以加以缓解：一是减少法，通过减少消费需求或者减缓经济增长速度以缓解国际收支压力，但这种方法显然会带来较大的国内压力，难以被选民接受，因而极少被使用；二是转换法，通过美元贬值的方式促进美国出口并降低进口需求，从而缓解国际收支压力，但这种方法对于美国而言边际效用并不太高，更适用于进出口商品有充分弹性、贸易和非贸易品替代率高的国家。更重要的是，作为本位货币国家，其他国家对美国国债的投资将形成资本回流，以资本账户顺差的方式可以持续抵消经常项目逆差带来的贬值压力，而且美元贬值本身也是对本位货币地位的一种动摇。①

综上，在美元本位制下，全球经济失衡问题从根本上难以解决，从技术上难以缓解，加上小布什执政时期多种经济、政治因素叠加影响，失衡问题甚至会加剧恶化。在全球金融自由化的推波助澜下，形成了更多危机驱动因素，2008 年全球金融危机，以及新的区域性挑战货币的出现也就不可避免。

① 刘志强 . 美国双赤字问题浅析 [J]. 时代经贸，2008（7）:252.

第二节　金融自由化与全球金融危机

由 2007 年美国次贷危机点燃的全球金融危机，在强度、范围和后续影响上都可谓史无前例，这也是美元本位制确立后第一次在美国本土出现的严重金融危机。之所以会如此，除了由于美元货币扩张造成严重的全球经济失衡，资产泡沫膨胀使各国经济积累大量脆弱性外，更重要的一个原因是，全球金融自由化的全面推进。"美元—美债"循环的弹珠游戏如果要继续下去，并为货币权力的运行创造足够空间，需要满足以下三个条件：美元流通域的不断延伸、在岸和离岸美元市场的不断深化、资本自由流动的藩篱彻底拆除，这正是美国大力推行全球金融自由化的根本原因，也为延续美元本位制、扩大货币权力清扫障碍营造环境。

金融自由化给包括美国在内的全球实体经济、金融市场、社会结构、意识形态都带来深刻影响，资本的"脱嵌"性质愈发鲜明。当海量资本可以跨国、跨市场快速流动，却没有受到哪怕最低程度的监管，这就意味着风险也可以跨国、跨市场传递。全球金融风暴一旦发生，立刻以令人难以想象的速度向全球蔓延，风暴所到之处并非坚实的实体经济，而是被过剩的流动性吹起的金融泡沫，结果可想而知。全球金融危机影响深远，在探寻危机成因过程中，美元"脱锚"与金融"脱嵌"的负面影响被更加深入地认识，从而使亚洲金融危机所带来的理念裂痕进一步扩大，并影响到现实层面，体现为美元流通域被进一步割裂，新的挑战货币人民币的出现。

一、美式金融自由化及其后果

本书前一章分析了二战后至 20 世纪末，美元通过金融“脱嵌”获得全新货币权力所必需的经济思想基础、国内政策铺垫、国际环境变化和金融市场基础。在思想意识、法律政策、国内外市场等条件普遍成熟的情况下，金融自由化以前所未有的速度席卷全球，而美国作为其发源地和代言人，在经济形态和意识形态上都有着最深的“金融化”烙印，这是美国成为金融危机肇始地的重要原因。

21 世纪初，金融业已经成为美国经济中规模最大、增长最快的行业。2002 年金融业占美国国内生产总值的比重达 21%，比制造业高出 7 个百分点；1980—2005 年，金融业的利润上升了 800%；到金融危机前夕，金融部门的利润已经占全美所有公司利润的 47%。[①] 大量制造企业如通用、福特纷纷建立了庞大的金融业务部，因为当某个业务单元获利更加丰厚，资本的力量和经济的逻辑自然会推动这样的“转型”发生。

1. 美式金融自由化的特点

一是风险高度集中。金融危机中所暴露出的“大而不能倒”问题，便体现了这种风险高度集中的情况。正如 2010 年诺贝尔

① 乔纳森·科什纳．金融危机后的美国权力 [M]. 江涛，白云真，译．上海：上海人民出版社，2017:95.

经济学奖得主罗伯特·索洛（Robert Solow）在美国众议院听证会上所言："庞大的金融部门非但未能改进实体经济的效率和产能，还创造而非分散了风险。"[①] 一些大型金融集团的量级之大、业务之复杂、与经济牵连之广泛，已经到了无法任其倒闭，甚至不惜动用纳税人的钱也要救助的地步。在 1998 年，美国前五大银行总资产占全美银行总资产的 30%，到 2008 年已经达 45%。至 2012 年，美国前六大银行的总资产高达 9.58 万亿美元，占美国当年 GDP 的三分之二。[②] 当风险敞口聚集在少数对经济影响重大的金融机构时，只要其中任何一家出现问题，就可能导致系统性风险并对经济造成极大冲击。

二是风险形态复杂。金融衍生工具的发明使原本就成熟发达的美国金融市场的层次更加复杂，不同久期、风险、利率的金融产品层层嵌套，杠杆重复叠加。例如，住房抵押贷款支持证券（MBS）、担保债务凭证（CDO）、信用违约互换（CDS）等结构复杂的金融产品，对于投资专业人士而言都晦涩难解，无法穿透和辨别其底层资产的风险，只能单纯以第三方评级公司的评级为准绳进行交易。这使金融产品的定价完全偏离了真实风险，无限增加了叠加杠杆的空间，并使风险可以跨市场、跨资产类别进行传递。

三是风险杠杆放大。美国金融危机调查委员会在危机爆发

① Robert Solow, "Building a Science of Economics for the Real World," Hearing before the Subcommittee on Investigation and Oversight, Committee on Science and Technology, House of Representitives, One Hundred Eleventh Congress, Second Session, July 20, 2010.

② 数据来源：美国圣路易斯联邦储备银行。

后，曾对2000—2007年美国大型金融机构的杠杆倍数进行统计，其中，大型商业银行增长6%~50%不等，其中美国银行从18倍上升到27倍；投资银行杠杆倍数更高，高盛从17倍增长88%到32倍，摩根士丹利从24倍增长67%到40倍。在金融危机中倒闭的雷曼兄弟的杠杆倍数一直处于行业最高值40倍左右。

四是风险意识淡薄。以下多个方面的原因造成了风险观念的缺失：思想上对新自由主义经济学和理性市场假设的盲目信任，监管部门尤其是美联储主席格林斯潘本人对衍生品在稳定市场、化解风险方面的竭力推崇，金融机构对短期利益的追逐和激励机制带来的“高风险高收益”思维，以及“资产证券化”对传统金融模式的改变。当银行不再需要将所有资产持有在表内、一直关注其贷后风险直至到期，而是可以将之打包出售，将风险转移给其他投资者，在这种“发起—分销”模式下，银行在审查贷款时便不会像从前一样谨慎，于是从底层资产开始，便已经出现了风险意识淡薄的迹象。早在2005年，IMF首席经济学家拉古拉姆·瑞詹（Raghuram Rajan）就曾提出，由市场占主导地位的金融体系给各国提出了新挑战，金融部门改变了原有的激励机制，鼓励人们冒更大的风险去进行金融活动，因而会带来系统性风险。①

五是风险监管缺位。美国参议院在分析金融危机成因时指出，“数万亿美元规模的金融互换市场，包括在危机中扮演重要角色的信用违约互换市场，是在完全没有披露要求、没有监管

① Raghuram Rajan, “Has Financial Development Made the World Riskier?”, in *The Greenspan Era: Lessons for the Future*, Symposium Sponsored by the Federal Reserve Bank of Kansas City, 2005.

限制、没有任何联邦机构监管的情况下运作的”。[①] 美国政府对金融市场层出不穷的创新完全听而任之，格林斯潘认为，市场这只“看不见的手”的力量远胜于“笨拙的政府”，所以他反对任何形式的金融监管，并认为“这些日益复杂的金融工具促成了一个更加灵活、高效、有弹性的金融体系”。[②]

“大而不能倒”的金融机构、复杂多样的金融产品、以风险博收益的投资逻辑、放任自由的监管态度……以上种种特征之所以出现，均是出于延续美元本位制、促进美国经济增长的需要。外围国家投资美国国债带来的资本回流，要求美国将“金融市场”作为最重要市场来建设，以层出不穷的新工具来承接回流的流动性。正因如此，金融衍生工具从发明之日起便以 20% 的复合增长率增长，1999 年达到 70 万亿美元的名义价值，2008 年超过 600 万亿美元。[③]

2. 美式金融自由化的影响

论及金融自由化的影响，对于美国本土而言，主要包括实体经济和意识形态两个方面。金融部门的极速膨胀不但改变了经济结构与形态，还在思想和文化领域带来深远影响——经济的空心化与虚拟化瓦解了美元价值的实体基础，思想文化的重塑则使金融化理念深入人心，因此，即使意识到金融自由化对

① US Senate Permanent Subcommittee on Investigations, *Wall Street and the Financial Crisis: Anatomy of a Financial Collapse*, April 13, 2011, pp.40–41.

② Alan Greenspan, “Economic Flexibility,” Remarks, National Italian American Foundation, Washington, D.C., October 12, 2005.

③ Alan Greenspan, “Financial Derivatives,” Remarks before the Futures Industry Association, Boca Raton, Florida, March 19, 1999.

美国竞争力造成损害，美国政府推动“脱虚向实”和“再工业化”的种种措施也始终收效甚微。对于全球经济而言，巨大的离岸美元市场和复杂金融工具的使用，极大地提高了系统性金融风险爆发的可能性和影响程度，带来了史无前例的全球性金融危机。金融自由化同时侵蚀了美元价值的物质与理念基础，是美元本位制危机背后最关键的驱动因素。

（1）经济空心化。美国经济的空心化在这一时期体现得更为明显。一般而言，经济空心化有两方面的表现：一是“资金空转”，即资金维持在金融体系内循环，通过资金套利和金融投机获取收益，无法流向实体经济，造成金融资产泡沫；二是“资源错配”，即资金虽然不在金融体系空转，但不流向生产性企业，而是流向房地产领域，造成固定资产泡沫。1999 年《金融服务现代化法案》和 2000 年《商品期货现代化法案》正式拉开了金融自由化大幕。随着金融部门的膨胀，美国经济出现快速虚拟化的现象，1950 年，实体经济创造的产值占 GDP 中的 61.78%，到 2007 年已经下降到 39.99%；衡量经济实力的关键指标工业制造业对经济贡献的下滑幅度更大，从 1950 年的 27% 下降到 2007 年的 11.7%。与之相对应，虚拟经济在 GDP 的占比从 1950 年的 11.37% 上升到 2007 年的 20.7%。[①] 复杂金融衍生工具的疯狂增长，是经济虚拟化的关键原因，2000—2007 年，住房抵押贷款支持证券、担保债务凭证（CDO）、资产支持证券（ABS）规模快速飙升，到 2003 年，这三种产品存量占美国 GDP 的比重已达 34.1%，在 2007 年危机爆发前保持在 30% 左右的高位，显示出经济的空

① 数据来源：美国统计局报告。

洞程度。

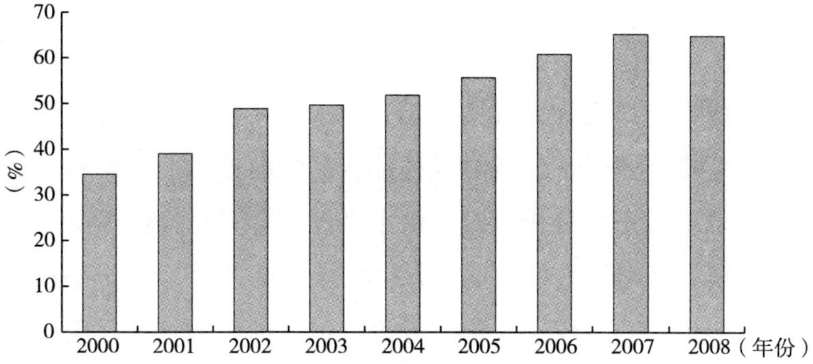

图 4-7　美国住房抵押贷款支持证券占 GDP 的比重（2000—2008 年）

资料来源：美国证券业及金融市场协会，https://www.sifma.org/。

金融资源错配的情况同样严重。“新经济”泡沫破裂后，美联储放松银根使大量资金流向房地产领域，2000—2008 年，美国前 100 大银行对房地产领域的贷款余额从 4.08 万亿美元飙升至 10.32 万亿美元，同时期对工商企业贷款仅从 3.45 万亿美元升至 4.64 万亿美元。1997—2006 年之间，美国房价上升 156%，创 20 世纪 20 年代以来最大增幅。[①]

金融自由化直接冲击了美国制造业。金融危机前几年，美国制造业附加值增速明显放缓，从 2000 年的 1.56 万亿美元微涨至 2008 年的 1.81 万亿美元，制造业就业人数从 2000 年的 1775 万人下降到 2008 年的 1398 万人。这些均显示出美国经济结构所

① Herman Schwartz, *Sub-prime Nation: American Power, Global Capital, and the Housing Bubble*, Cornell University Press, 2009.

发生的变化，也使美元本位制危机持续发酵。一种本位货币的崛起必然建立在坚实的实业基础上，垮塌也必然因为该基础的持续瓦解。

（2）影响思想意识形态。与经济现实相比，金融自由化更深层次的影响体现在对社会思想、意识、文化的重塑上。在探讨金融危机原因时，经济学界往往容易忽略该方面的影响，如果从货币权力角度分析，新自由主义经济学只是提供了一种拓宽美元权力区间的工具，是所谓“器”或者“术”。但金融自由化对社会思想、意识、文化或者说“道”的影响，才是美元本位制危机必然发生的原因，它注定了美国“再工业化”的失败、金融危机的不可避免，以及外围国家的持续反省。王湘穗教授在分析美元本位制的价值攫取链条时，总结出一种单纯以资本增值为目标的经济循环——通过“投资金融创新—金融产品变现—金融资本增值—再投资金融创新”创造无限流动性和利润来源的“华尔街循环”。[①]这种循环完全脱离了人类生存所必需的商品生产和服务，却提供了远高于“社会劳动和生产”所能提供的金钱回报，从而潜移默化地改变了人们的风险偏好和价值取向。何卡伦（Karen Ho）指出，金融泡沫之所以一发不可收拾，是因为在金融化的世界中，个人与机构的动机从现实转向虚拟，不再考虑借款者的风险，只考虑创造产品、推广产品从而获得发行费、评级费、律师与审计费；不再考虑底层资产的“质量”，而只考虑金融交易的“数量”。这就是所谓华尔街

① 王湘穗 . 币缘论：货币政治的演化 [M]. 北京：中信出版社，2017:331.

文化的准则：高风险带来高回报，以交易量衡量公司与个人的价值，低买高卖获得资本利得，抓紧一切机会套现。[①]人们的风险偏好由此发生了改变，只要能及时脱手，便可以将击鼓传花的游戏继续。从这个意义上，金融逐渐从支持实业的融通工具变成一个大型“庞氏骗局”。

（3）影响社会价值取向。金融自由化对社会价值取向的影响则更为隐蔽，直到金融危机暂时扑灭了金融化的狂热，才使人们有了反思的机会。在20世纪90年代之前，金融行业与其他行业的收入水平差距不大，但到2007年，金融从业者的人均工资已经是其他行业的两倍，其中的佼佼者，例如顶级对冲基金的投资人年收入甚至超过10亿美元。从经济学规律来看，当某种行业的收入呈现几何级数增长时，或者是因为技术变革带来效率极大提升，或者是因为垄断导致竞争者急剧减少，然而对于金融业而言这两种情况均没有发生，因此只能解释为是市场扭曲或失灵的结果[②]。如同20世纪的美国汽车与能源行业，21世纪的金融业吸引全社会的资本和人才资源向之倾斜，2006年普林斯顿大学50%的毕业生去往金融服务业，2007年哈佛大学57%的毕业生从事金融和咨询行业。[③]关于“成功”的判断标准变得日趋单一，“增长”成为唯一诉求。消费主义刺激人们超出真正需求和环境承受能力消耗着资源……人类社会从思想和

① Karen Ho, *Liquidated: An Ethnography of Wall Street*, Duke University Press, 2009, pp.252–290.

② 乔纳森·科什纳．金融危机后的美国权力[M]. 江涛，白云真，译．上海：上海人民出版社，2017:96.

③ 数据来源：Princeton University, Class of 2006 Survey Report.

意识上被重塑，社会法则遵从资本的增值属性被改写，虚拟资本的赌场性质从根本上改变了经济形态与社会心理。正因如此，凡历经金融自由化的社会往往脱实向虚易、脱虚向实难。

出于货币本位国提升国际领导力的需要，以及本位货币国天然的示范效应，美国着力于将其经济模式、政治模式、学术思想等打造为模范样本，并通过政府双边行动和国际组织多边行动将金融自由化的理念推行至全世界。1980年，全球虚拟经济与国内生产总值之比在100%的均衡状态，到1995年已经突破215%，2005年达到316%，2010年达到338%；2013年全球流动性资产与国内生产总值之比超过500%，意味着虚拟经济占了全球经济的83%。[①]美式金融自由化伴随着美元流动性的泛滥，感染了几乎每一个与世界联系紧密的经济体，经济脱实向虚、地产空前繁荣、创新层出不穷、金融成为最炙手可热的专业学科……包括中国在内的很多国家都在不同程度上重蹈美国的覆辙，复制着美国某一段时期的金融发展历史。或许没有全球性金融危机的爆发，这种典范效应还会持续得更久，但高杠杆、高风险、高集中度的金融模式一旦进入一个缺乏监管、高度波动、流动性泛滥的世界，触发危机的概率就远高于人们的想象。

二、从次贷危机到全球金融危机

关于次贷危机的研究浩如烟海，本书将不再重复剖析其成

① 王湘穗．币缘论：货币政治的演化[M]. 北京：中信出版社，2017:339。

因、过程、形成与传导机制，而是侧重从货币权力角度探讨其发生、发展和快速蔓延与美元本位制的相关性，并着重分析本次危机对美元本位制合法性的冲击。关于次贷危机爆发的根本原因，本章第一节已进行分析，即主要是由于美国滥用币权满足自身政策需要，无节制地进行货币扩张引起的全球流动性泛滥与资产泡沫高企所致。危机之所以会短时间内迅速蔓延至全球，则是由于美国为扩大货币权力使用空间，为“美元—美债”循环拓展纵深，全面推行全球金融自由化所致。细究 2008 年全球金融危机爆发和发展过程，会发现危机的爆发与蔓延应归结于美元过剩的“流动性”。

1. 流动性的渊薮

历史上任何一次金融危机都表现为“流动性过剩—流动性泛滥—流动性突然消失”这一连串过程，本次全球金融危机同样如此。经济学界对于“流动性逆转”如何引致金融危机有过充分研究：1933 年欧文・费雪基于“大萧条”经验，描述了经典的“债务—紧缩”过程，即经济繁荣时期企业倾向于过度投资和过度负债，银行倾向于过度放贷，一旦出现如 1929 年股市大崩盘之类冲击性事件，就会出现抵押资产贬值、资不抵债的情形，进而形成银行坏账，引发信贷紧缩。[①] 在此基础上，明斯基在 20 世纪七八十年代提出“金融不稳定假说”，指出银行的资产负债错配问题使得经济繁荣时期的套期融资很容易转向投机融资和庞氏融资，出现高杠杆和资产价格泡沫，一旦央行收

① Irving Fisher: “The Debt-Deflation Theory of Great Depressions”, *Econometrica*, Vol.1, No.4, 1933, pp. 337-357.

紧银根，流动性短缺就会造成泡沫破裂。[1]经济周期律的存在和金融体系内在的不稳定性，使金融危机的发生成为规律性事件。然而，历史上从来没有哪一次危机影响如此深远，这是因为“流动性”问题从来不曾如此规模庞大。

20 世纪 90 年代以来，经过十余年全球信用无限扩张，美国 M2 占 GDP 的比重已经从 2000 年的 56.37% 提高到 2007 年的 71.47%；外围国家持有的美元债权从 2000 年的 3.56 万亿美元提高到 2006 年的 7.77 万亿美元，外汇储备从 1997 年的 1.19 万亿美元增长到 2006 年的 3.34 万亿美元。[2]不断回流的美元首先在美国国内催生了巨大而畸形的“流动性海绵”：按揭贷款银行、特殊目的机构（SPV）、评级机构、包销机构、保险机构等诸多参与方通过“按揭贷款—RMBS-CDO-CDO 的平方—CDO 的立方……”。[3]一连串过程将链条无限拉长，创造出杠杆重复叠加的衍生品市场，其直接目的就是为了完成信用的无限扩张，通过增加流动性和提高金融资产的杠杆率，谋求利润最大化；根本目的是为了以信用扩张维持“美元—美债”循环的持续运转。

2. 流动性的逆转

然而，经济周期律的存在使流动性逆转成为必然。随着 2003 年下半年美国经济与通货膨胀同时复苏，美联储于 2004 年 6 月 30 日起执行紧缩性货币政策，将联邦基金利率上调 25 个基

---

① Hyman Minsky, *John Maynard Keynes*, Columbia University Press, 1975; Hyman Minsky, *Stabilizing an Unstable Economy*, Yale University Press, pp.206–213.

② 刘洁 . 繁荣与危机透视：流动性的过剩 [M]. 北京：中国金融出版社，2009:57.

③ 余永定 . 美国次贷危机：背景、原因与发展 [J]. 当代亚太，2008（5）:14–32.

点至 1.25%，其后每次例会均上调利率 25 或 50 个基点，至 2006 年 6 月 30 日已连续上调利率 17 次至 5.25%，标志着逆转过程正式开始。崩溃的第一环节是房地产泡沫的破裂。2006 年下半年，美国住房按揭贷款的违约率开始上升，到 2007 年底，在 360 万宗可调整利率的次级贷款中，严重违约率已超过 1/5。[①] 从货币权力的角度，当美国开始给所谓"ninjna"（无收入、无工作、无财产）的人发放次级贷款时，便意味着对货币权力的滥用以及美元价值的变质。在应对危机时，美国政府直接购买次级贷款抵押支持证券，以此进行量化宽松，使这种质变体现得更为直接。

房地产泡沫破裂和大规模违约立刻影响到次级贷款抵押公司，随后是发放次级贷款的银行。2007 年 2 月 13 日，美国第二大次贷公司新世纪金融公司（New Century Financial Corp）发出四季度业绩预警，随后汇丰控股新增了 70 亿美元次级按揭贷款准备金，引发市场恐慌、股市大跌。银行抽贷使新世纪金融公司在两个月内即宣布破产，8 月 6 日，美国住房抵押贷款投资公司也申请破产，危机已在信贷机构广泛传播。与此同时，底层资产的风险暴露很快导致各种证券化资产质量迅速下降，冲击了投资者的资产负债表，风险迅速传递到了投资机构，但这并非导致大量基金关闭的原因，真正原因是整个市场出现流动性紧缺，拒绝向出现风险的金融机构提供融资。在流动性中断的情况下，2017 年 8 月，包括贝尔斯登、雷曼兄弟、麦格理在内的投资机构和包括汇丰、花旗、法国巴黎、瑞穗银行在内的商业银行旗下基金纷纷爆仓，全球股指、大宗商品价格大幅震

① 易宪容. 美国次贷危机的流动性传导机制的金融分析 [J]. 金融研究，2010（5）:52.

荡，次贷危机全面爆发。

3. 流动性的坍缩

据统计，2007年美国金融产品的底层资产实际价值约2.7万亿美元，但金融产品交易合约总额却高达530万亿美元，其中CDS超过60万亿美元[①]，这些超出实体经济需求的部分，就是金融稳定理事会（FSB）所定义的“影子银行”。影子银行体系既不受到监管，也没有正式的交易市场与标准的估值规则，流动性原本就堪忧。次贷危机中，MBS和CDO等衍生工具的价格和流通量快速下跌，造成对持有这些产品的SPV（例如贝尔斯登旗下的两只基金）形成严重冲击，且同类资产价格的暴跌影响的不仅仅是某一个机构的某一只基金，还包括保险公司、养老基金、投资银行、对冲基金等在内的所有持有人。为了应对资产贬值的恶性循环，发起SPV的金融机构被迫将“影子银行”收归表内，一方面挤占了正常的信贷额度造成信贷紧缩，另一方面为弥补坏账而提高贷款利率又恶化了融资环境，导致从银行间到信贷市场的流动性出现坍缩，次贷危机又逐渐升级为信贷紧缩危机。

4. 危机从美国蔓延到全球

美元本位制的重要特征之一，就是以货币为武器获得超主权、跨国界的权力。这种对国家货币主权的侵蚀，使危机乘着金融自由化的快车传递到全球金融机构，又因为“多余自由度”的存在使各国被迫跟随美联储的政策转向同步行动，从而将危

---

① 孙涤．金融杠杆率及其创新——冬日围炉话海啸（三）[N]. 南方周末，2009-02-04.

机成本从本位货币国家转移至外围国家。

金融自由化带来的大量跨境投资，流动性危机因而得以直接蔓延至持有以美元计价的金融产品的国家和市场，而资本最为自由开放的欧洲和日本首当其冲。与美国相比，欧洲金融化程度有过之而无不及，2007 年欧洲银行业占 GDP 的比例高达 275%，美国才 81%，这直接导致欧洲银行业在次贷危机中损失极为严重。在美国新世纪金融公司提出破产申请后，法国巴黎银行第一个被卷入次贷风暴，法国兴业银行、英国北岩银行、汇丰银行、德意志银行、瑞士银行紧随其后；2008 年，比利时富通集团被迫拆分标志着次贷危机在欧洲全面升级。根据欧洲议会统计，截至 2008 年 11 月，全球因次贷危机导致的信贷和资产减值损失达 7000 亿美元，欧洲银行占 1/3，①其中英国受损达 682 亿美元、德国损失 670 亿美元、瑞士损失 634 亿美元、法国与荷兰分别损失 298 亿和 253 亿美元。②日本大型金融机构同样损失惨重，三菱日联、瑞穗、三井住友等日本前六大银行在 2007 年前三个季度就损失了 5291 亿日元。危机带来的信贷紧缩严重影响了欧洲和日本经济，使得危机后十年欧洲仍在欧债危机的泥潭中挣扎。

5. 全球金融危机的影响

从货币权力的角度，全球金融危机最重要的影响是使美式金融自由化失去合法性，并带来了新的异质性思维。③

① European Commission: *Autumn Economic Forecast*, 2009, p.29.

② 数据来源：《银行家》，2009 年第 3 期。

③ 乔纳森・科什纳．金融危机后的美国权力 [M]. 江涛，白云真，译．上海：上海人民出版社，2017:123.

（1）全球金融危机冲击了美国软实力和“新自由主义”。有别于 1997 年亚洲金融危机，次贷危机起源于美国本土，意味着即使是本位货币国家，也无法逃脱金融自由化的负面影响，这使得美国对“新自由主义”的推崇越发站不住脚。更重要的是，与 1997 年一样，美国对于危机的爆发毫无觉察，反而一直鼓吹新自由主义经济学以及金融自由化如何促进了经济增长、稳定了金融市场，致使危机爆发时的心理冲击格外鲜明。2007 年，“有效市场假设之父”尤金·法玛（Eugene Fama）在接受明尼阿波利斯联邦储备银行采访时著名的“四不”[①]回答言犹在耳，次贷危机便以燎原之势冲击全球。危机让学术界首先开始质疑所谓“动态随机一般均衡”这个通用模型的问题，它既无法预料到金融危机的来临，也无法揭示金融危机中的现象，更无法纠正危机后持续性的经济衰退。用精简而完美的数学模型来模拟现实世界，不可避免会遇到模型基本假设过于简约、验证数据选择不够充分的问题，考虑到金融市场的产品创新与交易创新层出不穷，过去经验也未必能指导未来。因此，科什纳所称的“凯恩斯—金德尔伯格—明斯基”（KKM）[②]视角终于在面对主流经济学派时有了更多话语权，尤其是极端市场环境下市场流动性的特异表现，让学界重新考虑以一种囊括传统、历史、人

---

① Douglas Clement, “Interview with Eugene Fama”, Federal Reserve Bank of Minneapolis's *The Region*, December 1, 2007. “四不”：一些 CEO 是否可能拿到很多的报酬呢？没有。房地产市场有泡沫吗？没有。抵达担保证券是否过于复杂以至于有经验的专业投资者都不确定其风险和价值？没有。债务抵押债券和其他金融新工具是否增大了市场风险？没有。

② 乔纳森·科什纳．金融危机后的美国权力 [M]. 江涛，白云真，译．上海：上海人民出版社，2017:106.

类行为的丰富视角来审视金融行为。

思想的流变正是这样从学界开始生发，在金融监管领域，保罗·沃尔克一直以来对资产证券化和结构性衍生工具的担忧得到了验证，颠覆了格林斯潘的自由市场和无监管主义思想。在文化和心理上，美国推崇的“新自由主义”和“美式金融自由化”一直以来被认为是各国金融发展的必由之路和正确之路，这种软实力上的合法性在全球金融危机的冲击下，终于出现了破碎的迹象，甚至 IMF 也不再像 1997 年亚洲危机之后那样理直气壮，对于资本管制的声音，出现了态度模糊的迹象，给其他国家尝试新的货币制度创造了宽松的空间。[①]

（2）全球金融危机催生了国际货币体系的异质化思维。经济学家艾肯格林在《嚣张的特权：美元的兴衰和货币未来》一书中详尽分析了导致金融危机的四大原因：一是过于信任市场有效性原则和数学模型，金融监管不到位；二是商业银行和投资银行过度竞争，导致普遍的金融高杠杆问题；三是美联储做出错误的政策决策，违背泰勒规则提供过于充裕的流动性；四是外国央行购买美国政府和两房债券的助推作用。在分析最后一个原因时，艾肯格林驳斥了伯南克的“全球储蓄过剩”论，认为贸易顺差国积累高额的外汇储备，主要目的是防止本国汇率上升以促进出口。他分析了美元价值稳定、金融证券市场深广度对美元本位地位的支持，同时也预见性地指出，全球金融

---

① Ilene Grabel, “Not Your Grandfather’s IMF: Global Crisis, ‘Productive Incoherence’ and Developmental Policy Space”, *Cambridge Journal of Economics*, Vol.35, 2011, pp.812–825.

危机可能会使他国不再愿意持有美国国债。[①]

全球金融危机之后，深受危机之苦的外围国家进一步反思了国际货币体系自身的缺陷问题。彻底执行资本项目自由化的外围国家，由于对货币主权的放弃，在多个层面表现出面对美元“内视性”政策的脆弱性。第一层是货币政策的被动性，在美联储政策转向之后，英国央行也随之跟进，于2007年提高了基准利率，刺破了之前由于跟随宽松而吹大的地产泡沫。第二层是被迫承接危机成本，危机之后多轮量化宽松。事实上，这已经让美元的发行绑定了除美国国债之外的“劣质资产”，美元发行的信用根基与价值进一步下降，外围国家却必须继续承接，这使一直以来听从金融自由化理念的外围国家又一次反思资本自由论的正确性，更使持有大量美元资产的外围国家出现“买家后悔”，俄罗斯、中东、中国纷纷重新考虑是否有必要减少所持有的美债，并开始尝试以多边方式推行区域货币合作，美元的疆域正日益变得支离破碎。

第三节　欧元的挑战与人民币的崛起

21世纪初，新生的欧元在某种意义上挑战了美元的本位货币地位，美欧货币博弈正式开启，为转移经济压力并打压欧元，

---

① Barry Eichengreen, *Exorbitant Privilege: The Rise and Fall of the Dollar and the Future of the International Monetary System*, Oxford University Press, 2011.

美国发动了数次近欧局部战争，为全球金融危机火上加油。由于过于紧跟美式金融自由化步伐，危机在欧洲大陆同时爆发且影响更为深远，欧元区陷入长时间的债务危机与经济不景气，欧元对美元的挑战遭遇了波折。在亚洲，中国在国家实力提升的同时，逐渐积累起货币国际化的经济基础和金融能力，而在全球金融危机的冲击下，中国极力摆脱“美元陷阱”，开启了人民币国际化之路，人民币成为美元本位制下又一个新的挑战货币。

一、欧元的挑战与挫折

欧元的诞生无疑是美元危机的重要表征，我们上面从货币权力的角度，就欧元的诞生及其意义做了探讨，本节将聚焦欧元诞生后对美元权力造成的实质性影响，通过货币国际化定量指标变化，阐述美元危机的外在表征——流通域的相对缩小。

欧元的崛起直接触及了美元的核心利益，无疑会引致美国的全面打压，加之欧元自身存在缺陷，尽管在一定程度上对美元形成了挑战，但其崛起之路注定曲折。本节还就欧元的制度和市场缺陷进行了分析，下面将分析欧元如何逐步弥补种种缺陷，也说明，崛起货币通过不断夯实基础，在持续瓦解美元本位制。

1. 欧元对美元的挑战

包括蒙代尔在内的很多学者对初生的欧元寄予了厚望，认为其对国际货币体系影响深远，是继布雷顿森林体系、牙买加体系之后又一里程碑式的事件，“将挑战美元的地位并改变体系的权力结构"[①]。欧元的诞生割裂了"大一统"的美元本位制体系，至少在欧元区成员国之间，美元的货币权力被严重消解。在某一种国际本位制内部出现了区域性的本位制货币，从霸权稳定论的角度，对于原本只有"一极"的国际货币体系而言，第二极国际货币的出现本身就意味着稳定性危机，欧元流通域的不断扩大则意味着危机的深化。1999 年 1 月 1 日，德国、法国、意大利、荷兰、比利时、卢森堡、奥地利、芬兰、爱尔兰、葡萄牙和西班牙 11 个国家正式开始以欧元作为记账单位，后来，随着希腊、斯洛文尼亚、塞浦路斯、马耳他、斯洛伐克、爱沙尼亚、拉脱维亚、立陶宛的加入，到 2015 年，欧元区成员国已拓展至 19 国。无论是整体经济规模还是人口总量，欧元区都几乎与美国相当，成为名副其实的世界第二大经济体。

欧元对美元本位货币地位的挑战，体现在私人（市场）和官方（政府）两个层面对国际本位货币交易媒介、计价单位、价值储藏等 6 种功能的替代上。在私人领域，作为交易媒介和计价单位，欧元区国家之间的贸易全部改用欧元计价；在网络外部性与规模效应的影响下，欧元区与非欧元区国家之间商品和大宗商品贸易也大量改用欧元计价和结算。2001 年，全球外汇交易中有 38% 以欧元结算，高于德国马克 30%（尽管低于欧元区货币总和 53%）[②]。作为价值储藏工具，大市场的形成刺激了欧元债券市场的发展，欧洲大型银行与企业发行本地债券几乎都以欧元计价，成为欧洲地区国际债券主要定价货币。从国际

① Robert Mundell: "The Euro and the Stability of the International Monetary System", p.57.

② 刘明礼 . 币权竞争：美欧间的强者博弈 [M]. 北京：时事出版社，2017:72.

清算银行（BIS）统计数据来看，1999—2004 年，全球各类债券票据发行中以欧元定价的债券增长了 224.56%，2004 年 9 月起，存量欧元债券总额首次超过美元债券，并在其后数十年一直保持高位反超，直至 2015 年 6 月才重新被美元债券超过（见图 4–8）。

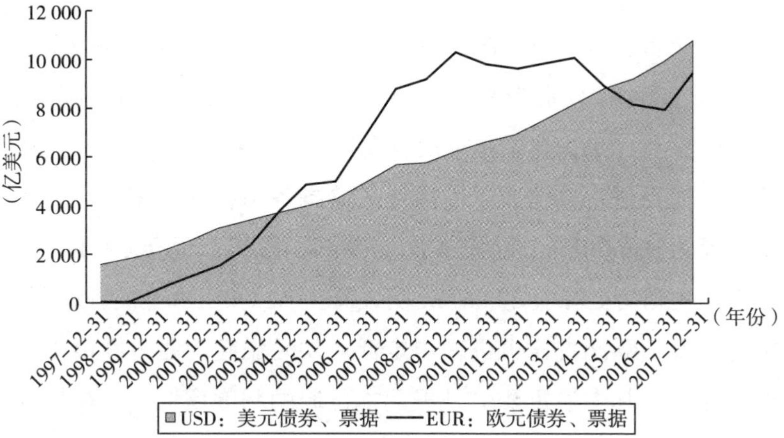

图 4–8　美元与欧元债券、票据发行（存量）

资料来源：国际清算银行，http://www.bis.org/。

在官方领域，多数与欧元建立联系汇率的国家都将欧元作为主要干预货币和锚货币，这与欧元良好的价值信誉基础有关。欧洲中央银行继承了德意志联邦银行的优良传统，严格控制通货膨胀率。此外，由于相对分散的政治结构和利益，欧洲央行对欧元汇率的干预能力低于美国，也使欧元历史走势平稳、不易被操纵，加之交易量大，从而成为一种良好的锚货币。作为储备货币，欧元区自身对外汇储备需求下降了约 2000 亿美元，且有 50 多个与欧元建立了联系汇率制度的国家使用欧元作为外汇储备，尤其是深陷“美元陷阱”亟须调整外汇储备结构的亚洲和中东等国。

但欧元对美元的挑战并不像学者所预想的那样富有颠覆性，到 2010 年欧债危机爆发前，欧元在外汇交易、外汇储备方面在全球的占比远没有达到“G2”（世界第二）地位。从货币比重占外汇交易总量来看，2001 年美元和欧元占比分别为 89.9% 和 37.9%，2004 年分别为 88% 和 37.4%，2007 年金融危机前分别为 85.6% 和 37%，比重基本没有发生变化，随着欧债危机爆发，欧元占比还进一步降低。[①] 从外汇储备各币种占比来看，1999 年美元占比 71.01%、欧元占比 17.90%，危机后的 2009 年，欧元占比达到历史峰值 27.66%，美元降至 62.05%，但随着欧债危机的爆发，欧元占比也进一步走低。欧元崛起的曲折性由很多因素导致，其中最重要的是美元本位制的制度惯性、路径依赖以及美国为维持货币霸权对欧元进行的全方位遏制与打压。

2. 美国对欧元的遏制

美国的“第二个战后秩序”完全建立在货币权力之上，对任何可能动摇美元本位制地位的崛起货币都保持十足警惕。对于欧元，美国主要采取在欧洲周边地区发动局部性战争、挑起债务危机和贸易摩擦的方式，针对其价值稳定性展开遏制和打压。

从货币角度来看，美国在 21 世纪初的一系列单边主义尚武

① 由于外汇交易涉及两个币种，因此加总为 200%。

行动，除了为运行“双赤字”提供广阔空间外，还有更深一层的用意。1999 年初欧元启动，直接撼动了美元作为本位货币的根基。欧元启动两个月后，美国发动科索沃战争，以一场高技术、高烈度、高效率的局部战争，将俄罗斯排挤出东欧实力圈的同时，也狠狠打击了初生的欧元，一年内欧元兑美元跌幅达 14%。科索沃战争之后的重建工作，又进一步耗费了欧盟的财力，拖慢了一个“统一而强大的欧洲”的崛起进程。此后，美国于 2003 年 3 月 20 日以“寻找大规模杀伤性武器”“倒萨控伊”为由发动了伊拉克战争，其目的之一亦是打击日渐强势的欧元。2000 年 4 月以后，美国互联网泡沫破裂、2001 年美国本土发生“9·11”恐怖袭击、2001 年安然公司与安达信会计师事务所的财务造假丑闻等系列事件严重打击了美国经济与投资者信心，即使格林斯潘的降息法宝也无力挽救经济颓势，2001 年 3 月，美国国家经济研究署正式宣布美国进入衰退。与此同时，从 2002 年开始，大量国际资金流出美国转投欧洲与亚洲，导致美元出现急剧贬值趋势，发展下去可能会出现严重通货紧缩，使美国面临类似 1997 年亚洲金融危机时亚洲国家的境地。在此背景下，以战争来扩充军费刺激经济、同时打击欧洲市场信心便成为不二之选。发生在欧洲附近的战争对欧洲市场的影响远大于美国，战后重建还能进一步拖累欧盟经济。另外，美国发动对伊战争还有一个直接原因：2000 年 9 月 25 日，伊拉克总统萨达姆 · 侯赛因召开内阁会议，决定放弃使用美元结算改用欧元或其他货币，并呼吁世界其他国家一同响应，以打击美国主宰地区和国际政治经济事务的货币权力。[①]这是自1975年欧佩克部长级会议接受沙特阿拉伯建议，将美元作为石油唯一定价货币以来，第一次有中东国家试图挑战美元货币霸权。由于石油这一战略物资的特殊性，控制了石油价格便意味着控制了世界经济，美国一直将"石油美元"作为美元生命线，是"国际货币体系、自由开放市场、石油价格主导"三大利益机制[②]的一大重要支柱。因此，即使开战成本不菲，美国也必然会对萨达姆政权大加惩戒。

上述单边尚武行动在短时期内起到了遏制欧元崛起的作用，然而常年卷入局部战争使美国财政赤字严重恶化，反而成为美元危机的重要驱动因素，下一章将就此进行深入论述。

3. 欧元区自身存在缺陷

在欧债危机爆发前，欧元在某种意义上对美元形成了一定程度的挑战，但差距仍十分明显，远不到G2的程度，只能算"一个半国际货币体系"。[③]欧债危机使欧元区经济、政治稳定性发生动摇，进一步打击了欧元的货币价值基础。除了美国有意识地对欧元区进行遏制外，欧元区自身在制度和市场方面的缺陷，也是欧元无法对美元形成大规模替代的原因。

（1）制度缺陷。制度缺陷体现在超主权单一货币区在统一

---

① 时寒冰.《伊拉克战争是因为欧元触碰了美国的底线》，2016年6月16日，http://ganzhou.loupan.com/html/news/201606/2326333.html.

② 罗伯特·基欧汉.霸权之后——世界政治经济中的合作与纷争[M].苏长和等，译.上海：上海人民出版社，2012:138-139.

③ Benjamin Cohen, Paola Subacchi, "A One-and-a-half Currency System", *Journal of the Internaitonal Affairs*, Vol.62, No.1, 2008, pp.151-163.

财政约束、货币政策效率、与货币权力主体方面的问题，即“货币权力”与“财政权力”的分离。

第一，德国在领导建立超主权单一货币区时，为调和不同国家之间的诉求和利益冲突，做出了一些制度性安排与妥协，促成了政治协商、推进了欧洲一体化，但同时也造成了制度性缺陷。例如，1996 年 12 月签署的《稳定与增长公约》，尽管规定如果成员国预算赤字超过国内生产总值 3% 时就要接受惩罚，但由于在其他国家反对下加入了很多附加条款，使得惩罚机制无法落实，从而埋下了欧债危机的祸根。欧债危机发生后，为维持欧元区不解散，欧盟与 IMF 联合成立 7500 亿欧元巨额“救助基金”，但这并没有从根本上解决欧元区边缘国家预算约束松弛、经济缺乏动能的问题。

第二，货币政策效率问题同样也来自其“超主权”特性，欧洲央行的货币政策决策权分散在其管理委员会的各成员国之间，且每个成员国委员的投票权相同，意味着每一次货币政策出台，都要考虑所有成员国的利益诉求，直到达成一致，无疑会对货币政策的效率和有效性产生负面影响。

第三，货币权力主体不明确导致危机发生时，缺乏“最终贷款人”。首先，欧洲央行无法完全在全球货币事务中对外代表欧元区，因为在单一主权国家，货币权力的代表除了央行行长外，还有财政部部长，在任何情况下都无法脱离财政政策谈货币政策，但欧元区内部并不存在也很难搭建一个超主权的财政部。其次，欧元集团主席无法代表欧元，即使被邀请参加 IMF 和 G7，主席也只能代表欧元区对外发言，而不能对外谈判，因为“超主权”便意味着“非主权”和“无主权”。没有一个机构或者国家可以对外代表欧元区行使货币主权，在国际社会上，每一个欧元区国家都代表自己而非欧元区在发声，[①]在此情况下，一旦发生危机，就会立刻凸显欧元的核心问题：缺乏一个真正的“最终贷款人”。《马斯特里赫特条约》只明确了欧洲央行需支持泛欧清算机制（TARGET），并未提及当市场遇到严重流动性不足时由谁来救市，“最终贷款人”事实上还是各成员国央行。[②]

（2）市场缺陷。市场缺陷主要体现在欧洲统一市场尚未完善、交易成本高、金融市场深广度有待拓展。对于一个多主权联合体而言，一旦进入单一货币联盟这一实质性领域，市场标准分散的问题便会凸显，不同国家所使用的不同结算货币和结算系统、税收和财政制度，监管和会计习惯，并非一朝一夕便能实现统一化和标准化。与美国不同，欧洲金融市场发展相对滞后，更加依托于银行体系进行间接融资。2002 年，欧洲前九大银行包括德国的德意志银行、德累斯顿银行、裕宝联合银行，瑞士的瑞士信贷、瑞士银行，英国的汇丰银行、苏格兰皇家银行、巴克莱银行以及荷兰的荷兰皇家银行。其中，大部分在全球开展业务，却很少在欧洲其他国家开立分行，这体现了银行业市场的割裂，直到 2012 年欧元区才推进构建银行联盟的“三大支柱”——单一监管机制（SSM）、单一清算机制（SRM）和共同存款保险机制（DGS）。对资本市场一体化的推动则更晚，

① Benjamin Cohen, *The Future of Global Currency: the Euro versus the Dollar*, Routledge, 2011, p.107.

② 刘明礼 . 币权竞争：美欧间的强者博弈 [M]. 北京：时事出版社，2017:75–78.

到 2015 年才发布《构建资本市场联盟绿皮书》，提出建立资本市场联盟相关建议，[①]但要弥合各国在金融、经济、法律、上市规则、投资者保护要求、信息披露准则、资产评估方法等方面一系列差距，还需要较长时间来慢慢磨合。此外，统一的信息系统、清算结算系统等金融基础设施的建设也因为标准不一、成本高昂等非常难以推进。

二、人民币崛起的现实基础与动因

从第一章的货币体系更替模型来看，一种新的国际化货币的崛起，在初期首先需要具备相应的硬实力和软实力，推动市场选择使用该货币；其次还需要外力促使其以国家力量推动本国货币国际化，这种外力往往来自本位货币国家对货币权力的掌控，人民币的国际化之路同样印证了该模型假设。2008 年全球金融危机之前，尽管人民币尚未开始国际化，但已具备了国际化的种种条件，并积累了促成人民币国际化的国家驱动力，美元本位制下又一重危机因素开始孕育。

1. 人民币国际化的经济基础

出于韬光养晦的传统和谨慎的金融自由化取向，在全球金融危机爆发之前很长一段时间，中国一直未将人民币国际化提上日程，但人民币成为一种国际货币的国家实力基础已基本具备。

从经济实力来看，自改革开放以来，中国创造了长达 30 年国内生产总值年均增长率近 10% 的“经济奇迹”。在 2009 年正

① 李霞，侍荻．欧洲金融一体化的深化 [J]. 中国金融，2018（20）:77–79.

式启动人民币国际化政策之时，中国实际上已超越日本成为世界第二大经济体。更重要的是，中国还是一个高度开放的经济体，2001 年中国加入世界贸易组织（WTO）。在 21 世纪前十年，中国进出口总额占 GDP 的 70% 左右，是世界上最大的贸易国，这使中国深度嵌入全球产业链，与世界各国建立了重要的商贸往来关系，为人民币国际化奠定了重要基础。

从货币价值来看，1984—2000 年，中国经济经历了高通货膨胀时代，但此后逐渐过渡到价格较为稳定的时期。随着货币政策框架的不断完善和经济增速的放缓，无论与中国过去相比还是与多数新兴经济体相比，中国的通货膨胀水平都保持在相对低位。中国人民银行在抗击通胀、管理汇率方面所取得的成就不亚于德意志联邦银行，以人民币实际有效汇率（REER）[①] 为衡量标准，2001 年之前，中国的通胀率在 20% 波峰和彻底通货紧缩的波谷之间波动，2001—2014 年，月度同比通货膨胀平均值和标准差分别从 1987—2000 年的 8.8% 和 8.7% 下降到 2.5% 和 2.4%[②]；人民币兑美元汇率在 1994—2014 年也一直呈上升态势（见图 4-9），尤其是在亚洲金融危机和全球金融危机时期，在大多数新兴市场货币竞相贬值之际，中国人民银行始终坚守“不贬值”承诺，迎击人民币空头屡屡获胜，为其赢得了广泛的国际赞誉，给予了市场强烈的价值信心。

① 根据贸易份额对人民币与中国贸易伙伴国货币的一揽子双边汇率进行加权计算所得的汇率结果。

② 欧伟伦，马国南，罗祥国．人民币的崛起：全球货币新体系的兴起 [M]. 李巍，苏晗，译．上海：格致出版社、上海人民出版社，2016:79.

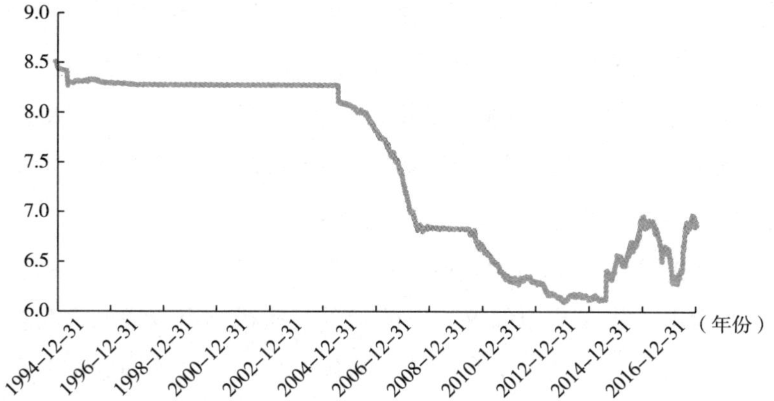

图 4-9　美元兑人民币中间价

资料来源：万得资讯。

2. 人民币国际化的制度基础

从国际影响力来看，除了两次危机期间表现亮眼，中国在国际金融领域通过支持并积极参与国际货币基金组织、国际清算银行和《清迈协议》等国际和区域性金融安排，树立起了负责任的大国形象，为人民币国际化打下了制度基础。亚洲金融危机爆发后，中国参与领导并确立了“东盟—中日韩”亚洲国家“10+3”领导人峰会的框架[①]。1999 年 11 月，在菲律宾马尼拉举办的“10+3”首脑非正式峰会上，会议联合声明指出要在东亚地区缔造共同市场及单一货币“亚元”。根据该声明精神，2000 年 5 月在泰国清迈举办的“10+3”财长会议上，与会各方

① Markus Hund, “ASEAN Plus Three: Towards a New Age of Pan-East Asian Regionalism? A Skeptic’s Appraisal”, *Pacific Review,* Vol.16, No.3, September 2003, pp.383-417.

签订了“建立双边货币互换机制”协议，又称《清迈倡议》，标志着东亚货币合作正式拉开序幕。在该倡议下，中国签署了共计165亿美元的货币互换，其中，有85亿美元是与日本、韩国、马来西亚、菲律宾、印度尼西亚五国签订的人民币与该国货币的双边互换，迈开了人民币国际化的第一步。

2003年10月，时任国务院总理温家宝在“10+3”首脑会议上提出，将《清迈倡议》下的货币互换机制由双边调整为多边，但由于日本试图争夺区域政治领导权，将区外国家纳入东亚地区合作框架，多边化进程一度阻滞，直到2006年5月，在印度海德拉巴召开的第九次“10+3”财长会议才决定成立《清迈倡议》多边化工作组。2007年5月，日本京都第十次“10+3”财长会议同意通过“自我管理的区域外汇储备库”（SRPA）作为亚洲多边资金救援机制的具体形式。2008年5月，西班牙马德里“10+3”财长会议一致同意建立总规模不低于800亿美元的外汇储备库，中日韩和东盟出资比例为80∶20，其中，中国、日本各出资384亿美元，共享最大出资份额，韩国出资192亿美元，而东盟其他国家的出资超过其经济实力的20%份额——这体现了区域内两大经济强国互相承认彼此实力均衡、互相尊重对方地位，以及东亚经济强国愿意让渡部分权力给中小国家，以政治协商谋求区域货币合作的态度。这种态度同样体现在“自我管理”的外汇储备制度上，未发生危机时，中小国家仍可日常管理并使用其外汇储备，并未丧失自主权；面对重大事项，决策程序采取“协商一致原则”，而面对具体贷款项目问题，采取2/3绝对多数表决机制，实现了效率与公平的统一。[①]2008 年金融危机爆发后，东亚外汇储备库建设迅速推进，于 2010 年 3 月正式生效。在《清迈倡议》和整个东亚外汇储备建立过程中，中国以日益积极的态度介入区域化货币合作之中，迅速提高了中国在区域内的货币政治领导力。

3. 人民币国际化的动因

在 2008 年全球金融危机爆发之前，中国并未从国家战略的高度主动推进人民币国际化，而与日本一样选择“搭便车”，充分融入美元本位制体系。但美元本位制的原生缺陷也为中国带来诸多问题，这些问题在 21 世纪初愈发凸显，成为人民币国际化国家驱动力的来源。

尽管已经具备了人民币国际化的现实基础与制度基础，但与中国经济和国际地位相比，长久以来，人民币在国际货币金字塔上都属于较少用于跨境贸易的“平民货币”。即使中国全力倡导了东亚的区域化货币合作，也并非出于逃离美元货币权力范围的目的，而是一种技术层面的危机自救机制，这与中国对美元的高度依赖有关。

与日本等其他亚洲国家一样，中国以产能国的身份积极融入美元本位制下的“中心—外围”体系，成为国际供应链上不可或缺的一环。在经济腾飞之初，中国同样依靠了美元的“搭便车”效应，利用美国庞大的消费市场发展制造业，因此美元便顺理成章地成为中国最重要的结算、交易和储备货币。然而，随着贸易顺差的扩大和外汇储备的积累，中国

---

① 李巍．制衡美元：政治领导与货币崛起 [M]. 上海：上海人民出版社，2015:217–218.

同样面临了日本曾经面临过的问题：流动性过剩带来的通货膨胀压力，以及美国试图转嫁国际收支失衡成本带来的本币升值压力。快速增长的外汇占款使中国基础货币快速扩张，2000 年 1 月至 2008 年 12 月，中国的 M0、M1 和 M2 分别增长了 112.63%、256.92% 和 291.97%，带来的直接影响是经济发展过度依赖出口和投资，以及流动性泛滥引起的企业债务高企、影子银行问题、房地产价格飙升等。在国际贸易领域，中国代替日本成为美国转嫁“双赤字”调整压力的对象，长期承受美国“以汇率操纵提高产品国际竞争力”的不公平指控。在与非美元国家双边贸易中，使用美元结算使中国企业承受了高昂的汇率波动风险。

除此之外，作为全球最大的美元储备国家，中国长期持有超过 3 万亿美元的外汇储备，也使之成为美元币权滥用的最大受害者。尤其是金融危机后美国采取多轮量化宽松政策，以大量铸币税和通货膨胀税冲淡了美元的货币价值与购买力，造成中国外汇储备价值大幅缩水；而 2008 年全球金融危机的爆发，以及其后国际各界对美元本位制持续性、稳定性的大讨论，也促使中国开始反思外汇政策，考虑通过外汇储备多元化和人民币国际化的方式，逐渐减少对美元的依赖。对于美国而言，正是美元本位制的弊端和美国币权的滥用，推动了中国出现人民币国际化的倾向以及其后的一系列货币外交行动。

本章小结

本章我们聚焦 2000—2008 年的历史背景与特征，论述了美国货币扩张所导致的全球经济失衡和金融自由化引发的全球金融危机及其对美元本位制的影响，而美元本位制的进一步动摇从意识形态上终结了美国第二个战后秩序，并进一步推动了挑战货币——人民币的兴起。

美国的货币扩张是“美元—美债”双赤字循环得以运行的基本前提，而 21 世纪初的货币扩张失控则源于多重因素的催化。政治方面，冷战终结和互联网“新经济”爆炸式增长点燃了美国新保守主义思潮，在“9·11”恐怖袭击刺激下，单极思想又进一步升级为进攻性干涉主义。2001 年阿富汗战争和 2002 年伊拉克战争成为美国政府大行赤字财政的理由，加上大规模减税政策，克林顿政府积累的财政盈余迅速变成了财政赤字。经济方面，在“新经济”泡沫破裂使一系列经济核心指标恶化的形势下，小布什政府遵循供应主义经济学原则，以宽松货币政策应对经济疲软、防止通货紧缩，从 2001 年 1 月到 2003 年 6 月连续降息 13 次，联邦基金利率降至 1% 的历史低点，完全偏离了“泰勒规则”，造成货币投放失控，广义货币 M2 急速膨胀。尽管小布什第二任期内转为加息政策，但由于房地产泡沫失控、信用及衍生工具滥用，货币派生始终居高不下。其后果，一是使美国“双赤字”问题进一步恶化，2001—2005年积累了过去87年近1/3的政府债务，2006年贸易赤字占GDP的比重达到历史峰值6%；二是造成外围产能国和资源国的外汇储备激增，具有高能货币性质的外汇储备增长直接将美元过度投放的恶果延伸至外围国家，流动性泛滥成为全球问题；三是美元本位制的“中心—外围”结构带来的全球贸易收支失衡，无论是“减少法”还是“转换法”均无法解决该问题。目前美国以资本账户顺差来弥补经常项目逆差的方式同样不可持续，因为资本回流带来的美元贬值压力本身就撬动了美元货币价值这个重要根基。

美元本位制具有自进化特征，这个特征就是新自由主义思想指导下的金融“脱嵌”。美式金融自由化是延伸美元流通域、深化在岸和离岸美元投资市场、拆除资本自由流动藩篱并最终强化美元货币权力的关键抓手，为“美元—美债”循环提供源源不断的动能，却也因此为金融风险跨境、跨市场传递扫清了障碍。美式金融自由化发轫于美国，21世纪初，随着思想意识、法律政策、市场经济制度席卷全球。金融自由化内含的风险高度集中、风险形态复杂、风险杠杆飙升、风险意识淡薄、风险监管缺位等问题也成为全球性问题，包括美国在内的多个国家均出现经济空心化、金融脱实向虚、风险偏好改变、价值取向单一等问题。美国为满足内视性政策需要，无节制地使用货币发行权和举债权，又为扩大货币权力使用空间将美式金融自由化推广至全球，终于催生了“流动性过剩—流动性泛滥—流动性突然消失”的金融危机。2007年，起源于美国的次贷危机循着美元流动性和金融自由化的管道很快发酵成全球性金融危机，并带来绵延不断的全球性经济衰退，将很多经济体的缺陷暴露无遗——欧债危机便是其中一个样本。

2008 年的全球金融危机严重冲击了美国的软实力，从学术界对“动态随机一般均衡”的质疑开始，以“凯恩斯—金德尔伯格—明斯基”视角为代表的异质性声音开始占据上风，经济学界逐渐以一种更加传统、历史和社会的丰富视角来审视金融行为；国际监管与国际组织也转变了此前对新自由主义一力支持的态度，不再盲目推行美式金融自由化；更重要的是，直接承受危机成本的外围国家开始总结 1997 年亚洲金融危机之后的反思，进一步探讨国际货币体系自身的缺陷，除欧洲外，多边区域货币合作在亚洲加速推进，进一步瓦解了美元的疆域。

本章最后一节探讨了全球金融危机前后，欧洲和亚洲这两个重要区域货币试验田的货币国际化进展。欧元的诞生从某种意义上挑战了美元的本位货币地位，割裂了“大一统”的美元本位制体系。随着欧元流通域扩展至 19 国，以及在欧元区及泛欧地区欧元对美元本位货币的部分替代，新生的欧元蚕食着美元的货币权力。但欧元对美元的挑战最多形成了“一个半”国际货币体系，远没有达到颠覆性的“G2”的地步，而且随着美国多次策动近欧地区的局部战争、挑动对欧贸易战，以及全球金融危机和欧债危机的直接冲击，欧元的价值发生波动，国际化进程曲折难行，且暴露出超主权单一货币在统一财政约束、货币政策效率、货币权力主体方面的制度性缺陷，而欧洲统一市场尤其是金融市场的建设也需时间来推进，以上种种均使欧元国际化面临挑战。在亚洲，21 世纪初的人民币在经济实力和货币价值方面已经具备了可以被市场自然选择的国际化的现实基础，并通过积极参与东盟 – 中东欧“10+3”区域多边合作和推进《清迈倡议》和东亚外汇储备库建设，逐步提高了中国在国际社会的金融领导力。在此基础上，全球金融危机的爆发直接唤醒了中国的危机意识，作为全球最大的美元外汇储备国，金融危机后异质性思维的出现也启发了中国，从而直接使人民币国际化被提上了日程。

5

后金融危机时代的币权竞争及其前景（2008—2018年）

2008 年全球金融危机引发了比“大萧条”更为严重的后果，却没有带来“大萧条”时期对金融秩序的根本性整顿和改革。尽管危机后国际社会达成共识，要加强金融监管、整肃过度自由带来的问题，并对国际银行业监管规则和国际会计准则进行了相应的修订，各国也陆续出台了一系列金融法律法规，例如美国的《多德－弗兰克法案》和《欧盟金融工具市场指令Ⅱ》，但这些并未从根本上弥补美元本位制的制度性缺陷。由于危机带来的全球经济衰退和市场波动，甚至强化了美元本位地位，给予了美元更多滥用币权的空间，也将美元本位制下的流动性泛滥、全球经济失衡、经济空心化三大问题推向了极致。由此可见，美元本位制危机的病根尚存，驱动因素更为有力，因此危机表征也越发明显：一是美元货币信用危机发生的可能性快速上升，美国双赤字与经济空心化问题积重难返；二是货币流通域在现实与意识层面进一步被割裂，本位货币与崛起货币之间的币权博弈更加激烈。尽管从货币国际化各项指标来看，欧元、人民币等崛起货币难以立刻动摇美元霸权地位，但美元信用持续下跌、“新特里芬悖论”愈演愈烈，欧元与人民币国际化稳步推进，仍意味着美元本位制的危机渐行渐近。如科什纳所言，美元本位制之所以继续存在，并非由于美元的强大，而是因为“挑战货币的弱小，这是美元本位制无限延续下去的最后一点儿动力”。在该时期，各国对国际货币体系进行根本性改革也越来越达成共识，从而为国际货币体系的演进提供了新的可能性。

第一节　悬崖边缘的美元本位制

历史上，本位货币危机最终都是以债务信用危机的形式爆发的，观察美元本位制危机的外在表征，同样可以看到美国在日益靠近债务信用危机的爆发点。这是由于即使经历了全球性的金融危机，美元本位制的基本设计缺陷、美国对货币权力的滥用也没有发生根本性的改变。

在美元本位制下，由于“多余自由度”的存在，每逢美国经济出现问题时，它总会采用同一个药方：以“双逆差”的弱势美元政策来刺激经济增长和化解转嫁危机，例如，1971—1973 年的“尼克松冲击”、1977—1978 年的“卡特冲击”、2003—2004 年的“格林斯潘－伯南克冲击”等，2008 年全球金融危机发生后同样如此。为注入流动性，2008—2012 年的“伯南克冲击”以近乎零的超低利率和连续四轮量化宽松政策，同时压低美国的短期和长期利率，使流动性泛滥、“双赤字”、经济“脱实向虚”问题更加严重。这种饮鸩止渴和对金融信用的过度透支行为，一方面从内部快速消解着美元的实际账面价值和现实价值基础，另一方面从外部引发外围国家对美元价值的质疑和对全球经济金融失衡的担忧。这一阶段，美元危机的根本原因、驱动因素与外在表征并没发生本质性变化，但更加剧烈，体现在更为激烈的双边摩擦，以及更多异质性思维的出现。

一、伯南克冲击

所谓伯南克冲击，指的是次贷危机爆发后美联储采取的扩张性货币政策及其产生的一系列流动性冲击。面对次贷危机带来的流动性破坏和信贷紧缩，美联储动用了价格和数量两种工具，向市场注入了巨量流动性以缓和危机。从 2007 年 9 月到 2008 年 12 月，美联储连续 10 次下调联邦基金利率，隔夜拆借利率从 5.25% 调至 0.25%。当价格工具仍无法缓解经济衰退时，美联储又使用数量工具开启了连续四轮的"量化宽松"（见表 5–1）。第一轮量宽启动于 2008 年 11 月，主要购买政府支持企业（房利美、房地美、联邦住房贷款银行）的债务，以及两房企业和联邦政府国民抵押贷款协会担保的抵押贷款支持债券 MBS，共计 1.725 万亿美元，目的是缓解金融市场流动性危机、恢复市场信心；第二轮量宽启动于 2010 年 11 月，购买标的是约 8000 亿美元的长期美国国债，目的是通过压低长期利率提振美国经济，并为赤字财政融资；第三轮量宽启动于 2012 年 9 月，通过买入 MBS、卖出长期国债的"扭曲操作"（OT），压低长期利率，支撑抵押贷款市场，共计买入 MBS 1200 亿美元；第四轮量宽启动于 2013 年 1 月，共买入 1.6 万亿美元 MBS 和国债，目的是引导抵押贷款利率下行，刺激购房与融资活动，巩固房地产向好趋势。

表 5-1　美联储四次量化宽松主要内容

	起始时间	规模
第一次量化宽松	2008.11—2010.04	MBS 1.25 万亿美元、机构债券 1750 亿美元、长期国债 3000 亿美元，共计 1.725 万亿美元
第二次量化宽松	2010.11—2011.06	国债 8000 亿美元
第三次量化宽松	2012.09—2013.01	MBS 1200 亿美元
第四次量化宽松	2013.01—2014.10	国债 8000 亿美元、MBS 8000 亿美元，共计 1.6 万亿美元

到第四轮量化宽松政策结束，美联储共计扩大资产负债表 4.5 万亿美元。对于美国而言，低利率与量化宽松政策有效解决了流动性短缺，恢复了信贷扩张，提升了资产价格，将失业率降低到 5.7% 的低位，同时，还没有对美国本土造成恶性通货膨胀的负面影响，通胀率大多数时间维持在 2% 左右的低位，这反映了美联储高超的政策掌控力。但对于外围国家而言，尤其是具有较高利率且资本项目完全开放的新兴国家而言，却因为“利率套利交易”[①] 带来了大量的热钱流入。

通过零利率与量化宽松政策，美联储实现了内视性国内货币政策目标，却对外围国家造成了至少三方面的负面影响。一是美

① 利率套利交易是指通过出售利率较低的货币 A 获得融资后，运用该笔资金购买利率较高的另外一种货币 B 的套利交易。

元汇率持续走低。美元真实广义实际汇率在 2009—2013 年总体呈大幅下跌态势，直到 2012 年欧债危机爆发才有所回升（见图 5-1），弱势美元意味着美元价值的削弱和对外围国家的利益伤害。二是弱势美元叠加低利率，使大量热钱涌入新兴经济体，追逐利率和汇率双重套利，与此同时，新兴经济体国家为缓解货币升值压力，在市场大量购入美元对冲，两相叠加形成大量具有高能货币性质的外汇储备，使新兴经济体流动性泛滥。三是大宗商品价格飙升。热钱流入和经济过热催生了新兴经济体对大宗商品的巨大需求，宽松的美元流动性又使利率套利者可以轻易获得廉价融资建立大宗商品期货多头，进一步推动了大宗商品价格上扬，[①]导致大宗商品资产泡沫的同时，加重了大宗商品进口国、主要产能国的生产成本。

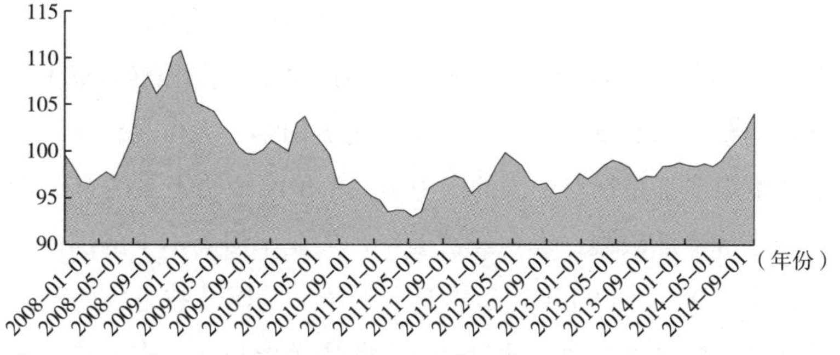

图 5-1　美元广义实际汇率

资料来源：圣路易斯联储经济数据库。

① 罗纳德·麦金农 . 失宠的美元本位制 [M]. 李远芳等，译 . 北京：中国金融出版社，2013:59.

二、贸易赤字问题

美元本位制下的“中心—外围”国家分工，决定了美国经济发展主要依靠消费拉动，因此，贸易赤字问题成为根植美元制度深处的不可解问题。2008 年美国贸易赤字达到 8325 亿美元峰值，在全球金融危机冲击下，货物贸易赤字出现历史新低，缩减至 5097 亿美元，但很快又走上了扩张之路。奥巴马政府时期（2008—2016 年）贸易赤字占 GDP 的比重维持在 2.5% 的较高水平，比 1971 年首次出现贸易赤字 40 年以来的平均水平高出 0.45 个百分点。① 到特朗普政府时期，尽管出台了一揽子政策鼓励“企业回迁”，美国贸易赤字仍然居高不下，2017 年高达 8112 亿美元，基本恢复金融危机前水平。2018 年以来，美国贸易赤字一路走高，10 月再创历史高峰。

一方面，大规模贸易赤字有悖于美国的再工业化政策导向；另一方面，长期国际收支失衡也不利于维护美元霸权地位。在此背景下，美国多次挑起汇率争端与贸易争端，试图以转嫁成本的方式调整国际收支失衡，由于中国是美国第一大贸易伙伴，上述政策很多都是针对中国的。中美汇率争端肇始于 2002 年，面对新经济泡沫破裂、宏观经济萎靡、失业率居高不下的国内困境，如同 20 世纪 90 年代压迫日元升值，美国故技重施将问题归咎于美国最大的贸易伙伴——当年中美贸易逆差占逆差总额 22%。②2003 年，美国议员查尔斯·舒默提出《舒默法案》（Schumer

---

① 边卫红，蔡思影．美国“双赤字”困境探析——基于美国 50 年来双赤字发展情景分析 [J]. 国际贸易，2018(8):47.

② 纪军．人民币争端的演进 [J]. 当代世界，2010（8）:21.

Bill），要求对中国产品加征 27.5% 的汇率税；2003 年 9 月，美国财长斯诺访华，提出要求中国政府放开人民币汇率浮动范围；2005 年，美国议员林赛·格雷厄姆提出《舒默 – 格雷厄姆修正案》（Schumer-Graham Bill），此后美国议员又陆续提出《中国货币法案》（China Currency Bill）、《格拉斯利 – 包克斯法案》（Grassley-Baucus Bill），一再压迫人民币升值；2006 年美国财长鲍尔森访华，重提人民币升值问题。次贷危机爆发后，美国忙于应对危机，希望争取更多国际合作，同时，由于中国 2005 年启动了“8·11”汇率改革后，人民币进入升值通道，中美汇率争端暂告一段落。

与汇率争端相比，中美贸易争端旷日持久且愈演愈烈。2000 年中国取代日本成为美国贸易赤字的主要来源国，2017 年美国对华贸易赤字 3757 亿美元，占美国货物贸易赤字总额的 46%，是美国第二大贸易赤字来源经济体欧盟的两倍。十几年来，中美两国贸易摩擦不断，在全球金融危机发生后，冲突更加频繁和剧烈。奥巴马政府在小布什政府“遏制加接触”战略基础上提出美国“重返亚太”和“亚太再平衡”战略，在深入与中国进行“战略和经济对话”的同时，美国又发动一系列反补贴、反倾销贸易制裁措施限制中国产品对美出口；在市场准入、政府采购、知识产权问题上对中国施压试图扩大对华出口；同时联合澳大利亚、日本等贸易伙伴发起跨太平洋伙伴关系协定（TPP），试图通过重塑贸易规则限制中国。[①]2016 年 11 月，特朗普当选第 45 任美国总统后，反全球化和民粹主义思潮进一

① 蒋芳菲．从奥巴马到特朗普：美国对华“对冲战略”的演变 [J]. 美国研究，2018(4):85–86.

步抬头。美国政府对内推行“特朗普经济学”迎合中下层选民，对外推出一系列以“美国优先”“让美国重新伟大”为口号的贸易保护主义政策，将贸易赤字、经济空心化、失业率问题归咎于“不公平”贸易，执意退出跨太平洋伙伴关系协定，扬言退出世界贸易组织，同时以“重塑双方公平互惠经贸关系”为由，对中国发起一系列严厉贸易制裁与打击。2018 年 3 月以来，特朗普政府对华贸易纷争从单纯扭转逆差转向对中国高端制造业进行全面围堵，重启对华“301 调查”，连续抛出加征关税清单，对中兴执行 7 年出口禁令并开出 14 亿美元罚单，并以美国司法部名义对华为公司及其高管进行多项刑事指控，核心目的是打击华为 5G 竞争力。

持续恶化的国际收支从内外两个方面加深了美元危机。就外部而言，外围国家过度承担了美元本位制的负面影响，一方面，美国巨额贸易逆差意味着主要产能国和资源国积累了巨额外汇储备，导致货币发行激增和严重流动性过剩，2008—2018 年，中国 M0、M1、M2 分别从 36 673 亿元、154 870 亿元、417 819 亿元上涨到 73 208 亿元、551 686 亿元、1 826 744 亿元（见图 5–2），增幅分别为 99.62%、256.23%、337.21%，并导致企业杠杆率上升、影子银行体系膨胀、房地产过热等系列流动性过剩带来的问题；另一方面，美国以汇率战或贸易战的方式转嫁国际收支失衡的调整成本，不但“治标不治本”，而且会加剧货币中心国家与外围国家之间的离心力，促使外围国家加快推动本币国际化。尤其在美元本位制下，不但金融危机周期性出现，本位国家使用汇率和贸易武器转移调整成本的做法也有迹可循：1987 年，日本作为当时最重要的产能国，贸易赤字占美国总赤字的 43.3%，且在当年实现了日美两国债权、债务国身份和人均国民生产总值的“逆转”。[①] 为解决贸易逆差问题，美国动用货币权力迫使日元升值，《广场协议》以及由此引致的“平成萧条”给后来者提供了前车之鉴。因此，代替日本成为美元本位制下最大产能国的中国，在应对汇率和贸易问题时更为谨慎，对国际货币体系缺陷的认识也更为深入。

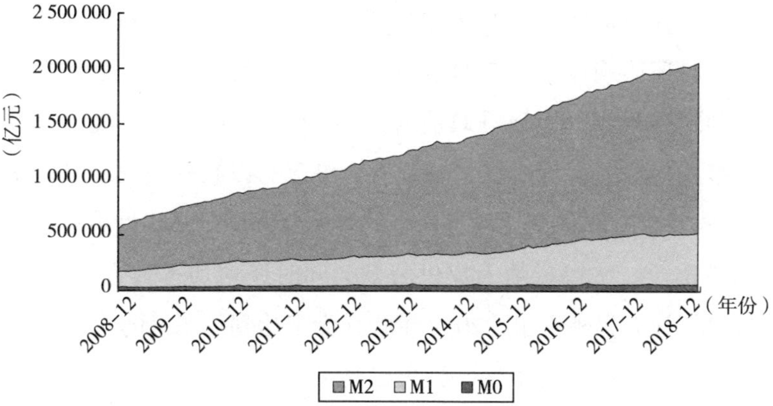

图 5-2　人民币货币供应量（M0、M1、M2）

资料来源：万得资讯。

就内部而言，顺差国对外汇储备进行管理和投资，美元一部分回流至出售国债、政府债的官方机构，通过财政支出和转移支付的方式形成政府消费；另一部分回流至出售股票、债券

① 杨碧琴．人民币汇率对跨境贸易人民币结算影响的研究 [M]. 成都：西南财经大学出版社，2017:82.

等金融资产的私人机构，或以外汇存款方式回流美国，最终通过消费信贷方式形成居民消费。回流的美元造成美国本土的流动性泛滥，带来通货膨胀压力，并推动居民消费信贷和按揭贷款信用下沉，以创造更多信用需求、吸纳更多流动性。从这个意义上，次贷危机迟早将以其他形式再次出现。

三、财政赤字与政府债务问题

尽管美国以“伯南克冲击”成功应对了次贷危机后的经济衰退，并将通货膨胀有效控制在 2% 以内，但广义的流动性膨胀同时还体现在未到期的金融票据上，换言之，以巨额财政赤字的形式显现。奥巴马政府时期（2008—2016 年），美国财政政策先松后紧。为对抗金融危机，奥巴马以减税增支政策刺激经济，将 7000 亿美元救市基金的一半金额用于结构性减税和给小微企业、按揭贷款人提供贷款。同时还增加了教育、医疗、科研等社会福利支出，2009 年联邦赤字达到创纪录的 1.42 万亿美元，赤字率超过 10%。到奥巴马第一任期末，由于小布什时代留下的多项减税和刺激政策到期，同时 2011 年《预算控制法》（Budget Control Act）生效触发“自动削减赤字机制”，美国面临“财政悬崖”（Fiscal Cliff）式的赤字减少，至 2015 年美国赤字率下降到 2.5%，2016 年又回升到 2.9%。尽管如此，多年赤字仍积累起海量的政府债务[①]，2011 年和 2013 年美国两次逼近 14.3 万亿美元和 16.4 万亿美元的法定债务上限，2013 年更是因

① 政府债务是指联邦财政部和其他政府机构发行的联邦政府所有未到期的债务总额。

为两党无法就提高债务上限达成共识，政府关门停摆 16 天。至奥巴马离任，美国债务从 10.6 万亿美元飙升至 19.5 万亿美元，几乎翻了一番。尽管在竞选口号中提出要削减赤字、实现财政盈余，特朗普在上任后却反其道而行之，一方面实施大规模减税方案以刺激经济增长，另一方面大幅度提高军费预算以确保美国军事研发保持代际优势，致使美国连续两年财政赤字不降反升，2017—2018 财年，美国财政赤字达 7820 亿美元，政府债务总额超过 21 万亿美元（见图 5-3）。

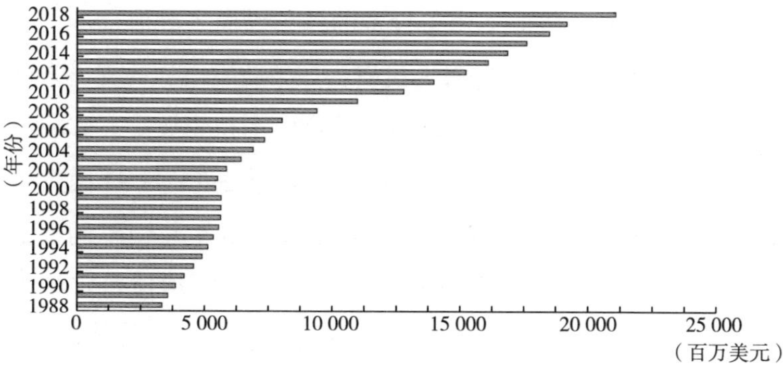

图 5-3　美国联邦政府负债总额

资料来源：万得资讯。

从政府债务可持续性理论来看，美国巨额债务已超过公认警戒线，国际上一般将《马斯特里赫特条约》中关于财政赤字率和国债负担率的比率指标作为政府债务规模警戒线，规定公共债务不得超过 GDP 的 60%，财政赤字率低于 3%。2018 年美国政府债务占 GDP 的比重由十年前的 64.6% 增加到 105%，财政赤字率达

4.1%，根据高盛预测，2021 年将高达 5.5%，2028 年达 7%。① 财政赤字问题并非新问题，却可能引发前所未有的新危机，且危机来临的时点正在加速趋近：从 1987 年美国失去全球债权国地位到 2007 年次贷危机爆发，30 年间美国政府债务总额共计 8 万亿美元；但从金融危机爆发至今，仅 10 年时间美国政府债务总额便飙升至 21 万亿美元。如果继续放任超过安全警戒线的政府债务膨胀，将会对美国经济增长与美元地位造成直接冲击。

经济学界的研究表明，政府公共债务与 GDP 增长之间存在消极的非线性因果关系：政府债务失控将导致国民净储蓄下降和更高利率水平，将原本用于投资的储蓄投向了政府债券，从而产生“挤出效应”，抑制私人投资；如果政府增加的支出未进入生产领域，更会因为总投资不足导致资本积累放缓，影响经济增长。莱因哈特（Reinhart）和罗戈夫（Rogoff）对 44 国大量历史数据的实证研究也证明了这一点：政府债务占 GDP 的比重如果超过 95%，债务每增加 10 个百分点，GDP 增速每年将下降 0.15%~0.2%，美国的历史数据同样支持该结论。② 随着债务总额的增长，联邦财政收入将越来越多地用于支付利息，预计 2018 财年与 2019 财年联邦政府财政收入对债务的覆盖率分别为 14.9% 和 14.2%，2022 财年可能进一步恶化至 12.1%，2017 年政府可变现资产对总债务的覆盖率仅为 7.3%。③ 在不扩大政府赤字

① 李金珊 . 美国债务总额大于 GDP 总额，政府为什么还不破产 [OL]. 第一财经，https://www.yicai.com/news/100066454.html.

② 徐肖冰 . 美国政府债务的演进、发展与可持续性研究 [D]. 博士论文，辽宁大学经济学，2014:56.

③ 数据来源：大公国际《美国主权信用评级报告》，2018 年 1 月 16 日。

的情况下，只能选择增税或者节支的方式——前者必然影响消费、投资和劳动力供给从而抑制经济增长，后者则因代议制的选举制度而受到掣肘。此外，削减政府固定项目投资同样也会影响总收入与产出。

经济增长失速，增税减支又不可行，所导致的必然结果便是债务危机。债务危机首先是一种信心危机，当债权人认为美国政府的收入不足以偿还债务，或者因为投资的集中度过高而试图分散风险时，美国将无法再举债为财政政策融资。徐肖冰、陈庆海对比“欧猪五国”（意大利、西班牙、爱尔兰、葡萄牙、希腊）与美国财政状况，发现多个类似之处：政府负债率与赤字率超过国际警戒线、经常账户长期赤字、由于全球 / 区域性的本位货币权力带来的强大的外部融资能力、财政纪律松弛，无法通过货币贬值来调整经济。区别可能只在于美国挥霍的空间更大[①]，但接近于 0 的利率水平、多轮量化宽松后庞大的央行资产负债表、急速膨胀的国家债务、无法逆转的经常项目赤字等已经极大地压缩了美国的施政空间，一旦债务危机的链条触发，特朗普政府几乎没有更多可以使用的工具和回转余地。

从货币权力角度来看，美元债务危机等同于美元本位制危机，一旦本位货币国家出现主权债务的信用违约，即意味着基于信用发行的货币价值不复存在。如果说伯南克冲击带来的流动性泛滥和贸易赤字带来的全球失衡与纷争，只是在理念和现实领域持续消解美元本位制的基础，那么财政赤字和债务危机

① 徐肖冰，陈庆海 . 债务危机探析：美债与欧债的比较 [J]. 金融与经济，2014（6）: 51–55.

则将直接瓦解牙买加体系，正如美元与黄金兑付危机曾经瓦解布雷顿森林体系一样。

四、经济空心化问题

金融自由化对美国实体经济带来的“空心化”伤害，在2008年全球金融危机中暴露无遗。危机后美国竞争力出现衰退，世界经济论坛每年公布的《全球竞争力报告》中，美国从当之无愧的第一掉落至第二甚至第三。因此，奥巴马政府从上任伊始便将“再工业化”作为国家战略，特朗普政府也通过多种手段大力推行“制造业复兴与制造业回流计划”，希望通过发展高端制造业改变美国经济脱实向虚的趋势，扭转虚拟经济与实体经济发展本末倒置的现象，通过转变经济发展方式——从依靠虚拟经济、消费经济、债务拉动型增长，转为依靠实业制造、更多储蓄、出口拉动型增长——获得经济的可持续增长能力，夯实美元本位制的根基。

2009年以来，以刺激经济增长的《美国复苏与再投资法案》为开端，美国先后出台了一揽子“再工业化”战略落实法规与协调性政策，包括2009年的《美国政府创新战略》《重振美国制造业框架》；2010年的《制造业促进法案》《商务部出口倍增计划》《制造业发展战略》《鼓励制造业与就业机会回国战略》；2011年的《美国创新性战略》《先进制造业伙伴关系计划》；2012年的《美国制造业长青蓝图》《先进制造业国家战略计划》《国家制造创新网络计划》；2014年的《加快美国先进制造业发展》《白宫学徒计划》；2016年的《美国制造创造网络年度报告与战略规划》等。上述政策，一是从国家战略的高度以创新推动再工业化。顶层发动新能源革命，以生物、信息化和人工智能技术创新引领发展，中层鼓励企业家精神、从私人领域激活市场竞争力，底层强调要素创新、恢复美国在基础研究方面领先地位等[①]。二是力图恢复美国在先进高端制造业方面领先地位。发挥联邦政府力量以政策调控市场，以政府投资协调私人投资，以“产业公地”培育创造力与生产基地。三是推动制造业回归本土。2012 年美国政府发布的《总统企业税制改革框架》和 2017 年特朗普公布的美国史上最大规模税改方案瞄准美国经济结构性问题，试图以税制改革为抓手吸引美国企业回归本土、提高全要素生产力、改善美国经济基本面。

美国在金融危机十年来实施的系列“再工业化”政策，力度和规模不可谓不大，从经济指标数据来看似乎取得了一定成效：国内生产总值（GDP）增速从 2009 年的 –2.5% 恢复至 2015 年的 2.9%；就业指标从 2009 年 10 月 10% 的峰值逐步下降到 2018 年 10 月的 3.7%；制造业对 GDP 贡献也有所恢复，从 2009 年的 11.98% 上升到 2015 年的 12.08%，通用电气、卡特彼勒、苹果、波音等生产线也部分搬回美国；美元汇率持续走强，美元指数从 2014 年 5 月 30 日 79.51 的低谷一路上扬至 2017 年 3 月 31 日的 101.35；道琼斯指数从 2009 年 2 月 27 日的 7062.93 点恢复至 2018 年 11 月 30 日的 25538.46 点。[②]

① 邹兰花 . 金融危机背景下美国再工业化的成效及启示 [D]. 硕士论文，长沙理工大学金融学，2017:18.

② 数据来源：美国经济分析局（Bureau of Economic Analysis）、bloomberg。

事实上，由于美国核心经济的虚拟化造成的经济增长与就业数据关联性减弱，前者更多依靠金融、地产和互联网等虚拟经济，后者更多依靠低端服务业的“二元化”现象，就业增长并不意味着工业制造业回流强劲。具体到产业结构数据分析，美国“再工业化”措施失去实效，GDP 增长仍然靠虚拟经济推动，经济转型非但没有成功推进，而且还出现了“再金融化”态势，主要表现在两个“不同步”：一是经济增长与劳动生产率增长不同步，尤其制造业生产率恢复缓慢，至今不及危机前 20% 的水平；二是经济增长与就业创造不同步，就业率下降更多是因为越来越多的人放弃寻找工作而非工作饱和[①]。具体到虚拟金融行业，美国的金融、保险、房地产和固定资产租赁等行业在 2008 年遭受重创，但相关行业的盈利、规模和增加值占 GDP 的比重迅速恢复，然而，美国制造业对 GDP 的贡献始终保持在 12% 左右，制造业 ISM 指数尽管从 2009 年初到 2011 年 2 月出现短暂反弹，之后就一直萎靡不振，始终低于 50 的荣枯线，可见“再工业化”效果甚微。

美国“再工业化”无法推进的原因很多，主要包括：经济全球化带来的国际分工模式固化，资本逐利性驱使社会资源集中于虚拟经济，金融化导致美国理工科高端技术人才持续流失至金融领域，本土制成品成本高企导致竞争力相对不足等[②]。以上种种都可视为美元本位制下金融“脱嵌”带来的副

① 许平祥．再工业化还是再金融化：基于美国经济二元化的视角 [J]. 宏观经济管理，2018(6): 86–94.

② 蔡和岑．美国制造业发展及面临的挑战——对美国“再工业化”的反思 [D]. 硕士论文，中共中央党校，2016.

作用，且一旦发生便具有不可逆性。由于经济长期增长潜力欠缺，劳动生产率远未恢复到危机前水平，一旦美联储停止宽松政策，经济增长很可能再度陷入停滞，这也是为何 2019 年初美联储加息预期从 4 次减为 2 次，2019 年 2 月的利率决议更是以经济前景不确定性为由，由鹰派转鸽。金融自由化已经内化为美元本位制的基本运行机制，为了继续玩转“美元—美债”循环，即使明知症结何在也无法对症治疗，只能继续饮鸩止渴。2018 年 5 月特朗普签署《经济增长、放松监管与消费者保护法案》(Economic Growth, Regulatory Relief, and Consumer Protection Act)，并于一周后宣布修订“沃尔克法则”，标志着金融危机后十年来基于《多德 - 弗兰克法案》进行的严苛金融监管发生根本性逆转，也意味着新一轮金融危机正在酝酿。

综上所述，金融危机后的十年，美元本位制内生缺陷带来的痼疾始终难解，且由于美国为摆脱危机影响，继续执行自利性的货币政策与财政政策，将问题进一步推向崩溃的边缘。一方面，美国自身受到经济增长动能丧失、流动性泛滥难以控制、金融自由化积重难返、双赤字问题利剑高悬等负面影响，本位货币价值的基础与信心愈发松动；另一方面，外围国家同样饱受流动性泛滥、资产泡沫膨胀、汇率战与利率战、美元储备过于集中、金融危机阴影的负面影响，无论从市场选择还是从国家选择的角度，都开始考虑对国际货币体系的改良与替代方案。更重要的是，一直以来未曾出现的“冲击性事件”随着美国债务总额的飙升，有了可以量化的具象，美元债务危机一旦发生，将直接颠覆美元本位制。

第二节　欧债危机下欧元的退与进

全球金融危机的爆发对欧元的影响深远，从流动性和信贷紧缩危机到主权债务危机，逐步升级的货币—金融—经济危机严重冲击了欧元的价值基础、暴露了欧元的设计缺陷，使欧元国际化遇到暂时性的挫折。但欧元区并未停止扩张步伐，在德法两国领导下，欧元区针对超主权经济体的结构型缺陷缓慢推进改革、整肃财政纪律，逐渐走出债务危机阴影。从某种意义上说，欧债危机反而提升了欧元区的凝聚力。欧债危机的爆发与美元本位制缺陷以及美欧货币博弈密切相关，危机压力和美国对货币权力的滥用迫使欧元区改革步入深水区，长期来看有利于欧元价值的提升和国际化进程的加快。

一、金融自由化与欧债危机

不考虑欧元区自身设计缺陷，就外部因素而言，欧洲主权债务危机的爆发和恶化与美元本位制密切相关。

首先，由于深度金融自由化，欧洲金融机构大量持有和参与金融衍生品交易，欧元区直面次贷危机的冲击，几乎与美国同一时间爆发了流动性危机，并逐渐转为信贷紧缩危机。2007 年 8 月，次贷危机刚露苗头，法国巴黎银行旗下一只对冲基金便因亏损而关闭，当月欧洲央行注资 1158 亿欧元缓解流动性紧缺；2007 年因次贷危机造成严重损失的银行排行榜上，11 家银行中有 6 家[①]来自欧元区。在美元本位制的“中心—外围”格局中，尽管欧洲也是重要产能国，但与其他国家相比，由于历史上荷兰循环、英国循环均经历了从“实业之春”到“金融之冬”的漫长周期，欧洲金融深化程度远高于其他国家，对美式金融自由化的参与也最为深入。

其次，欧债危机的爆发一定程度上也是美国投行、评级机构、财经媒体集体推波助澜的结果。2001 年高盛通过结构性金融衍生品“货币掉期交易”，为希腊掩盖了近 10 亿欧元公共债务，使其达到了《马斯特里赫特条约》要求的趋同目标，成为欧债危机的导火索。2009 年，希腊社会党在大选胜利后宣布前任保守党隐瞒了真实的公共债务和财政赤字情况，根据社会党所披露的数据，希腊当年财政赤字占 GDP 的比重达 15.4%，公共债务占 GDP 的比重达 126.8%，远超《马斯特里赫特条约》所规定的 3% 和 60% 的标准线。在市场疑心渐起之时，美国两大评级机构连续快速调低希腊主权信用评级，将危机点燃。2009 年 12 月，标普和惠誉将希腊主权评级由 A– 调至 BBB+，直接引发希腊股市暴跌；2010 年 4 月，标普将希腊主权评级骤降三个级距至 BB+ 的垃圾级，同时下调葡萄牙主权评级至 A–，其后标普、惠誉和穆迪陆续将“欧猪五国”主权评级调至垃圾级。除美资评级机构外，华尔街大量投机性金融机构也集中做空欧元，2010 年 2 月，欧元空头规模高达 6 万份期货合约，是 1999 年以来最高水平[②]；结合同

① 这 6 家分别是：法国农业信贷银行、法国兴业银行、法国 Natixis 银行、法国巴黎银行、比利时富通银行、德意志银行。

② 刘明礼 . 币权竞争：美欧的强者博弈 [M]. 北京：时事出版社，2017:104.

一时期《华尔街日报》等财经媒体集中不利于欧元的报道，均对欧债危机起到了推波助澜的作用。

最后，美欧货币博弈和美国转嫁危机成本不断将欧债危机推向深渊。在欧元区，为抵御金融危机与通货膨胀斗争，同时还需分身救助成员国债务危机之时，美国还通过挑动贸易纷争使欧洲经济雪上加霜，冲击欧元区稳定性。长久以来，美欧之间便因农产品贸易、海外公司税法、钢铁保护问题而摩擦不断，2001 年，新一轮多哈贸易谈判开启后，美欧贸易摩擦升级，其涉及领域从农产品到工业品，从劳动密集型、资金密集型到技术密集型，从传统生产型行业到科技与金融行业，范围极为广泛。2002 年 5 月，小布什政府签署《农业安全与农村投资法案》（The Federal Agriculture Improvement and Reform Act），计划在未来十年提供 1900 亿美元农业补贴；同年启动“201 条款”，对钢铁产品进行调查并对其中 14 种产品强行征税；此外，针对欧洲对美国出口的转基因食品和含激素牛肉进行限制，美国也多次将争端诉诸 WTO，并频频启动“301 条款”和“407 条款”等，对欧洲施加报复性制裁措施，也拖累了欧洲复苏的进程。2017 年，欧元区 GDP 增速达到十年来峰值，但由于美国再次发动对欧贸易战，2018 年，欧元区对外贸易波动剧烈，制造业 PMI 指数由年初的 59.6 跌至年底的 51.4，服务业 PMI 指数由年初的 58.0 跌至 51.4，经济复苏势头放缓。受中美贸易冲突、欧盟产业改革滞后、英国脱欧等多重因素叠加影响，2019 年欧委会发布的秋季经济预测报告，将 2020 年欧元区经济增速预期从 1.4% 进步下调至 1.2%。

二、欧元国际化的波折

即使因局部性战争打击使欧元汇率出现波动，但总体而言，从欧元发行到 2008 年全球金融危机，欧元指数[①]主要呈升值态势，并一直保持稳定高位；然而，从全球金融危机爆发开始，欧元进入了连续几轮贬值通道（见图 5-4）。触发每一轮欧元贬值的标志性事件分别是，2009 年 12 月欧洲主权债务危机爆发，2011 年 4 月标准普尔将葡萄牙主权评级降至 BBB，以及从 2014 年 5 月起由于经济低迷和通缩风险带来的持续下跌。

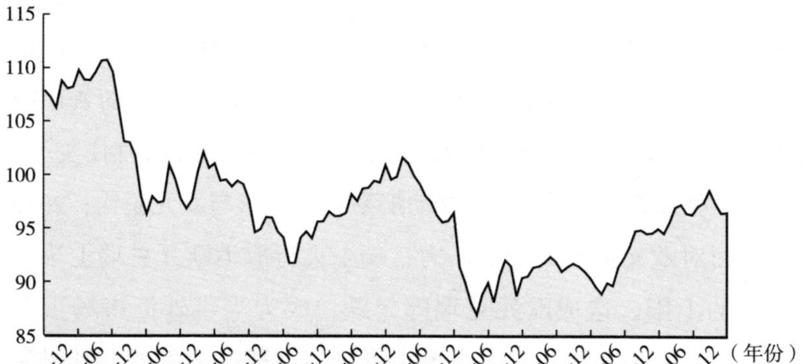

图 5-4　欧元实际有效汇率指数（2008—2018 年）

资料来源：万得资讯。

弱势欧元对于欧元国际化带来负面影响，从货币国际化相

① 道琼斯欧元指数的基期是 1998 年 12 月 31 日，以五种流动性最强的货币为样本货币，指数权重：美元为 44.28%，英镑为 24.91%，日元为 21.55%，瑞士法郎为 6.29%，瑞典克朗为 2.98%。

关可量化指标数据来看：欧元储备在全球各币种的占比于 2009 年达到峰值 27.66% 后逐年降低，2016 年为 19.13%，相当于欧元发行之初的水平；从 2010 年开始，以欧元计价的债券票据新增发行出现剧烈波动，其中 2010、2011、2014、2015、2016 年发行量均为负数，受乌克兰危机和欧洲经济疲软影响，2014 年美元与欧元走势背道而行，包括欧洲企业在内的公司均转用美元发行债券，当年欧元债券发行量为负 1.24 万亿欧元；[①] 欧元占外汇交易的比重在 2010 年到达 39% 的峰值后，逐年下落至 2016 年的 31.4%。[②]

从非量化指标来看，欧元作为“锚货币”的范围出现收缩，俄罗斯、瑞士先后与欧元脱钩：由于俄欧关系因乌克兰危机恶化，国际油价走低加大了作为石油出口国的俄罗斯的货币贬值压力，2014 年 11 月 10 日，俄罗斯央行将卢布从钉住美元、欧元“双重货币篮子”改为浮动汇率制，卢布与欧元脱钩；2015 年，面对欧元持续的贬值压力，瑞士央行取消欧元兑瑞士法郎汇率的上限，造成欧元兑瑞郎暴跌，成为当年外汇市场重大的“黑天鹅”事件，引发金融市场剧烈动荡、数家外汇经纪商倒闭。

三、欧元区的持续改革

本书第四章分析了欧债危机的内部原因，即欧元的货币与财政政策相割裂的制度性缺陷和欧洲统一市场不完善、金融市

① 数据来源：bloomberg。
② 数据来源：国际清算银行《三年一度中央银行调查报告》。

场不健全的基础性缺陷。欧债危机暴露上述缺陷的同时，也为欧元区改革提供了动力，长远看来，有利于欧洲经济增长、欧洲一体化加速和欧元区凝聚力的增强。

1. 欧元区的制度改革

欧元价值之所以疲软，是因为“货币—财政”二元制的制度性缺陷严重打击了市场信心。作为一种财政政策各自为政的超主权联盟，欧元区不同于美国，无法通过联邦政府转移支付机制平衡各州经济发展的差距，因而危机中的欧元区可能面临两种选择：或者将希腊等边缘国家驱逐出欧元区，通过缩小至核心区域的方式提升欧元整体竞争力；或者加强政治领导，以更紧密的区域政治协同，逐步达成财政与货币政策的统一。前者可能会造成欧元区的彻底崩溃，市场信心将随着两种可能性震荡摇摆，例如，2010 年 4 月 27 日标准普尔将希腊主权评级调为垃圾级、2016 年英国公投脱欧等标志性事件发生后，市场对欧元的信心均发生过剧烈动摇。但 70 多年来的欧洲一体化成果斐然，在经济形态、权力形态和意识形态上都彻底重塑了欧洲，无论强国还是弱国，都不愿也无法承担欧元彻底失败的颠覆性结果——唯一发生摇摆的是长期作壁上观、并未选择加入欧元区、对彻底融入欧洲始终犹豫不决的英国。“英国脱欧”事件曾一度让市场担忧欧元区将彻底坍塌，然而，事实证明，英国的离场反而进一步提高了欧元区国家在欧盟内部的重要性，非欧元区国家缺少了英国强有力的政治领导之后，欧盟进一步成为“欧元区的欧盟”。此外，缺少了英国的阻挠，德法两国全面改革欧元区的共同诉求将更容易推进，也会进一步提升核心成员国在欧盟和欧元区的政治领导力。[①]

超主权政治联盟的决策效率和执行能力天然弱于单一主权国家，而欧债危机之所以会爆发，正是由于欧元区内部缺乏统一且有约束力的财政决策机构，以及财政政策执行和监督约束机制。针对上述缺陷，欧元区在德国的领导下，针对经济政策协调、财政纪律强化、宏观风险监控、金融危机应对等进行了一系列自欧元诞生以来最为重大的改革，[②]其中，对成员国财政纪律的强化和永久性危机应对机制的设立，第一次从实质上强化了统一财政约束的执行力、推动建立了“最终贷款人”，并出现了欧元区财政部的雏形——欧洲稳定机制（ESM）。表 5-2 为金融危机后欧元区财政与货币制度改革情况。

表 5-2　金融危机后欧元区财政与货币制度改革

	强化财政纪律	建立“最终贷款人”
2010 年 4 月		救助希腊
2010 年 5 月		创立欧洲金融稳定机制（EFSF）
2010 年 10 月	通过《稳定与增长公约》的修订	
2010 年 12 月	通过《里斯本协议》的修订	
2012 年 3 月	除英国、捷克外的欧盟 25 国签署《欧盟经济货币联盟稳定、协调与治理公约》	批准建立欧洲稳定机制（ESM）
2012 年 10 月		

① 毕晶 . 英国脱欧对欧洲一体化进程的正面影响 [J]. 国际经济合作，2018（11）:37-42.

② 廖建民 . 欧元的使命与挑战 [M]. 北京：中国经济出版社，2011:167.

续表

	强化财政纪律	建立“最终贷款人”
2012 年 12 月	欧盟 25 国签署《增长与就业公约》	总额 7000 亿欧元的欧洲永久性援助基金“欧洲稳定机制 ESM”正式启动
2015 年 6 月	《完善欧洲经济与货币同盟》（“五主席报告”）	

从上述改革时间表可以看出，欧元区“最终贷款人”制度的建立，与强化财政纪律约束几乎同步推进、相辅相成，这是因为欧债危机强化了德国的政治领导力，使欧洲权力结构在不知不觉中发生了变化。由于德国在解决欧债危机中所起到的关键领袖作用、法国经济底气不足且着力“重返非洲”、英国重返中立主义一意脱欧，欧元区的政治领导由法德“双引擎”向德国“单引擎”转移，这有利于德国利用债务纾困契机，重整欧元区的财政纪律。可以说，如果边缘国家拒绝采取紧缩政策，努力控制过度松弛的赤字政策，将很难获得“最终贷款人”给予的资金支持。2010—2011 年欧洲金融稳定机制对希腊债务进行重组，将利息从 5% 降到 4% 再降到 3.5%，期限从 3 年延长到 7.5 年再延长到 15 年，背后是希腊政府对财政权力的让渡——通过签署加入一系列公约，同意建立赤字超额整改程序，如果结构性赤字超过 GDP 的 0.5%、财政赤字占比超过 GDP 的 3%、政府债务余额占比超过 GDP 的 60%，将需要向欧盟委员会和欧盟理事会提交改革计划，听从欧盟委员会提出的制裁措施。因此，《欧洲经济货币联盟稳定、协调与治理公约》又称为“欧盟财政契约”，上述条款被要

求写入各国的宪法或法律，从而获得了执行强制力。

财政政策分散这一长期以来的痛点问题，正随着欧债危机的化解而得到逐步解决，这为欧元价值提供了重要支撑。更重要的是，欧洲稳定机制（ESM）的启动第一次为欧元提供了“最终贷款人”，这一永久性援助基金将负责购买陷入危机的成员国的国债、为成员国提供贷款、向问题银行注资等，给欧元提供了坚实的后盾。2010—2016 年，ESM 共计向陷入欧债危机的国家提供了 2545 亿欧元救助贷款。由于 ESM 理事会这一决策机构由欧元区各国财政部部长组成，不少学者将其视为未来欧元区财政部的雏形。①

2. 欧元区的市场改革

与此同时，欧元区的金融市场和资本市场也获得了长足发展，有效弥补了欧洲统一金融市场不完善、统一金融监管缺失、资本市场深广度不足的问题。欧元区从 2012 年起开始推进构建银行体系三大支柱：单一监管机制（SSM）、单一清算机制（SRM）和共同存款保险机制（EDIS）。表 5-3 是金融危机后欧元区银行体系改革中的重大事件。

表 5-3　金融危机后欧元区的银行体系的改革

	事件	意义
2012 年 6 月	欧盟峰会提出建立银行业联盟“三大支柱”	深化欧洲银行业联盟改革

① 李巍．制衡美元：政治领导与货币崛起 [M]. 上海：上海人民出版社，2015:172.

续表

	事件	意义
2013 年 10 月	欧元区财长会议通过《欧元区银行单一监管法案》（SSM）	赋予欧洲央行对 130 多家银行（占欧元区总资产的 85%）的单一监管权限
2013 年 12 月	欧元区财长会议通过“欧元区银行业单一清算机制”（SRM）	就建立银行清算机制达成了协议，决定成立联合机构负责关闭重组问题银行，在 2026 年前成立 550 亿欧元清算基金
2015 年 11 月	欧委会提议制定欧洲存款保险制度（EDIS）	分再保险、共同保险、全保三步走方案，预计 2024 年完成

欧元区银行联盟三大支柱的前两个，单一监管机制与单一清算机制推进较为顺利。从 2014 年 10 月起，欧洲银行业管理局每年对欧洲央行监管的系统重要性银行进行资本充足水平的压力测试。2018 年 11 月，最近一次的压力测试结果显示，在房地产与债券价格最糟糕情景假设下，所有 48 家系统重要性银行均能达到监管资本要求，是危机以来测试结果最好的一次，这重塑了市场投资者对欧洲银行业的信心。单一清算机制也在稳步推进，尽管市场认为该基金存在的信号意义大于实质，550 亿欧元的清算基金实质上无法承担任何一家全球系统重要性银行的倒闭清算。唯一推进缓慢的是共同存款保险制度，主要障碍来自德国对成员国财政纪律的担忧，因为欧元区持有可观的政府债券，在统一财政决策机制完全建立之前，直接对各国银行进行存款保险相当于对各国财政风险进行保险。从另一个角度来理解，德国试图使用建立共同存款保险制度的权力杠杆，艰难地推动欧洲统一财政联盟的形成。

由于欧洲与中国类似，更多依赖银行体系对经济提供间接融资，因此对欧元区资本市场一体化的推动进程晚于银行体系，直到2015年才发布《构建资本市场联盟绿皮书》，提出建立资本市场联盟的相关建议，内容包括推出创新型产品、制定清晰简化的规则、实施更加有效的资本市场监管“三大支柱”[①]。表5-4为金融危机后欧元区资本市场体系的改革情况。

表5-4 金融危机后欧元区资本市场体系的改革

	事件	意义
2013年	《另类投资基金管理人指令》（UCITS） 《欧盟风险投资基金条例》（euVECA） 《欧洲社会企业基金条例》（euSEF）	加强对各类基金的统一监管 修订版于2018年3月实施
2015年9月	欧洲资本市场联盟绿皮书发布	计划在2019年建成统一资本市场联盟
2017年4月	修订《招股说明书规定》	改善企业特别是中小企业的金融市场准入，于2019年7月施行
2017年6月	发布资本市场联盟（CMU）中期评估报告	提出改革欧盟监管体系、提高金融市场监管效率、降低融资成本等举措
2017年12月	发布《简单、透明、标准化资产证券化框架》（STS）和《资本监管要求修正案》（CRR）	规范证券化市场秩序、促进信贷与资本市场有效连接，于2019年1月施行

① 李霞，侍荻．欧洲金融一体化的深化[J]. 中国金融，2018（20）:77-79.

欧债危机化解过程中，随着德国政治领导力的提升，欧元区凝聚力反而得到了增强，成员国在财政联盟、银行联盟、资本市场联盟方面的制度建设取得了实质性进展，市场对欧元的信心也逐渐恢复。2011 年、2014 年、2015 年波罗的海三国爱沙尼亚、拉脱维亚和立陶宛加入欧元，将欧元区流通域扩大到 19 国。欧元在全球外汇储备的占比从 2016 年第四季度起稳步上升，从 19.14% 提高到 2018 年第三季度的 20.48%；以欧元计价的债券年发行量从 2016 年的负 1413.56 亿欧元飙升到 2017 年的 14 万亿欧元。①

综上，全球金融危机后十年，尽管欧债危机的爆发使欧元国际化遭受了严重挫折，却为解决历史遗留问题提供了难得的契机。一是作为战败国的德国以危机纾困为杠杆，获得了第二次世界大战以来从未获得的政治领导力，无须再躲在欧盟或法国背后担任“隐形领导人”；二是英国为摆脱危机选择脱欧，提高了欧元区的凝聚力和欧元区核心国家的话语权，使欧洲一体化获得新动力；三是尽管金融危机需以金融方式解决，但银行与资本市场联盟的建立，尤其是欧洲单一处置计划与共同存款计划的推进，意味着财政联盟这一改革深水区被触及，欧洲一体化在欧债危机之后真正进入了核心阶段。对于美元本位制而言，意味着最重要的挑战货币欧元的价值基础被进一步夯实。

---

① 数据来源：国际货币基金组织（IMF）、国际清算银行（BIS）统计数据。

第三节　全面推进的人民币国际化

全球金融危机发生后，中国作为美国最大的债权国，在重新估量外汇储备结构与美债持有策略的同时，也将人民币国际化提上日程，未雨绸缪应对美元本位制危机可能带来的负面冲击。虽然进展缓慢，但蒙代尔所设想的以洲域为货币流通域的“金融稳定三岛”正逐渐稳定和成型。

2008 年之前，人民币国际化的经济基础和国际领导力均已齐备，但真正促使中国将人民币国际化作为国家战略全面推进，还是 2008 年全球金融危机爆发所带来的影响。2009 年，中国的国际货币战略发生方向性变化，首先是基于对美元本位制缺陷的深刻认识，其次基于其作为美国最大贸易伙伴和最大债权国的风险控制意识，最后也是出于在美元本位制下捍卫货币权力的需要。美国财政部发布的 2018 年 11 月国际资本流动报告（TIC）显示，中国作为美债最大持有国，2018 年环比减持 175 亿美元，总持有规模 1.1214 万亿美元，刷新了 2017 年 5 月以来新低。但单纯减持美债并不能全面化解美元本位制危机所带来的系列问题，只有对国际货币体系进行根本性变革，才能消弭美元本位制下的流动性泛滥、资产价格高企、周期性金融危机等弊病。与欧洲相似，中国选择了区域性的货币国际化来降低汇率波动风险和交易成本、减少美元政策的外溢效应、部分脱离“美元—华尔街资本”体系。

一、人民币国际化的国内基础

仅从市场选择的角度，国际化货币所必备三大特质（稳定的价值、广泛的交易网络、充分的增值保值渠道）要求货币发行国首先要奠定四方面的国内基础：一是良好的经济增长前景、稳定的通货膨胀水平、合理的汇率波动区间，二是对利率和汇率调控有效的中央银行体系，三是深度而活跃的信贷、债券、股票与外汇市场所构成的金融体系，四是包括支付清算网络、法律税收制度等在内的金融基础设施体系。

1. 强大的经济实力

强大的经济实力与稳定的货币价值是实现货币国际化的两大基本支柱。2008—2017年，中国GDP平均增速8.27%，从2010年开始一直保持全球第二大经济体地位。尽管中国经济近年由高速增长逐步转为中高速增长，但经济发展的质量提高、结构改善、动能多元，为人民币国际化提供了坚实的经济基础。与此同时，中国的居民消费价格指数（CPI）在全球金融危机后经历了一段时间的剧烈波动，从2011年7月的6.45%逐渐回落至2012年7月的1.80%，此后基本稳定保持在2%上下（见图5–5），这成为宏观经济稳定、货币价值坚挺的重要前提。

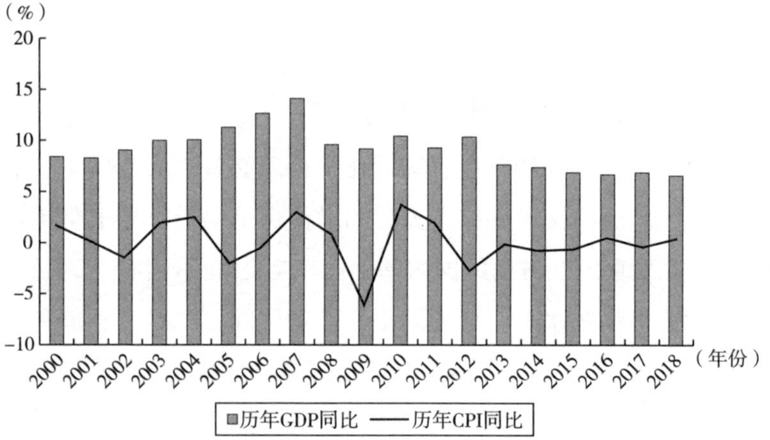

图 5-5 中国历年 GDP 与 CPI 增速

2. 健全的宏观金融调控能力

经济发展、货币坚挺、系统性金融风险可控离不开专业、完备的央行体系。2003 年 9 月，十届全国人大第六次会议审议通过《中华人民共和国银行法（修正案）》，明确人民银行职能为“制定和执行货币政策、维护金融稳定、提供金融服务”，自此，中国人民银行全面提高了监管水平，建立健全了宏观金融调控能力。一是灵活运用利率、汇率工具，加强对货币、外汇、黄金市场监督，疏通货币政策传导机制；二是从对金融机构的设立审批、业务审批、高级管理人员任职资格审查和监管指导等直接调控，转变为对金融业的整体风险、金融控股公司以及交叉性金融工具的风险监测和评估，充分防范和化解系统性金融风险；三是按照我国加入 WTO 的承诺，促进银行、证券、保险三大行业的协调发展和开放，提高我国金融业的国际竞争力；

四是加强与外汇管理相配套的政策的研究与制定工作，防范国际资本流动的冲击。

3. 利率与汇率市场化

国际投资者接受人民币计价金融产品的一个重要前提是，要确立市场在资源配置中的基础作用，实现宏观调控由直接向间接方式转变，完善市场化的利率与汇率形成机制。中国的利率市场化遵循“先长期、后短期，先外币、后本币，先法人、后储户，先贷款、后存款”的顺序进行渐进式改革。一是实现人民币存贷款的利率市场化。1998 年 10 月央行扩大金融机构对小企业和农村信用社贷款浮动幅度，完成利率市场化首次破冰，至 2004 年 10 月，基本取消了金融机构人民币贷款利率上限。1999 年 10 月首次放开商业银行对保险公司大额协议存款利率，至 2004 年 10 月，与贷款利率下限管理同步实现存款利率上限管理。2012 年 7 月，将利率下限下调到基准利率的 70%；2015 年 10 月，放开商业银行和农村合作金融机构存款利率浮动上限，标志着存贷款的利率市场化基本完成。此后，央行遵循利率走廊“三步走”路线——第一步先在一个隐性的政策利率周围建立一个事实上的利率走廊，第二步逐步收窄事实上的利率走廊，第三步宣布建立短期钉住政策利率和中长期参考广义货币供应量增长率的新政策框架——逐步推进中国存贷款基准利率与货币市场利率的双轨制并轨，以实现真正的利率市场化改革。二是建立市场利率体系。在建成银行间同业拆借市场和银行间债券市场后，于 1996—1999 年逐步放开了同业拆借、债券回购、现券交易、贴现与转贴现、政策银行金融债券、国债发行利率；2007 年，上海银行间拆借利率（SHIBOR）上线，逐渐确立其在货币市场的基准地位。[①] 三是完善中央银行利率体系。2003 年 12 月改革存款准备金利率制度，2004 年出台再贷款浮息制度，2013 年之后推出常备借贷便利（SLF）、中期借贷便利（MLF）、临时流动性便利（TLF）等公开市场创新业务，丰富了央行的数量和价格型工具篮子，使央行的货币政策更有弹性和灵活度。

汇率制度对人民币价值稳定性影响程度更高。1994 年之前，中国实行官方汇率与贸易结算汇率双轨制，1994 年 1 月，第一次汇改取消双轨制并建立外汇交易中心，实行以外汇市场供需为基础的有管理的浮动汇率制度，人民币汇率预期趋于稳定。2005 年 7 月，第二次汇改后实行以市场供需为基础、参考一揽子货币的有管理的浮动汇率制度，人民币兑美元进入持续升值通道，从 2005 年初的 1∶8.2 升至 2013 年底 1∶6.0[②]，坚挺的货币价值为人民币国际化的市场选择奠定了基础。2015 年“8·11”汇改后，人民币兑美元汇率中间价更能真实反映外汇市场供求变化，参照一揽子货币形成中间价，汇率形成机制更为完善，2017 年 5 月为对冲人民币贬值预期，引入“逆周期因子”有效支持了强势人民币政策，结合两次金融危机期间迎击人民币空头的优异表现，中国人民银行逐渐在市场投资者心中树立了对人民币汇率管理有力、有效的专业形象。2017 年人民币兑一揽

① 易纲 . 中国改革开放三十年的利率市场化进程 [J]. 金融研究，2009（1）: 2–14.

② 王乃嘉，杨剑啸，姜奕玖 . 人民币汇率体制改革进程与展望 [J]. 征信，2018（36）:84–87.

子货币稳中有升，年末中国外汇交易中心 CFETS 指数为 94.85，2018 年人民币兑一揽子货币小幅震荡，CFETS 指数由年初的 94.62 微跌至年末的 92.72。[①]

4. 健全开放的金融体系

健全的金融体系是货币国际化的组织保证，包括多元化、国际化、现代化的金融机构和功能齐全、能提供充足投资品的金融市场。改革开放四十多年来，中国建立了包括国务院金融稳定委员会、中国人民银行、中国银行与保险监督管理委员会、中国证券监督管理委员会和各类行业自律机构在内的完善监管体系，建立了包括政策性银行、商业银行、信用社、保险公司、证券公司、基金公司、信托公司在内的发达金融体系，以及日益深化的信贷市场、债券市场与外汇市场。

在国际信贷市场方面，依托本国的政策性银行和大型商业银行的全球化经营布局，结合“一带一路”倡议以及中国与全球的贸易往来，境内机构的人民币跨境贷款由 2011 年初的 1423 亿元增长至 2018 年三季度的 5025 亿元；以香港市场为主的离岸人民币贷款规模由 2011 年底的 310 亿元增长至 2017 年底的 4421 亿元。2017 年底人民币境外存款余额为 10 467 亿元，中国香港、中国台湾和新加坡的人民币存款规模分别为 5504 亿元、3199 亿元和 1520 亿元[②]，对于离岸人民币市场的形成起到了关键基础作用。

在人民币债券市场方面，为吸引境外官方与私人投资者，

---

① 数据来源：万得资讯。

② 数据来源：中国人民银行《2017 年中国货币执行报告》。

尤其是主权基金、养老基金、保险公司等长期价值型投资者，打造人民币资金“结算—投资”环流，中国一方面通过合格境外投资者（QFII）、合格人民币境外投资者（RQFII）、合格境外有限合伙人（QFLP）和“债券通”等互联互通机制等加大国内债券市场开放力度，另一方面丰富完善离岸人民币债券市场的投资品种与渠道。根据债券发行人、投资人与交易市场，可将人民币国际化债券产品分为八个类别（见表5–5）。

表5–5 人民币国际化债券产品分类

发行人	投资人	在岸市场	离岸市场
中国居民	中国居民	中国居民投资中国居民在中国银行间和交易所市场发行的债券	中国居民通过QDII和QDLP投资中国居民发行的点心债和宝岛债
中国居民	外国居民	外国居民通过QFII、RQFII、QFLP等投资中国居民在中国银行间和交易所市场发行的债券	外国居民投资中国居民发行的点心债、宝岛债等
外国居民	中国居民	中国居民投资外国居民发行的熊猫债	中国居民通过QDII和QDLP投资外国居民发行的点心债、宝岛债等
外国居民	外国居民	外国居民通过QFII、RQFII、QFLP等投资外国居民发行的熊猫债	外国居民投资外国居民发行的点心债、宝岛债等

资料来源：中国人民大学国际货币研究所．2017年人民币国际化报告[C]. 北京：中国人民大学出版社，2017: 125。

由表5–5可知，人民币债券市场伴随着QFII、RQFII、QFLP、熊猫债发行等在岸市场的开放，以及QDII、QDLP、点心债和宝岛债发行等离岸市场的拓展而陆续展开。截至2017年末，人民币债券余额 2524 亿元；外国居民（政府与企业）发行熊猫债累计 2203.4 亿元；866 家境外机构通过直接或“债券通”方式投资银行间债券市场，流入金额 8085 亿元，境外主体在境内债券托管余额 1.2 万亿元；共有 18 个国家和地区获得 RQFII 投资额度 1.74 万亿元，流入资金总额 483 亿元。[①]

除债券市场外，股票市场也通过 QFII、RQFII 等资本市场开放项目和“沪港通”等互联互通机制，实现了人民币跨境交易的便利化、自由化，成为中国逐步推进资本项目可自由兑换的标志。

2017 年末，境外主体投资境内股票市值约 1.17 万亿元，其中沪股通与深股通净流入资金 1941.8 亿元，港股通净流出 3004.5 亿元。2017 年 6 月，明晟指数（MSCI）宣布从 2018 年 5 月起，按照 5% 的纳入因子分两阶段将 A 股纳入旗下新兴市场指数；2018 年 3 月，彭博宣布从 2019 年 4 月起，20 个月内将中国国债与政策性金融债纳入彭博巴克莱全球综合指数，进一步提升了人民币作为投资货币的国际地位。

外汇市场方面，构建多层次的人民币外汇市场和产品体系可以为投资者提供多元化的兑换交易、增值保值和避险对冲渠道，为人民币发挥结算、交易、储备职能提供基础支撑。近年来，人民币市场参与主体、交易规模、交易品种持续扩大和增长，目前在岸市场交易主体包括境内外银行、券商、基金公司、财务公司，离岸市场主体更为多样丰富；人民币交易规模与活

① 中国人民银行：《2018 年人民币国际化报告》，第 13 页。

跃度大幅提高，根据国际清算银行三年一度的统计数据，全球人民币日均交易量从 1200 亿美元增至 2016 年 4 月的 2020 亿美元，人民币清算行覆盖 24 个国家和地区，其中英国人民币清算行 [中国建设银行（伦敦）有限公司] 外汇交易量以 1.1 万亿元名列第一；外汇交易产品涵盖掉期交易、即期交易、远期交易、期权交易、货币互换等丰富品种。

5. 国际化的金融基础设施

金融基础设施建设包括人民币支付清算体系、外汇交易平台、金融交易法律制度、跨境交易税收制度等方面建设。目前，人民币已建成符合国际标准的货币支付基础设施三层平台：中央银行支付系统（CNAPS）、人民币跨境支付系统（CIPS）、离岸人民币支付基础设施。[①] 在岸外汇交易通过中国外汇交易中心的平台进行，离岸外汇交易通过银行间外汇电子化交易平台和面向其他机构投资者和个人投资者的电子化交易平台进行。

金融体系法律与税收制度包括：第一，涵盖系统性风险、信用风险、利率风险、市场风险、交易风险、操作风险、流动性风险、跨市场风险等在内的宏观审慎监管制度，目前中国银行和保险业执行和国际接轨的“巴塞尔 III”和“偿付能力 II”标准，并对本国的全球系统重要性银行采取国际标准严格监管，根据巴塞尔委员会要求积极探讨和推进全球系统重要性银行的总损失吸收能力（TLAC）落地方案。第二，与宏观审慎相结合的微观审慎监管制度，银保监会、证监会、外管局等监管机构通过

① 梁静 . 人民币国际化大动脉 [M]. 北京：经济管理出版社，2017.

具体法规、条例与指引，监控金融体系健康稳健发展，与西方单纯信奉“理性经济人”假设相区别，中国结合市场“看不见的手”与自上而下的顶层设计，在过去十年积极主动应对“地方政府融资平台”“影子银行”“高杠杆率”等问题，频出监管指引，未雨绸缪化解金融风险，并通过成立国务院金融稳定委员会加强监管协调。第三，促进人民币国际化的相关法律与税收制度，包括促进公正透明的市场环境、人民币清算结算体系发展的相关法律制度，以及涉及跨境投融资的相关税收制度等。

二、人民币国际化的政策驱动

如果说经济、金融、监管、法制与税收基础是人民币国际化得以实现的基本前提，国家驱动力则是人民币国际化加速推进的关键动力。2008 年全球金融危机之后，中国成立了专司推动人民币国际化的监管与执行机构，出台了一系列国家政策鼓励金融机构和贸易企业参与人民币跨境结算与投资，加强与贸易伙伴之间的双边货币互换，推动人民币与其他币种的直接交易。

1. 人民币国际化的机构建设

2009 年中国人民银行成立“货币政策二司”，下设汇率政策、跨境人民币业务、货币合作三个业务处室，除负责人民币汇率形成机制改革外，还将原本分散在人民银行货币政策司和国际司的人民币国际化相关职能进行整合，负责研究人民币的境外使用、拟订人民币跨境业务相关制度办法并组织实施、拟订与其他货币当局开展货币合作方案并组织实施等工作，成为专司推动人民币国际化的国家组织机构。2019 年，中国人民银行公布“三定”方案[①]，新设宏观审慎管理局，除加强宏观经济、金融机构、外汇市场宏观审慎监管外，还负责拟订并实施跨境人民币业务制度，推动人民币跨境及国际使用，实施跨境资金逆周期调节；协调在岸、离岸人民币市场发展；推动中央银行间货币合作，牵头提出人民币资本项目可兑换政策建议等，将人民币国际化的推进和落实提升到防范系统性金融风险的高度。从国家顶层强化人民币国际化相关职能，促使各政策性银行、商业银行和其他涉及跨境人民币业务的金融机构，均相应成立了专门负责推进人民币国际化业务的团队，形成分层的组织体系，为人民币国际化提供了制度与组织保障。

2. 跨境人民币结算政策

贸易结算是国际货币的最基本功能，也是货币国际化市场选择的第一推动力，中国政府以跨境贸易人民币结算试点，正式开启了人民币国际化之路。中国作为全球最大产能国和国际供应链中枢，与世界各国保持广泛贸易往来，从贸易结算入手推动人民币国际化，先形成一定体量的离岸人民币市场，更容易在交易与储备领域促使市场与官方广泛接受人民币。

跨境人民币结算试点采取白名单制，指定参与境内城市、企业与境外地区。2009 年 4 月决定在上海、广州、深圳、珠海、东莞五座城市开启跨境贸易人民币结算试点；2011 年 8 月试点扩大至内陆 11 省（区、市），吉林、黑龙江、西藏、新疆开展跨境人民币结算的境外地域范围从毗邻国家拓展至所有国家和

① 根据党的十九大和十九届三中全会部署，国务院启动机构改革，调整国务院下属机构设置与职能配置。

地区；2014 年开放个人跨境人民币结算业务；2015 年汇改后，由于人民币汇率波动性增加，人民币跨境收支占比下滑，为鼓励增加人民币跨境结算比重，央行 2018 年 1 月 5 日发布《关于进一步完善人民币跨境业务政策促进贸易投资便利化的通知》，支持银行创新金融产品、为个人办理其他经常项目人民币跨境收付业务、明确境外投资者办理碳排放权交易人民币跨境结算业务相关规定、明确境内企业境外发行债券、股票募集的人民币资金可按实际需要调回境内使用。除单边推进跨境贸易本币结算，中国还积极通过货币外交，争取货币伙伴国央行与人民币进行货币互换安排、推进双边贸易投资中使用本币结算。[①]

截至 2018 年 9 月，中国与 39 个国家和地区签订了货币互换协议，截至 2018 年 9 月末，在双边本币互换协议下境外当局动用人民币 324.8 亿元[②]；2013 年起，国家领导人在外交活动中，频繁将本币结算写入与俄罗斯、哈萨克斯坦、塔吉克斯坦、乌兹别克斯坦、斯里兰卡、越南、韩国、泰国、尼日利亚、蒙古、加拿大等国的联合声明。

在政府多方推动下，跨境人民币结算从 2009 年开始放量增长，2010 年起，连续 7 年成为我国第二大国际收付货币，2017 年收付金额共计 9.19 万亿元。根据环球同业银行金融电信协会（SWIFT）统计，人民币占国际支付货币的份额达 1.66%，为全球第五大支付货币。除商务与服务贸易外，“人民币原油”等大宗商品的人民币定价也在有序推进。2018 年 3 月，以人民币计

① 李巍．制衡美元：政治领导与货币崛起 [M]. 上海：上海人民出版社，2015 : 257.

② 中国人民银行：《2018 年第三季度中国货币政策执行报告》。

价结算的原油期货在上海期货交易所挂牌交易并引入境外交易者；2018 年 5 月，大连铁矿石期货交易引入境外交易者。

3. 跨境人民币投资政策

加强人民币对外投资是离岸人民币市场形成的另一条途径，也是提升人民币投资与交易功能的必由之路。尽管资本项目开放步伐较经常项目更为谨慎，中国政府仍一方面通过“走出去”战略、“一带一路”倡议、国际产能合作等政策，鼓励人民币跨境直接投资，2017 年直接投资收付金额达 1.64 万亿元；另一方面通过资本市场开放与互联互通机制促进跨境人民币的债市、股市与汇市交易，2017 年实现证券投资收付金额 1.9 万亿元，同比增长 219%；2017 年资本项目人民币跨境收付金额共计 4.83 万亿元。①

跨境证券投资的快速增长，得益于中国政府“两条腿”走路。除了扩大境内金融市场双向开放、拓宽境外主体投资境内市场通道、设立超过 1000 个跨境双向人民币资金池、鼓励私人机构发行、投资人民币计价的金融证券以外，中国政府同时也向金融市场发行人民币债券，打通人民币回流渠道。自 2011 年起，在香港市场发行离岸人民币国债成为一项长期安排，2009—2018 年财政部在香港发行离岸人民币超过 1800 亿元；2018 年 11 月 7 日，央行通过香港金融管理局债务工具中央结算系统（CMU）债券招标平台，招标发行 2018 年第一期和第二期央行票据，丰富了离岸人民币金融产品，完善了离岸人民币收益率曲线。

① 中国人民银行：《2018 年人民币国际化报告》，第 8 页。

三、中国的国际治理能力与制度建设

国际货币权力只有通过国际货币制度才能固化，但由于制度惯性的存在，挑战货币在美元本位制下的崛起只能选择两条道路：要么对美元本位制度进行局部修改；要么在美元本位制下另辟疆域，以货币合作的方式发起区域性货币制度。

1. 对美元制度的局部修改

继 1997 年亚洲金融危机之后，2008 年全球金融危机再次唤起新兴经济体改革国际货币体系的呼声。尽管中国由于资本管制再次躲过了危机的直接冲击，但危机的跨市场传导仍使中国不得不抛出“四万亿”刺激政策，承担了部分危机纾解成本。作为美国最大债权国，如同 1998 年的日本，2008 年的中国成为危机后在国际上提出“异质化思维”的主导国家。

2008 年 11 月 15 日，在华盛顿召开的 G20 峰会上，时任国家主席胡锦涛在讲话中指出，应加强对全球资本流动监测力度，加强对各类金融机构和中介机构的监控，改革国际金融组织决策产生机制和内部治理结构，鼓励区域金融合作、加强区域金融基础设施建设、充分发挥地区资金救助机制，改善国际货币体系、稳步推进国际货币体系多元化，共同支撑国际货币体系稳定。[①] 从货币权力角度理解，该讲话事实上涵盖了对美式全球金融化及其代言机构，以及国际货币体系的制度霸权的抨击，倡导通过加强区域性货币合作的方式逐步改革美元本位

① 胡锦涛．通力合作　共度时艰．胡锦涛在华盛顿出席二十国集团领导人金融市场和世界经济峰会上的讲话．人民网，2008-11-15.

制体系。

对于国际货币体系改革，中国所倡导的第一条路径富有建构性——提倡拓宽特别提款权（SDR）这一“超主权货币”的作用。2009年3月23日，时任中国人民银行行长周小川在央行网站发表署名文章，提出必须创造一种与主权国家脱钩并能保持币值长期稳定的国际储备货币，以解决金融危机暴露出的现行国际货币体系的问题，特别提款权（SDR）不失为一个好的选择。[①]基于此观点，2009年4月的G20峰会上，发展中国家代表呼吁以SDR建立新的国际储备货币体系，以解决用主权货币作为国际公共产品的矛盾。该倡议因为欧美等国的反对而搁置，当时SDR余额仅320亿美元，与11万亿美元的美国国债相差甚远，如不获得国际社会共识，共同设计渐进的替代方案并没有实现的现实基础。

尽管如此，关于国际货币体系改革的探讨仍具有重大意义，不仅催生并凝聚了反美式金融自由化、反美元霸权的建构性思维，而且第一次逆美元币权推进了美元本位制下的国际组织改革。2009年，G20匹兹堡峰会推动了国际货币基金组织和世界银行的量化改革目标；2010年4月，世界银行通过了向发展中国家转移投票权的改革方案；2016年1月，国际货币基金组织宣布《董事会改革修正案》生效，转移6%份额至新兴市场国家，中国份额提高到6.394%，排名仅次于美国和日本。此外，中国着力推动SDR的拓展与国际作用，2015年11月人民币被纳入SDR篮子，也从国际制度上推进了人民币国际化。

---

① 周小川．关于改革国际货币体系的思考[N]. 中国人民银行网站，2009-03-23.

2. 区域性货币合作

中国的区域性货币合作，既有别于欧洲的超主权货币联盟路线，又有别于日本的自利性单边主义路线，体现了中国所倡导的“互相尊重、公平正义、合作共赢”的新型国际关系特征，也与“一带一路”倡议的“和平合作、开放包容、互学互鉴、互利共赢”的精神内涵一脉相承。配合人民币国际化进程，中国通过金砖国家合作机制，提出东盟与中日韩（10+3）货币合作机制、上海合作组织货币合作以及亚洲基础设施投资银行的设立，不断加强区域性货币合作。表 5–6 为亚洲区域性货币合作机制推进情况。

表 5–6　亚洲区域性货币合作机制

金砖国家合作机制	2010 年 4 月	金砖国家巴西利亚峰会	研究区域货币机制 研究四国本币贸易结算 开始内部货币合作
	2011 年 4 月	金砖国家三亚峰会	合作发行债券 加强本币结算和贷款
	2014 年 7 月	金砖国家福塔莱萨峰会	成立金砖国家新开发银行 NDB 建立金砖应急储备机制 CRA
	2015 年 7 月	金砖国家上海峰会	金砖国家新开发银行开业 其后发行首批人民币绿色债券
	2017 年 10 月	金砖国家厦门峰会	推动设立金砖国家本币债券基金 在南非设立 NDB 非洲区域中心 推动 IMF 和世界银行份额改革

续表

金砖国家合作机制	2018 年 7 月	金砖国家约翰内斯堡峰会	在巴西设立 NDB 美洲区域中心
"10+3" 货币合作机制	2009 年 5 月	"10+3" 巴厘岛财长会议	中日韩就东亚外汇储备库出资份额达成一致
	2000 年 5 月	亚洲开发银行年会	清迈倡议多边化协议生效 1200 亿美元东亚外汇储备库建立
	2011 年	新加坡	成立 "10+3" 宏观经济研究办公室 AMRO
	2012 年 5 月	"10+3" 马尼拉财长会议	将东亚外汇储备库规模由 1200 亿美元扩容至 2400 亿美元
	2013 年	"10+3" 文莱财长会议	将 "10+3" 宏观经济研究办公室 AMRO 升级为国际组织
	2016 年 2 月		《AMRO 国际组织协议》生效
上海合作组织货币合作机制	2009 年 10 月	上合组织北京宣言	建议上合组织银行联合体促进银行和金融领域的合作
	2011 年 11 月	上合组织圣彼得堡会议	倡议在上合组织框架内成立项目合作融资机制——专门账户和开发银行，该倡议因无法与俄罗斯达成共识，至 2018 年仍在磋商
	2018 年 6 月	上合组织青岛元首理事会	中方将在上合组织银行联合体框架内设立 300 亿元人民币等值专项贷款

续表

亚洲基础设施投资银行	2013 年 10 月	习近平赴印尼国事访问	向苏西洛倡议筹建亚洲基础设施投资银行
	2014 年 10 月	北京	21 国签署《筹建亚投行备忘录》
	2015 年 4 月	北京	57 国申请成为意向创始成员国，其中域外国家 20 个
	2015 年 12 月	北京	《亚洲基础设施投资银行协定》正式生效
	2016 年 1 月	北京	亚投行开业仪式

相较于市场领域，外交和制度领域的货币竞争更为深刻，影响了美元本位制的结构性与建构性权力。通过区域性的“建制”努力，人民币对美元在市场、官方和制度层面都形成挑战。在美元本位制下，亚洲基础设施投资银行、金砖国家新开发银行、上合组织开发银行对应的是世界银行的职能，如同二战后的“马歇尔计划”，人民币作为支持伙伴国基础建设的信贷币种，结算货币功能将获得加强；东亚外汇储备库则对应了国际货币基金组织的职能，在未来的危机应对中，人民币将会和德国马克一样，作为官方重要干预货币在区域性的纾困工作中加强锚货币的地位。更重要的是，2008 年之后中国领导区域性货币合作的初衷和根本目的是应对美元货币霸权滥用、改善国际货币体系运作的稳定性与公平性，这种由外围国家集体发起的对美元体系的制度性挑战，是继欧元体系之后对美元的“合法性”带来

的新冲击[①]。

综上，2009 年以来，人民币国际化全面推进，作为结算、投资货币的职能显著提升，相应地储备货币地位也有所提高。截至 2018 年 9 月末，国际货币基金组织统计的官方外汇储备币种构成（COFER）中，报送国持有的人民币储备折合美元约为 1925.38 亿，占比 1.8%，较年初提升 0.4 个百分点，在单独列出的币种中位列第八。尽管与美元、欧元不可同日而语，但增长势头远快于其他币种。更重要的是，货币制度竞争与区域性货币合作的推进，使亚洲货币区崛起成为美元本位制下的第三极成为可能，无疑是动摇美元本位制稳定性的又一重要因素。

本章小结

如果说黄金脱钩使美元的本位地位得以在布雷顿森林体系瓦解后延续，金融“脱嵌”使美元的本位制度得以在“新特里芬悖论”下获得更多运作空间，那么全球金融危机以及其后十年美国对货币权力不加节制的滥用，终于使美元本位制的缺陷彻底暴露无遗。

由于债务经济模式积重难返、党派斗争造成政策短视、实

① 李巍．制衡美元：政治领导与货币崛起 [M]. 上海：上海人民出版社，2015:292–293.

体经济空心化趋势难以逆转，美国既无法通过经济增长“开源”，也无法通过削减赤字“节流”，在“伯南克冲击”的直升机式撒钱模式下，全球流动性泛滥越发严重、资产泡沫普遍膨胀、美元价值持续走弱成为必然趋势。这一阶段，一方面，美国贸易赤字再度走高，重回危机前水平甚至又创历史新高，以逆差方式向外围国家输出了大量高能货币，在给外围国家造成过剩流动性问题后，又随着“美元—美债”环流殃及自身；另一方面，为维护美元霸权地位，转移国际收支失衡调整成本，美国多次向主要贸易伙伴中国和欧盟挑起汇率与贸易争端，加剧了“中心—外围”之间的离心力，促使外围国家呼吁国际货币体系改革、推动本币国际化。

更为致命的是，“双赤字”中的财政赤字问题，克林顿政府短暂的财政盈余时代一去不返。奥巴马与特朗普政府均推行赤字财政，美国政府债务总额从 10.6 万亿美元飙升至 21 万亿美元，10 年内的增长额高于此前 30 年的债务增长额，2018 年末无论财政赤字率还是政府债务占 GDP 比重均超过国际警戒线。政府杠杆率过高，一方面会因为抑制私人投资和资本积累影响经济增长，另一方面也会因为每年利息支付总额滚雪球似的增大，将美国政府置于以下三难境地：继续扩大政府赤字对经济造成更大伤害，增税或节支短期也将妨害经济增长且会引发选民不满，拒绝支付利息则意味着美国出现主权违约，最后一个选项甚至未必需要真的发生，只要债权人认为美国政府到了入不敷出的临界点，市场信心出现偏移，债务危机的链条就可能触发，如今的美国正在被逐渐推向主权违约的悬崖边缘。

与历史上相比，特朗普政府的施政空间已被压缩至最小，联邦基金利率处于低位、央行资产负债表有待压缩、双赤字问题空前严重……此时，唯有经济增长可以延续美元本位制的“弹珠游戏”。然而，从奥巴马政府的“再工业化”战略到特朗普政府的“制造业复兴与回流计划”，史上最大规模的减税措施与一揽子引导经济“脱虚向实”的制造业政策，并没有带来预期的成效，反而出现“再金融化”态势。美国 GDP 增长仍主要由虚拟经济拉动，经济增长与劳动生产率增长不同步、经济增长与就业创造不同步，体现了金融“脱嵌”对社会经济和思维方式影响的不可逆性，特朗普治下的经济复苏脆弱而不可持续。除非出现新一轮科技革命带来的社会生产力爆炸式增长，否则美国注定将离主权违约的悬崖边缘越来越近。

后全球金融危机时代，欧元与人民币国际化取得前所未有的进展，则是推动美元本位制步入危机的另外两重因素。尽管欧洲直面了次贷危机冲击，并由于过度金融自由化和美国的货币打击陷入“欧债危机”，从而使欧元国际化遭遇了波折，但危机同样带来了难得一遇的改革契机，长久以来停滞不前的欧洲财政一体化，在化解欧债危机的过程中取得了实质性进展。以危机援助为杠杆，德国在欧洲的政治领导力得到前所未有的加强，从而得以整肃欧元区财政纪律，获得边缘国家对财政主权的部分让渡。欧洲稳定机制的启动解决了欧元缺乏“最终贷款人”这一最大缺陷，由于其决策机构由欧元区各国财长组成，欧元区超主权财政部初见雏形。与此同时，欧元区的金融市场和资本市场也取得长足发展，于 2012 年开始推进欧元区统一银行体系的三大支柱、2015 年开始推进欧元区资本市场体系的三大支柱，弥补了欧洲统一金融市场不完善、统一金融监管缺失、资本市场深广度不足等问题。尽管陷入欧债危机泥潭，欧元区还迎来了新的成员国，此外各项货币国际化指标均从 2016 年起开始恢复。

全球金融危机造成的最重要影响之一，是使陷入“美元陷阱”的中国出现“买家后悔”。在市场选择的推动下，在金融危机的教训反思中，中国于 2009 年起全面推进人民币国际化，通过吸取欧洲和日本的货币国际化教训和经验，走出特色鲜明的区域性货币合作之路。依托强大的经济实力，中国一方面加强国内金融货币体系监管改革，推进利率与汇率市场化改革，深化在岸与离岸人民币信贷、债券、股票与外汇市场，加强包括人民币支付清算体系、外汇交易平台、金融交易法律制度、跨境交易税收制度等在内的金融基础设施建设；另一方面成立专司人民币国际化的组织机构，通过制定与执行跨境人民币结算政策、跨境人民币投资政策，促进人民币在跨境经常项目与资本项目下的收支使用。此外，中国还加强国际货币体系制度建设，通过提倡扩大特别提款权（SDR）的使用、推进国际货币基金组织和世界银行的改革，从全球层面推动国际货币体系改革；在区域化层面，中国借助金砖国家合作机制、东盟与中日韩（10+3）货币合作、上海合作组织货币合作，以及亚洲基础设施投资银行的设立，对美元在市场、官方和制度层面都形成挑战。基于上述努力，2009 年以来人民币在全球范围内作为结算、投资、储备货币的使用均大幅提高，使蒙代尔“金融稳定性三岛”的构想初步成型。区域性货币的诞生和存在，在大一统的美元本位制体系下接二连三圈出了货币的“亚流通域”，不知不觉间分解着美元的版图，成为国际货币体系改革的试验场，并为国际货币的选择提供了替代性方案。

结　论

纵观美元本位制从建立至今的四十余年历史，从货币权力的视角可以得出以下结论：尽管当今世界美元仍是最重要的国际交易、投资和储备货币，但美元本位制危机正在历史的轨道上酝酿。建立于黄金“脱锚”和金融“脱嵌”基础上的美元本位制在给予美国前所未有的货币权力的同时，也使“特里芬悖论”这一制度性缺陷加速暴露。美国必须依靠“美元—美债”循环来获取并巩固美元权力，然而，一方面，信用“脱锚”带来的“双逆差”问题始终蚕食着美元价值，将美国推向主权债务违约的悬崖；另一方面，金融“脱嵌”带来的“脱实向虚”又从根基上侵蚀着美元价值的实体经济基础与信心基础。在货币价值持续流失的同时，美式金融自由化所带来的全球失衡与金融危机，以及美国在转移国际收支调节成本和转嫁危机时对货币权力的滥用，促使外围国家质疑美元作为本位货币的合法性，并积极寻觅区域化货币合作，以捍卫国家利益与货币权力。在货币博弈过程中，欧元与人民币分别走出一条有各自特色的挑战货币崛起之路，为国际货币提供了更多替代性选择。

一、从国际货币体系兴替规律来看，美元本位制已步入“金融之秋”

2008年全球金融危机爆发后，参考各项货币国际化量化指标，美元本位制的地位一度有所加强，即使在欧元区逐步走出欧债危机后，美元和欧元的货币国际地位仍不可同日而语。2018年三季度末美元占全球外汇储备的61.94%，远高于第二名欧元20.48%的比重；2016年美元占全球外汇交易额的87.6%，欧元占31.4%；2017年末全球存量债券票据中，以美元计价的为10.78万亿，以欧元计价的为9.38万亿。但从国际货币体系兴替规律来看，美国周期已步入阿瑞吉资本主义体系周期理论的“金融之秋”，美元本位制体系相应出现了平衡性、稳定性和可持续性危机，主要表现在美国经济实力尤其是制造业实力与挑战货币国家之间此消彼长。

第一，美国工业制造业相对衰落，始终侵蚀着美元的价值基础。

如第二章第一节中所分析的美元对英镑的替代，国际货币体系兴替的原初动力是国家实力尤其是工业制造业实力的此消彼长。从资本主义体系周期的历史来看，由于资本的增值本能，霸权国家总会从“实业之春”转向“金融之冬”，国家实力与货币权力的循环也相应从良性转为恶性。对于美元本位制而言，从20世纪70年代美元“脱锚”开始，美国制造业相对欧洲、日本便逐渐落后；到20世纪90年代金融“脱嵌”之后，以金融和房地产为代表的虚拟经济快速膨胀，金融自由化重塑了世界分工格局，进一步将美国从全球制造业链条中摘离，美国经济空心化现象日益严重，多轮“再工业化”举措见效甚微，持续侵蚀着美元大厦的底层地基，使整个体系岌岌可危。

第二，“金融自由化”加快恶性循环，促使“金融之冬”更快到来。

回顾历史，热那亚—伊比利亚周期、荷兰周期、英国周期均长达百年，由于体系惯性的存在，从“金融之秋”到“金融之冬”均延续了较长一段时间，霸权国家作为食利者阶层，通过虚拟资本获取了更高收益，这不仅是资本增值的本能，也是制造业衰退的被动之举。然而，建立于“美元—美债”循环之上的美元本位制不同于历史上任何一个国际货币体系，它主动选择并无限扩大虚拟资本的运作空间，加速推动虚拟资本对实业资本的替代，导致促使国家实力与货币权力的恶性循环加速到来。

第三，美元本位地位暂时坚挺，是由于制度惯性的存在和挑战货币相对弱小。

由于网络外部性所带来的路径依赖、国际制度所固化的体系惯性，国际货币体系的兴替往往滞后于综合国力的变化。在布雷顿森林体系（或称“黄金—美元本位制体系”）时代，英镑作为主要国际储备、交易、结算货币的职能仍延续了较长一段时间，因此，观察危机是否来临不能只看货币国际化的量化指标，更要看工业尤其是制造业的实力对比、美元合法性危机以及挑战货币的成长情况。

二、货币权力代替资源、领土与市场，成为国际关系博弈的核心领域

在大型战争日益减少的“核恐怖平衡”时代，国际关系博

弈的重心逐渐转至经济金融领域。其中，由于国际货币可以带来难以估量的收益，如收取国际铸币税、提高本国企业国际竞争力、影响全球经济、分配全球资源和财富等，而国际货币权力可以用于对他国施加影响、使本国免受其他国家影响、塑造博弈规则和思想认知等，从而使货币权力成为国际关系的兵家必争之地。

第一，美元“脱锚”与金融“脱嵌”无限扩大了美元的货币权力。

布雷顿森林体系瓦解后，美元“脱锚”与金融“脱嵌”给美国带来一种全新的、间接的、结构型权力，从“嚣张的特权”进化为“超级嚣张的特权”，其获取国际铸币税、提高本国企业国际竞争力、影响全球经济、分配全球资源、运用各种类型权力获取利益的能力更胜以往。牙买加体系下的美元本位制脱离了黄金之锚，呈现出历史上从未有过的“信用本位、浮动汇率、债务本位”的特征；而美元作为一种纯信用、无约束的本位货币，在虚拟资本增值属性的推动下，通过全球金融自由化获取了更广的流通域，以“美元—美债”无限循环导致美国信用的急速扩张，形成“脱嵌”于现实社会的独立运行体系，重塑了世界分工、国际格局、社会组织形式与意识形态，成为左右全球资源配置和利益分配的主要杠杆。

第二，货币权力是一种隐形的掠夺性和强制性权力。

如同热那亚—伊比利亚的海盗掠夺、荷兰与英国的殖民主义，美元本位制下的货币权力也是一种掠夺性和强制性权力，具有霸权主义色彩。处于货币金字塔顶尖和“中心—外围”货币格局中心位置的国家，可以跨疆域、跨市场、跨意识形态，通过货币体系将权力的触角延伸至全世界，美元的流通域多大，美国的权力领域就有多广。正因如此，美国可以随意挑起汇率与贸易争端来转嫁风险、打压别国，可以使用国际法则、改变博弈规则、利用官方与私人机构实现其国家战略目的。也正因如此，挑战货币国家也在全力推进货币国际化，2019 年 2 月，当美国利用美元清算网络优势围堵华为以打击中国先进制造业时，德、法、英三国正式成立 INSTEX（贸易往来支持工具）用于对伊朗贸易的支付清算，以脱离美国控制的 SWIFT（全球银行清算系统）的管制。

三、美元“脱锚”和金融“脱嵌”在强化美元权力的同时，使国际货币体系的平衡性、稳定性和持续性更容易遭到破坏

美元“脱锚”与金融“脱嵌”在无限扩大美元权力的同时，却因“新特里芬悖论”的存在以及权力的滥用，带来流动性泛滥、全球贸易失衡、危机周期性频发等问题，加速催化了美元本位制危机。

第一，“新特里芬悖论”导致美国“双赤字”问题难以避免。

美元本位制体系具有与生俱来的制度性缺陷，即美国必须以经常项目赤字的方式输出美元、提供国际清偿力，同时以财政赤字和对外债务的方式为持有美元资产的外围国家提供增值保值的工具。由此可见，“双赤字”问题是内化在美元本位制下的公共产品义务，而“美元—美债”循环只要运转，本身就是对货币信用的破坏。美元本位制的“中心—外围”结构带

来的全球贸易收支失衡，无论是“减少法”还是“转换法”均无法解决该问题。目前，美国以资本账户顺差来弥补经常项目逆差的方式同样不可持续，因为资本回流带来的美元贬值压力本身就撬动了美元货币价值这个重要根基；而过度的财政赤字则会导致主权债务违约，直接引爆美元本位制危机。这种制度性缺陷和天然悖论，决定了美元本位制必然随着时间推移而崩溃。

第二，以国别货币作为公共产品，导致美元政策“内视性”问题难以避免。

美元不同于黄金，首先它是国别货币，其次才作为公共产品而存在。美联储的货币政策是基于美国的经济状况制定的，当外围国家经济状况与美国不同步时，“善意忽略”将不再善意；当美国一味采取自利性政策，彻底忽略货币政策对外围国家甚至全球金融稳定性的影响时，美元的国际合法性将受到质疑；当美国恶意使用货币政策向他国施加影响时，将直接推动外围国家通过货币国际化捍卫货币权力。以上均会形成对美元本位制的冲击。

第三，“脱锚”后的美元缺乏制约，导致“货币权力滥用”问题难以避免。

美国的货币扩张和财政扩张，是“美元—美债”双赤字循环得以运行的基本前提，也是国际货币制度的内化义务，还是代议制民主制度下满足选民需求的最方便选择。一方面，“脱锚”后的美元完全失去了黄金的制约，因而美国对货币权力的滥用变得一发不可收拾。在不同历史阶段，由于不同历史原因，美国历经“尼克松冲击”、“里根冲击”与“伯南克冲击”，屡次导致货币扩张与债务扩张失控，造成流动性泛滥、资产泡沫高企、全球性危机频发等问题，上述问题不但对外围国家造成冲击，还会循着“美元—美债”环流殃及美国自身。另一方面，为维护美元霸权地位，转移国际收支失衡调整成本，美国多次向主要贸易伙伴中国和欧盟挑起汇率与贸易争端，加剧了“中心—外围”之间的离心力，促使外围国家不断寻求国际货币体系改革、推动本币国际化。

第四，金融“脱嵌”带来的负面影响，加速了美元本位制危机。

新自由主义思想指导下的金融“脱嵌”（或者说美式金融自由化），是延伸美元流通域、深化美元投资市场、拆除资本自由流动藩篱并最终强化美元货币权力的关键抓手，为“美元—美债”循环不断拓展空间，但其带来的毁灭性影响从现实和意识层面加速了美元本位制危机。在现实层面，金融“脱嵌”为金融风险跨境、跨市场传递扫清了障碍，当美联储采取自利性政策引发热钱流动，大规模的货币金融危机会循着“流动性紧缩—信贷紧缩—债务危机”的链条爆发。在意识层面，危机引发反思，金融自由化内含的风险高度集中、风险形态复杂、风险杠杆飙升、风险意识淡薄、风险监管缺位等问题，在全球范围内造成经济空心化、金融脱实向虚、风险偏好改变、价值取向单一的问题，也使外围国家从意识上产生离心力，以“凯恩斯—金德尔伯格—明斯基”视角为代表的异质化声音出现，倡导国际货币体系改革。

四、美元本位制危机与国际货币体系的未来

国际货币体系更替的临界点难以量化，但有两个可观测指标：一是美元合法性因主权债务违约而丧失，二是挑战货币的流通域持续扩大。

第一，美元本位制的崩溃（或瓦解）更可能以主权债务危机的形式出现。

从历史上看，尽管国际货币体系的更替普遍遵循了“国际战争—国际体系—国际货币体系”的演进路径，但由于国家博弈方式的改变，美元本位制的瓦解更可能以主权债务危机的形式出现，即，外围国家出于对美国清偿对外债务能力的质疑而抛售美元，正如布雷顿森林体系下四次美元危机所导致的结果。

第二，金融危机后十年，美元本位制缺陷愈演愈烈。

金融危机后十年，美国对货币权力不加节制的滥用，使美国“双赤字”问题再创新高：美国政府债务总额以前所未有的速度飙升至21万亿美元，2018年末无论财政赤字率还是政府债务占GDP的比重均超过国际警戒线。避免债务违约的唯一解药是经济增长，然而特朗普政府已无更多施政空间，联邦基金利率处于相对低位、央行资产负债表有待继续压缩、“双赤字”问题空前严重。与此同时，“再工业化”反转为“再金融化”，经济复苏势头脆弱而不可持续。由于债务经济模式积重难返、党派斗争造成政策短视、实体经济空心化趋势难以逆转，美国既无法通过经济增长“开源”，也无法通过削减赤字“节流”，最终美国政府将被置于三难境地：继续扩大政府赤字对经济造成

更大伤害，增税或节支短期也将妨害经济增长且会引发选民不满，拒绝支付利息则意味着美国出现主权债务违约。

第三，国际货币体系“多元化”“区域化”趋势明显。

尽管目前国际货币的可替代选择不多，无论欧元还是人民币的国际化程度均有待发展，但挑战货币的流通域正在不断扩张。在美元本位制体系下，出现了以欧元为代表的超主权货币区域合作和以人民币为代表的多边货币区域合作，方式更加多元，国际货币体系正从美元“一极”走向多极。以欧元和人民币为代表的洲域化货币合作体系的形成，一方面，从事实上瓦解和割裂了美元大一统的流通域，争夺和分享着本位货币的各种收益，以子体系的方式获得了区域内利益分配自主权，重新获得货币主权，在无声中重塑着全球货币权力结构；另一方面，从意识形态上与美国“离心”，与美元的霸权主义性质相比，无论欧洲还是亚洲的货币合作都强调权力分摊、收益共享、风险共担等多边协商机制，这种建构性思维从根本上弱化了美元的合法性。

英国经济学家、现代经济学理论奠基人阿尔弗雷德·马歇尔（Alfred Marshall）曾阐述历史的偶然因素如何严重干扰经济预测的准确性，[①] 因此，本书在结论中很难预测美元本位制危机具体何时到来、以何种形式到来。但毫无疑问的是，美元本位制危机早已在历史的轨道上酝酿，并正加速趋近崩溃的边缘。如同克鲁格曼以自己恩师名字鲁迪格·多恩布什（Rudiger Dornbusch）名字命名的定律所言：危机到来所需要的时间比预

① Joseph Schumpeter, “Alfred Marshall’s Principles: A Semi-Centennial Appraisal”, *American Economic Review* Vol.31, No.2, June 1941, p.248.

想中要久得多，然而发生时又比预想中要快得多[①]。在此之前，体系中的任何一个国家都有义务直面危机、推动改革，因为这虽然是“他们的货币”，却是“我们的问题”。

五、人民币国际化的路径选择

总结英镑、美元、德国马克、日元国际化的经验教训，人民币国际化路径选择应“内外兼修”。一方面夯实硬实力，提高人民币的价值信心；另一方面提升软实力，打造中国的国际领导力。同时，积极参与和主导全球及区域层面的国际货币制度建设，巩固人民币国际化成果。

第一，人民币国际化的第一推动力来自市场选择。

任何一种货币的国际化都是从市场选择开始，由贸易结算到交易融资到储备投资，逐渐覆盖交易媒介、计价单位、价值储藏等功能。因此，人民币首先需具备稳定的货币价值、广泛的交易网络、丰富的保值增值渠道，以强大的硬实力和网络外部性吸引市场主动选择人民币作为国际贸易、投资和储备货币。一是要促进经济可持续增长，转变经济发展模式，提高经济运行效率，保持 GDP 增速、通货膨胀率、人民币汇率、公共与私人部门杠杆率等宏观经济指标处于健康运行区间；二是要促进跨境人民币经常项目收付，结合中国企业“走出去”“一带一路”倡议和双边与多边经济合作，使中国更深地融入全球产业链，

① Rudiger Dornbusch: *Concurrent Resolution on the Budget Fiscal Year 2013*, The Senate Committee on the Budget, 2012, p.95. “The crisis takes a much longer time coming than you think, and then it happens much faster than you would have thought.”

以经贸往来促进货币国际化；三是要促进跨境人民币资本项目收付，深化多层次金融市场，拓展市场参与主体、丰富市场金融产品，扩大在岸与离岸人民币信贷、债券、股票、外汇交易市场，在人民币资本项目未完全开放的情况下，以互联互通创新机制连接在岸与离岸市场，打通人民币“结算—投资”环流；四是建设金融基础设施，包括完善的金融监管体系、人民币支付清算与交易平台、金融交易法律制度、跨境交易税收制度等。

第二，人民币国际化的核心推动力来自国家驱动。

在经济实力和贸易往来增长的国家硬实力推动下，某种价值稳定的货币可能会因市场选择而成为国际重要结算货币甚至干预货币。但由于经济理性和市场选择很容易发生逆转，远不足以形成国家实力与货币权力的良性循环，只有通过打造国家政治领导软实力、寻觅地缘政治伙伴，以国家驱动的方式大力推动货币外交和多边磋商，才能将货币体系以制度化方式固定。

货币国际化的国家驱动力包括三个方面：一是从国家高度制定并落实人民币国际化战略，有意识地强化自身经济实力、夯实金融基础设施、提升国际社会政治领导力，从而推动其货币被他国选择；二是通过货币外交，促进别国政府出于经济理性、地缘政治考虑、应对美元本位制缺陷等原因，选择国际货币多元化；三是通过建章立制固化货币国际化成果，依托金砖国家货币合作、“10+3”货币合作、上合组织货币合作、亚投行等区域性合作机制，提高中国在国际社会的金融领导力与货币话语权。

第三，关注美式“金融自由化”负面影响，警惕新一轮危机。

金融“脱嵌”和全球金融自由化的负面影响同样在中国显现，包括流动性泛滥带来的虚拟经济膨胀、资产价格泡沫、金融创新失控、中美贸易摩擦等问题。对此，中国应保持意识形态相对独立，探索符合中国现实的货币国际化路径。一是坚持实业立国，抑制金融资本。以顶层设计和自上而下的执行力，确保经济发展“脱虚向实”，基础学科研究与专利技术获得人才和资源保障，工业制造业水平居于世界前列；二是逐步、谨慎开放资本项目。在金融监管、法律保障、市场主体完全成熟之前，不要完全开放资本项目，防止因周期性全球金融危机对国民经济产生剧烈冲击；三是警惕新一轮危机产生。全球金融危机后十年，美元本位制痼疾未改、愈演愈烈，作为美国最大贸易顺差国和债权国，中国应以史为鉴，关注美元进入加息通道后可能带来的新一轮全球“流动性—信贷—信用”危机，警惕美国经济复苏势头减弱可能带来的长期贸易摩擦与地缘政治冲突，并通过国际货币体系改革、储备多元化、风险对冲等方式，为可能发生的美国主权债务违约做好充分准备。

第四，探索有中国特色的货币国际化道路。

以更高效率代替更低效率的资本增值模式无以为继，意味着资本主义全球化空间用尽，从这个意义上说，美元本位制危机也是资本主义体系性危机①。如何抵御资本的增值本能以及主权国家自利性本能，实现理性而共赢的货币合作，欧元区以中

① 沃勒斯坦认为，包括创造新的生产型的先导产业不再起作用，决定资本主义体系能否延续的人员成本、投资成本、税收成本的基本曲线越来越高，无法继续向上移动，资本主义体系彻底崩溃也许需要50年、70年或者80年，但其走向终结的趋势难以逆转。见王湘穗：《币缘论》，中信出版社，2017年版第435页。

心国家收益输出、外围国家权力共享的超主权货币联盟的形式，提供了全新的替代方案。与此同时，中国自古以来有“大道之行、天下为公”[①] 的意识形态，“大国仁而小国智”[②] 的包容胸怀，厚望薄来的朝贡体系所彰显的大国气度，以及对外关系中打造“人类命运共同体”的和平精神，同样也为国际社会的币权博弈提供了新的建构性思维。探索有中国特色的货币国际化道路，可从维系千年总体稳定的古老东方传统中汲取智慧，以多元共生的国际货币体系和兼顾彼此的协商货币政策，从意识形态上摆脱内视性与自利性的“中心—外围”体系的天然缺陷，跳出资本主义体系下敌对、掠夺式的现实主义窠臼。

① 孔子:《礼记・礼运》。
② 孟子:《孟子・梁惠王（下）》。

缩略语

AMF	Asian Monetary Fund	亚洲货币基金组织
APEC	Asia-Pacific Economic Cooperation	亚洲太平洋经济合作组织
CBO	Congressional Budget Office	美国国会预算办公室
CBR	Commodity Research Bureau	美国商品调查局
CD	Certificate of Deposit	大额存单
CDO	Collateralized Debt Obligation	担保债务凭证
CDS	Credit Default Swap	信用违约互换
CFETS	China Foreign Exchange Trade System	中国外汇交易中心暨全国银行间同业拆借中心
CIPS	Cross-border Interbank Payment System	人民币跨境支付系统
COFER	Composition of Official Foreign Exchange Reserves	IMF 官方外汇储备构成
CRU	Common Reserve Unit	共同储备单位（SDR 前身）
CMU	Central Money Markets Unit	债务工具中央结算系统（香港金管局）
CNAPS	China National Advanced Payment System	中国现代化支付系统
DGS	Deposit Guarantee Scheme	欧洲共同存款保险机制
ECU	European Currency Unit	埃居，欧洲统一货币单位
EDIS	European Deposit Insurance Scheme	欧洲存款保险制度
ESM	European Stability Mechanism	欧洲稳定机制
FSB	Financial Stability Board	金融稳定理事会
FTSE	Financial Times Stock Exchange	英国金融时报（指数）
GDP	Gross Domestic Product	国内生产总值
IMF	International Monetary Fund	国际货币基金组织
MBS	Mortgage-Backed Security	住房抵押贷款证券

MiFID II	The Markets in Financial Instruments Directive II	欧盟金融工具市场指令 II
MSCI	Morgan Stanley Capital International	明晟（指数）
PMI	Purchasing Managers' Index	采购经理指数
QDII	Qualified Domestic Institutional Investor	合格境内机构投资者
QFII	Qualified Foreign Institutional Investor	合格境外机构投资者
QDLP	Qualified Domestic Limited Partner	合格境内有限合伙人
QFLP	Qualified Foreign Limited Partner	合格境外有限合伙人
REER	Real Effective Exchange Rate	有效实际汇率
RQFII	RMB Qualified Foreign Institutional Investor	人民币合格境外投资者
SDR	Special Drawing Right	特别提款权
S&P	Standard and Poor	标准普尔指数
SRPA	Self-managed Reserve Pooling Arrangement	“10+3”自我管理区域外汇储备库
SPV	Special Purpose Vehicle	特殊目的载体
SRM	Single Resolution Mechanism	欧洲单一清算机制
SSM	Single Supervisory Mechanism	欧洲单一监管机制
SWIFT	Society for Worldwide Interbank Financial Telecommunications	环球同业银行金融电信协会
TARGET	The Trans-European Automated Real-time Gross Settlement Express Transfer	泛欧实时全额自动清算系统
TIC	Treasury International Capital	美国财政部国际资本流动（报告）
TLAC	Total Loss Absorbing Capacity	总损失吸收能力
TPP	Trans-Pacific Partnership Agreement	跨太平洋伙伴关系协定
VaR	Value at Risk	在险价值
WPI	Wholesale Price Index	批发价格指数
WTO	World Trade Organization	世界贸易组织

参考文献

一、中文资料

（一）中文著作

[1] 陈彪如 . 国际货币体系 [M]. 上海：华东师范大学出版社，1990.

[2] 戴金平，熊爱宗，谭书诗 . 国际货币体系：何去何从？ [M]. 厦门：厦门大学出版社，2012.

[3] 丁一凡 . 欧元时代 [M]. 北京：中国经济出版社，1999.

[4] 付丽颖 . 日元国际化与东亚货币合作 [M]. 北京：商务印书馆，2010.

[5] 刘卫平 . 美国货币政策调整及其影响研究 [M]. 北京：清华大学出版社，2017.

[6] 李若谷 . 国际货币体系改革与人民币国际化 [M]. 北京：中国金融出版社，2009.

[7] 李巍 . 制衡美元：政治领导与货币崛起 [M]. 上海：上海人民出版社，2015.

[8] 李晓耕 . 权力之巅：国际货币体系的政治起源 [M]. 北京：社会科学文献出版社，2017.

[9] 廖建民 . 欧元的使命与挑战 [M]. 北京：中国经济出版社，2011.

[10] 刘崇仪 . 21 世纪初世界经济格局与中美经贸关系 [M]. 成都：西南财经大学出版社，2005.

[11] 刘洁 . 繁荣与危机透视：流动性的过剩 [M]. 北京：中国金融出版社，2009.

[12] 刘明礼 . 币权竞争：美欧间的强者博弈 [M]. 北京：时事出版社，2017.

[13] 卢林 . 美国经济外交的结构和动力 [M]. 上海：上海人民出版社，2017.

[14] 沈联涛 . 十年轮回：从亚洲到全球的金融危机 [M]. 上海：上海远东出版社，2009.

[15] 孙中才 . 世界农业发展与欧洲共同农业政策 [M]. 北京：法律出版社，2003.

[16] 王湘穗 . 币缘论：货币政治的演化 [M]. 北京：中信出版社，2017.

[17] 向松祚 . 不要玩弄汇率——一个旁观者的抗议 [M]. 北京：北京大学出版社，2006.

[18] 向松祚 . 新资本论 [M]. 北京：中信出版社，2014.

[19] 徐飞彪 . 新视野下的国际货币体系变迁及中国货币战略 [M]. 北京：时事

出版社，2016.

[20] 徐新华，徐晓苏 . 人民币国际化与国际货币体系相关性研究 [M]. 北京：经济管理出版社，2017.

[21] 杨碧琴 . 人民币汇率对跨境贸易人民币结算影响的研究 [M]. 成都：西南财经大学出版社，2017.

[22] 杨仕文 . 美国非工业化研究 [M]. 南昌：江西人民出版社，2009.

[23] 章玉贵 . 美元的逻辑：货币绑架与战争撕票的背后 [M]. 北京：电子工业出版社，2014.

[24] 张宇燕，高程 . 美洲金银和西方世界的兴起 [M]. 北京：中信出版社，2004.

[25] 张振江 . 从英镑到美元：国际经济霸权的转移（1933—1945）[M]. 北京：人民出版社，2006.

[26] 赵怀普 . 当代美欧关系史 [M]. 北京：世界知识出版社，2011.

（二）中文译著

[1] 爱德华・格里芬 . 美联储传：一部现代金融史 [M]. 罗伟等，译 . 北京：中信出版社，2017.

[2] 安德烈・冈德・弗兰克 . 世界体系：500 年还是 5000 年？ [M]. 郝名玮，译 . 北京：社会科学文献出版社，2004.

[3] 埃里克・赫莱纳，乔纳森・科什纳 . 美元大趋势 [M]. 欧阳珑，译 . 大连：东北财经大学出版社，2012.

[4] 埃斯瓦尔・普拉萨德 . 即将爆发的货币战争 [M]. 刘寅龙，译 . 北京：新世界出版社，2015.

[5] 安迪森・维金 . 美元的堕落 [M]. 刘寅龙，译 . 广州：广东经济出版社，2006.

[6] 安格斯・麦迪森 . 世界经济千年史 [M]. 伍晓鹰，译 . 北京：北京大学出版社，2003.

[7] 巴里・艾肯格林 . 资本全球化——国际货币体系史（第二版）[M]. 彭兴韵，译 . 上海：上海人民出版社，2009.

[8] 保罗・肯尼迪 . 大国的兴衰 [M]. 陈景彪等，译 . 北京：国际文化出版公司，2005.

[9] 本・斯泰尔 . 布雷顿森林货币战——美元如何统治世界 [M]. 符荆捷，陈盈，译 . 北京：机械工业出版社，2014.

[10] 本杰明・科恩 . 货币强权：从货币读懂未来世界格局 [M]. 张琦，译 . 北京：中信出版社，2017.

[11] 波斯坦等编．剑桥欧洲经济史（第 5 卷）[M]. 王春法等，译．北京：经济科学出版社，2002.

[12] 查尔斯·埃利斯．高盛帝国 [M]. 卢青，译．北京：中信出版社，2010.

[13] 查尔斯·金德尔伯格．西欧金融史（第二版）[M]. 徐子健等，译．北京：中国金融出版社，2010.

[14] 道格拉斯·诺斯．制度、制度变迁与经济绩效 [M]. 杭行，译．上海：格致出版社，2012.

[15] 法里德·扎卡里亚．后美国世界：大国崛起的经济新秩序时代 [M]. 赵广成，林民旺，译．北京：中信出版社，2009.

[16] 弗里德里希·冯·哈耶克．货币的非国家化 [M]. 姚中秋，译．北京：新星出版社，2007.

[17] 汉斯·摩根索．国家间政治（第七版）[M]. 徐昕等，译．北京：北京大学出版社，2006.

[18] 杰里米·阿塔克彼得·帕赛尔．新美国经济史（下册）[M]. 罗涛，译．北京：中国社会科学出版社，2000.

[19] 理查德·邓肯．美元危机：成因、后果与对策 [M]. 王靖国等，译．大连：东北财经大学出版社，2007.

[20] 路德维希·冯·米塞斯．货币、方法与市场过程 [M]. 戴忠玉等，译．北京：新星出版社，2007.

[21] 罗伯特·吉尔平．国际关系政治经济学 [M]. 杨宇光等，译．上海：上海人民出版社，2006.

[22] 罗伯特·基欧汉．霸权之后——世界政治经济中的合作与纷争 [M]. 苏长和等，译．上海：上海人民出版社，2012.

[23] 罗伯特·蒙代尔．宏观经济学与国际货币史（《蒙代尔经济学文集》第四卷）[M]. 向松祚，译．北京：中国金融出版社，2003.

[24] 罗伯特·蒙代尔．国际货币：过去、现在和未来（《蒙代尔经济学文集》第六卷）[M]. 向松祚，译．北京；中国金融出版社，2003.

[25] 罗伯特·特里芬．黄金与美元危机——自由兑换的未来 [M]. 陈尚霖，雷达，译．北京：商务印书馆，1997.

[26] 罗纳德·麦金农．美元本位制下的汇率：东亚高储蓄两难 [M]. 王信，何为，译．北京：中国金融出版社，2005.

[27] 罗纳德·麦金农．麦金农经济学文集（第四卷上册）[M]. 覃东海，郑英，

译 . 北京：中国金融出版社，2006.

[28] 罗纳德・麦金农 . 失宠的美元本位制 [M]. 李远芳等，译 . 北京：中国金融出版社，2013.

[29] 马・波・沃尔夫等编 . 世界资本主义各国经济地理统计手册 [M]. 林青，译 . 北京：世界知识出版社，1964.

[30] 马丁・威纳 . 英国文化与工业精神的衰落，1850–1980 [M]. 王章辉，吴必康，译 . 北京：北京大学出版社，2013.

[31] 迈克尔・赫德森 . 金融帝国：美国金融霸权的来源和基础 [M]. 北京：中央编译出版社，2008.

[32] 欧伟伦，马国南，罗祥国 . 人民币的崛起：全球货币新体系的兴起 [M]. 李巍，苏晗，译 . 上海：格致出版社、上海人民出版社，2016.

[33] 乔纳森・科什纳 . 货币与强制：国际货币权利的政治经济学 [M]. 李巍，译 . 上海：上海人民出版社，2013.

[34] 乔纳森・科什纳 . 金融危机后的美国权力 [M]. 江涛，白云真，译 . 上海：上海人民出版社，2017.

[35] 乔纳森・休斯，路易斯・P. 凯恩 . 美国经济史（第七版）[M]. 邸晓燕，邢露，译 . 北京：北京大学出版社，2011.

[36] 乔万尼・阿瑞吉 . 亚当・斯密在北京——21 世纪的谱系 [M]. 路爱国等，译 . 北京：社会科学文献出版社，2009.

[37] 乔万尼・阿瑞吉 . 漫长的 20 世纪 [M]. 姚乃强等，译 . 南京：江苏人民出版社，2001.

[38] 塞缪尔・亨廷顿 . 文明的冲突与世界秩序的重建 [M]. 周琪等，译 . 北京：新华出版社，1998.

[39] 桑德拉・希普 . 全球金融中的中国：国内金融抑制与国际金融权力 [M]. 辛平，罗文静，译 . 上海：上海人民出版社，2017.

[40] 斯坦利・L. 恩格尔曼等 . 剑桥美国经济史（第二卷）：漫长的 19 世纪 [M]. 高德步等，译 . 北京：中国人民大学出版社，2008.

[41] 斯坦利・L. 恩格尔曼等 . 剑桥美国经济史（第三卷）：20 世纪 [M]. 高德步等，译 . 北京：中国人民大学出版社，2008.

[42] 托马斯・豪肯赫尔 . 权力的象征：改变世界的 10 种货币 [M]. 王树良，译 . 北京：中国友谊出版社，2017.

[43] 翁贝尔托・特留尔齐 . 从共同市场到单一货币 [M]. 张宓等，译 . 北京：

对外经济贸易大学出版社，2008.

[44] 温斯顿・丘吉尔．第二次世界大战回忆录（第二卷）[M]. 北京：商务印书馆，1975.

[45] 威廉・麦尼尔．竞逐富强 [M]. 倪大昕，杨润殷，译．上海：上海辞书出版社，2013.

[46] 雅克・佩克曼斯．欧洲一体化：方法与经济分析（第二版）[M]. 吴弦，陈新，译．北京：中国社会科学出版社，2006.

[47] 伊曼纽尔・沃勒斯坦．现代世界体系（第一卷）[M]. 罗荣渠，译．北京：高等教育出版社，1998：12.

[48] 伊曼努尔・华勒斯坦．历史资本主义 [M]. 路爱国，丁浩金，译．北京：社会科学文献出版社，1999.

[49] 约翰・肯尼斯．货币简史 [M]. 苏世军，苏京京，译．上海：上海财经大学出版社，2010.

[50] 约翰・梅纳德・凯恩斯．通往繁荣之路——丘吉尔先生政策的经济后果（1925）[M]. 李井奎，译．北京：中国人民大学出版社，2016.

[51] 约瑟夫・斯蒂格利茨．斯蒂格利茨报告：后危机时代的国际货币与金融体系改革 [M]. 江舒，译．北京：新华出版社，2011.

（三）中文期刊、论文

[1] 奥村隆平，蔡大鹏．国际储备货币美元的前景及其与人民币的关系 [J]. 南方经济，2011(7):21–24.

[2] 边卫红，蔡思影．美国“双赤字”困境探析——基于美国 50 年来双赤字发展情景分析 [J]. 国际贸易，2018(8):46–52.

[3] 毕晶．英国脱欧对欧洲一体化进程的正面影响 [J]. 国际经济合作，2018(11):37–42.

[4] 陈建奇．破解“特里芬”难题——主权信用货币充当国际储备的稳定性 [J]. 经济研究，2012(4):113–123.

[5] 陈平，管清友．大国博弈的货币层面 :20 世纪 60 年代法美货币及其历史启示 [J]. 世界经济与政治，2011(4):10–25.

[6] 陈绍峰．后危机时代国际货币体系将走向何方 [J]. 国际政治研究，2011(2):22–45.

[7] 甘当善，王尧基．美元的量化宽松与超主权货币构想评析 [J]. 理论视野，

2011(2):51-54.

[8] 葛兆强．国际货币体系改革与人民币国际化研究 [J]. 首都经济贸易大学学报，2009(5):29-38.

[9] 桂花．国际货币体系的国际政治经济学分析 [J]. 商业研究，2005(21):9-12.

[10] 戈拉德·A. 爱泼斯坦·温爱莲．金融化与世界经济 [J]. 国外理论动态，2007(7):14-21.

[11] 黄河，杨国庆，赵嵘．美元霸权的困境及其走向 [J]. 现代国际关系，2008(11):35-40.

[12] 黄梅波，熊爱宗．特别提款权与国际货币体系改革 [J]. 国际金融研究，2009(8):47-54.

[13] 纪军．人民币争端的演进 [J]. 当代世界．2010(8):21.

[14] 蒋芳菲．从奥巴马到特朗普：美国对华‘对冲战略’的演变 [J]. 美国研究，2018(4):85-86.

[15] 金琦．中国人民银行金融外交工作回顾与展望 [J]. 中国金融，2008(22):28-31.

[16] 兰永海，贾林洲，温铁军．美国“币权”战略与中国之应对 [J]. 世界经济与政治，2012(3):121-137.

[17] 李波，曹红钢．“特里芬悖论”与国际货币体系改革 [J]. 金融市场研究，2012(5):9-16.

[18] 李翀．关于国际铸币税收益的探讨 [J]. 当代经济研究，2012(8):68-72.

[19] 李翀，王立荣．超主权国际货币构建方案的比较与设想 [J]. 北京师范大学学报（社会科学版），2011(2):109-115.

[20] 李稻葵，尹兴中．国际货币体系新架构：后金融危机时代的研究 [J]. 金融研究，2010(2):31-43.

[21] 李俊久，姜默竹．美元本位制下的货币——金融依附 [J]. 世界经济研究，2011(6):10-15.

[22] 李霞，侍荻．欧洲金融一体化的深化 [J]. 中国金融，2018(20):77-79.

[23] 李晓．日元国际化的困境及其战略调整 [J]. 世界经济，2006(6):3-8.

[24] 李晓．东亚货币合作为何遭遇挫折？——兼论人民币国际化及其对未来东亚货币合作的影响 [J]. 国际经济评论，2011(1):109-128.

[25] 罗伯特·蒙代尔，王娜．论国际货币体系的重建：基于创立世界货币的设想 [J]. 厦门大学学报（哲学社会科学版），2012(1):1-7.

[26] 林文浩 . 大型经济体主动与国际本位币脱钩原因研究——兼论不盯住黄金的储备货币体系的缺陷 [J]. 现代经济探讨，2012(10):58–63.

[27] 刘骏民，李凌云 . 世界经济虚拟化中的全球经济失衡与金融危机 [J]. 社会科学，2009(1):3–10.

[28] 刘骏民，李凌云 . 双本位国际货币体系与全球金融危机 [J]. 亚太经济，2009(5):22–26.

[29] 刘谊，胡国正，闫晓茗 . 国际货币体系非主流货币国际化对人民币国际化的启示——基于德国马克模式的思考 [J]. 经济研究参考，2010(22):10–16.

[30] 刘志强 . 美国双赤字问题浅析 [J]. 时代经贸，2008(7):251–252.

[31] 陆前进 . 论国际金融体系的改革和人民币国际化战略 [J]. 社会科学，2009(4):33–41.

[32] 迈克尔・赫德森，林贤剑，林小芳 . 美元霸权与美国对外战争融资 [J]. 国外理论动态，2005(8):20–22.

[33] 迈克尔・赫德逊，刘英 . 中国未来三十年 [J]. 经济社会体制比较，2011(1):10–24.

[34] 欧阳彬 . 金融全球化时代国家货币的命运：过去、现在与未来 [J]. 国际商务——对外经济贸易大学学报，2009(6):37–40.

[35] 潘英丽 . 国际货币体系内在缺陷与人民币国际化路径 [J]. 国际关系研究，2013(1):45–47.

[36] 裴长洪 . 国际货币体系改革与人民币国际地位 [J]. 国际贸易，2010(6):27–33.

[37] 彭兴韵 . 国际货币体系的演进及多元化进程的中国选择——基于货币强权的国际货币体系演进分析 [J]. 金融评论，2010(5):8–27.

[38] 尚彦军 . 经济援助的力量——评英国特惠制衰败过程中的一个外在因素 [J]. 首都师范大学学报，2007 增刊 :196–197.

[39] 王楚明 . 国际货币体系改革与发展中国家利益原则 [J]. 金融研究，2001(2):88–93.

[40] 王道平，范小云 . 现行的国际货币体系是否是全球失衡和金融危机的原因 [J]. 世界经济，2011(1):52–72.

[41] 王慧 . 美元本位货币体系的不对称性分析 [J]. 江西社会科学，2012(9):50–56.

[42] 王建 . 为什么美元霸权必然终结？[J]. 中国企业家，2005(11):62–63.

[43] 王湘穗 . 币缘秩序的解体与重构——当前国际政治的新焦点 [J]. 现代国际关系，2009(3):5–12.

[44] 王信 . 改革国际货币体系，进一步发挥 SDR 作用的前景分析 [J]. 外交评论（外交学院学报），2011(3):33–43.

[45] 王雅红，韩飞 . 试析"环太平洋合作构想"和鸠山的"东亚共同体构想"[J]. 沈阳工程学院学报（社会科学版），2010(6–2):164–166.

[46] 温铁军，林登・拉鲁什 . 国际金融资本的全球危机与中国改革 [J]. 战略与管理，1996(4):34–41.

[47] 向松祚 . 国际货币体系的内在不确定性与不稳定性——布雷顿森林体系为什么崩溃 [J]. 金融博览，2014(7):8–11.

[48] 许平祥 . 再工业化还是再金融化：基于美国经济二元化的视角 [J]. 宏观经济管理，2018(6):86–94.

[49] 徐肖冰，陈庆海 . 债务危机探析：美债与欧债的比较 [J]. 金融与经济，2014(6):51–55.

[50] 岩田胜雄、王亚新 . 美国经济的可持续增长与国际货币体系（体制）改革 [J]. 南洋资料译丛，2016(3):1–12.

[51] 易纲 . 中国改革开放三十年的利率市场化进程 [J]. 金融研究，2009(1):2–14.

[52] 约翰・福斯特，王年咏，陈嘉丽 . 资本主义的金融化 [J]. 国外理论动态，2007(7).

[53] 易宪容 . 美国次贷危机的流动性传导机制的金融分析 [J]. 金融研究，2010(5):52.

[54] 余永定 . 美国次贷危机：背景、原因与发展 [J]. 当代亚太，2008(5):14–32.

[55] 余永定 . 从当前的人民币汇率波动看人民币国际化 [J]. 国际经济评论，2012(1):18–26.

[56] 张明 . 次贷危机对当前国际货币体系的冲击 [J]. 世界经济与政治，2009(6):74–80.

[57] 张明，覃东海 . 国际货币体系演进的资源流动分析 [J]. 世界经济与政治，2005(12):61–66.

[58] 张一平，盛斌 . 替代账户与国际货币体系改革 [J]. 国际贸易问题，2011(1):129–136.

[59] 张宇燕 . 美元化：现实、理论及政策含义 [J]. 世界经济，1999(9):17–25.

[60] 张宇燕，张静春 . 货币的性质与人民币的未来选择 [J]. 当代亚太，2008(2):9–43.

[61] 张云，刘骏民 . 全球流动性膨胀的原因及其后果——兼论美元与国际货

币体系的危机 [J]. 社会科学战线，2008(8):54–64.

[62] 甄炳禧，张明，倪建军 . 创建超主权国际储备货币：必要，但很艰难 [J]. 世界知识，2009(9):44–52.

（四）中文学位论文

[1] 丁舫 .“新经济”后美国财政货币政策及对金融市场的影响研究 [D]. 硕士论文，南京理工大学经济学，2006.

[2] 范国和 . 全球经济失衡与美元本位制探析 [D]. 硕士论文，复旦大学经济学，2008(4).

[3] 苏天鹏 . 论国际货币体系对金融危机的作用机制 [D]. 博士论文，复旦大学金融学，2011.

[4] 王宇哲 . 当代国际货币体系可持续性及治理研究 [D]. 博士论文，清华大学公共管理学，2014(6).

[5] 徐肖冰 . 美国政府债务的演进、发展与可持续性研究 [D]. 博士论文，辽宁大学经济学，2014.

[6] 闫皓 . 国际货币体系改革与中国的路径选择 [D]. 硕士论文，东北财经大学理论经济学，2015.

[8] 邹兰花 . 金融危机背景下美国再工业化的成效及启示 [D]. 硕士论文，长沙理工大学金融学，2017.

（五）中文会议、发言、报刊采访及工作报告

[1] 大公国际：《美国主权信用评级报告》，2018 年 1 月 16 日。

[2] 胡锦涛：《通力合作 共度时艰——胡锦涛在华盛顿出席二十国集团领导人金融市场和世界经济峰会上的讲话》，2008 年 11 月 15 日。

[3] 孙涤：《金融杠杆率及其创新——冬日围炉话海啸（三）》，《南方周末》，2009 年 2 月 4 日。

[4] 王文，刘英：《从美元衰落到人民币崛起——从次全球货币体系到多元国际货币体系的路径选择》，“布雷顿森林体系 70 年：国际货币体系重构与人民币国际化”论文集，2014 年，第 114–118 页。

[5] 中国人民大学国际货币研究所：《2017 年人民币国际化报告》，中国人民大学出版社，2017 年。

[6] 中国人民银行：《2017 年中国货币执行报告》。

[7] 中国人民银行:《2018 年人民币国际化报告》。
[8] 中国人民银行:《2018 年第三季度中国货币政策执行报告》。
[9] 周小川:《关于改革国际货币体系的思考》, 2009 年 3 月 23 日。

二、英文资料

(一)英文专著

Andrew Sheng, *From Asian to Global Financial Crisis: An Asian Regulator's View of Unfettered Finance in the 1990s and 2000s*, Cambridge University Press, 2009.

Angus Maddison, *Phases of Capitalist Development,* Oxford University Press, 1982.

Barry Eichengreen, *Golden Fetters: The Gold Standard and the Great Depression, 1919-1939,* Oxford University Press, 1992.

Barry Eichengreen, *Globalizing Capital: A History of the International Monetary System*, Princeton University Press, 2008.

Barry Eichengreen, *Exorbitant Privilege: The Rise and Fall of the Dollar and the Future of the International Monetary System,* Oxford University Press, 2011.

Benjamin Cohen, *Future of Sterling as an International Currency*, Macmillan, 1971.

Benjamin Cohen, *The Geography of Money*, Cornell University Press, 1998.

Benjamin Cohen, *The Future of Money,* Princeton University Press, 2004.

Benjamin Cohen, *The Future of Global Currency: The Euro versus the Dollar,* London and New York, 2010.

Benjamin Cohen, *The Future of Global Currency: the Euro versus the Dollar*, Routledge, 2011.

Benjamin Cohen, *Currency Power: Understanding Monetary Rivalry,* Princeton University Press, 2015.

Carl E. Walter, Fraser J. T. Howie, *Red Capitalism: The Fragile Financial Foundation of China's Extraordinary Rise,* Wiley, 2010.

Catherine R. Schenk, *The Decline of Sterling: Managing the Retreat of an International Currency, 1945-1992*, Cambridge University Press, 2010.

Charles Kupchan, *No One's World: The West, the Rising Rest, and the Coming Global Turn*, Oxford University Press, 2012.

David E. Spro, *The Hidden Hand of American Hegemony: Petrodollar Recycling and International Markets,* Cornell University Press, 1999.

David Marsh, *The Euro: The Politics of the New Global Currency*, Yale University Press, 2009.

Dominick Salvatore, *International Economics* (11th Edition), Fordham University, Wiley, 2013.

Donald Kirk, *Korean Crisis: Unraveling of the Miracle in the IMF Era*, Palgrave, 1999.

Edward Morse, *Foreign Policy and Interdependence in Gaullist France*, Princeton University Press, 1973.

Eric Helleiner, *States and the Reemergence of Global Finance, from Bretton Woods to the 1990s*, Cornell University Press, 1994.

Francis J. Gavin, *Gold, Dollars, and Power: The Politics of International Monetary Relations 1958-1971,* The University of North Carolina Press, 2004.

Frank Knight, *Risk, Uncertainty, and Profit*, University of Chicago Press, 1971.

Gabriel Kolko, *The Politics of War: The World and United States Foreign Policy, 1943-1945,* Random House, 1967.

Geoffrey Ingham, *The Nature of Money,* Polity Press, 2004.

Gerald P. Jr. Dwyer, James R. Lothian, *International Money and Common Currencies in Historical Perspective*, Oxford University Press, 2003.

Gourinchas E. Fahri, *Reforming the International Monetary System*, Mimeo, 2011

Henry M. Paulson Jr., *On the Brink: Inside the Race to Stop the Collapse of the Global Financial System,* Business Plus, 2010.

Herbert Feis, *Europe: The World's Banker 1870-1914,* Norton, 1965.

Herman Schwartz, *Sub-prime Nation: American Power, Global Capital, and the Housing Bubble*, Cornell University Press, 2009.

Hyman Minsky, *John Maynard Keynes,* Columbia University Press, 1975.

Hyman Minsky, *The Financial Instability Hypothesis: Capitalist Process and the Behavior of the Economy in Financial Crisis: Theory, History and Policy*, in Charles P. Kindlberger et al., Cambridge University Press, 1982.

Hyman Minsky, *Stabilizing an Unstable Economy*, Yale University Press, 1987.

John Taylor, *Getting Off Track: How Government Actions and Interventions Caused, Prolonged, and Worsened the Financial Crisis*, Hoover Institution Press, 2009.

Joseph Schumpeter, *The Theory of Economic Development*, Harvard University

Press, 1934.

Joseph Stiglitz, *The Stiglitz Report: Reforming the International Monetary and Financial Systems in the Wake of the Global Crisis*, The New Press, 2010.

Joseph Nye, *The Powers to Lead,* Oxford University Press, 2008.

Kari Levitt, *Silent Surrender: The American Economic Empire in Canada*, Liveright, 1970.

Karl Polanyi, *The Great Transformation: The Political and Economic Origins of Our Time,* Beacon Press, 2001.

Karen Ho, *Liquidated: An Ethnography of Wall Street*, Duke University Press, 2009.

Kenneth W. Dam, *The Rule of the Game. Reform and Evolution in the International Monetary System,* University of Chicago Press, 1982.

Lawrence Broz, *The International Origins of the Federal Reserve System,* Cornell University Press, 1997.

Loukas Tsoukalis, *The Politics and Economics of European Monetary Integration*, George Allen & Unwin, 1977.

Marcello de Cecco, *Money and Empire: The International Golden Standard, 1890-1914*, Blackwell, 1974.

Mathias Dewatripont, Jean-Charles Rochet, Jean Tirole, *Balancing the Banks: Global Lessons from the Financial Crisis,* Princeton University Press, 2010.

Martijn Konings, *The Development of American Finance,* Cambridge University Press, 2011

Oliver Sprague, *History of Crises under the National Banking System,* Nabu Press, 2010.

Paul Davidson, *The Keynes Solution: The Path to Global Economic Prosperity*, St. Martin's, 2009.

Peter Morriss, *Power: A Philosophical Analysis,* 2nd Edition, Manchester University Press, 2002.

Philipp Hartmann, *Currency Competition and Foreign Exchange Market: The Dollar, the Yen and the Euro*, Cambridge Press, 1998.

Ragnar Nurske, *International Currency Experience: Lessons of the Inter-War Period*, League of Nations, 1944.

Robert Gilpin, *War and Changes in World Politics*, Cambridge University Press, 1981.

Robert Gilpin, *The Political Economy of International Relations*, Princeton University Press, 1987.

Robert Gilpin, *The Challenge of Global Capitalism: The World Economy in the 21st Century*, Princeton University Press, 2000.

Robert Mundell, *International Economics,* Macmillan, 1968.

Ronald McKinnon, Kenichi Ohno, *Dollar and Yen: Resolving Economic Conflict Between the United States and Japan*, MIT Press, 1997.

Ronald McKinnon, *Exchange Rates under the East Asian Dollar Standard: Living with Conflict Virtue*, MIT Press, 2005.

Rosemary Foot, Andrew Walter, *China, the United States and Global Order*, Cambridge University Press, 2011.

Susan Strange, *Sterling and British Policy: A Political Study of an International Currency in Decline*, Oxford University Press, 1971.

Susan Strange, *Casino Capitalism*, Manchester University, 1986.

Susan Strange, *States and Markets,* Pinter Publishers, 1988.

Susan Strange, *The Retreat of the State: The Diffusion of Power in the World Economy,* Cambridge University Press, 1996.

（二）英文期刊与文集中的文章

Adam Posen, "Why the Euro Will Not Rival the Dollar", *International Finance,* Vol.11, No.1, 2008, pp.75-100.

Alan Blinder, "Eight Steps to a New Fnancal Order", *Foreign Affairs*, Vol.78, No.5, September/October, 1999.

Alfred Marshal, "Fragments", in A. C. Pigou, ed., *Memorials of Alfred Marshall*, Macmillan, 1925, p.360.

Andrew Walter, "Domestic Sources of International Monetary Leadership", in D. Andrews, ed., *International Monetary Power*, Cornell University Press, 2006, pp. 51-71.

Barry Eichengreen, "Hegemonic Stability Theories of the International Monetary System", NBER Working Paper No. 2193, March 1987.

Barry Eichengreen, "Global Imbalances and the Lessons of Bretton Woods", NBER Working Paper No. 10497, 2004.

Barry Eichengreen, "Is Europe an Optimum Currency Area?", in Silvio Borner and Herbert Grubel, eds., *The European Community after 1992: Perspective from the Outside*, Cornell University Press, 2009, p.16.

Barry Eichengreen, James Tobin, Charles Syplosz, "Two Cases for Sand in the Wheels of International Finance", *Economic Journal*, Vol.105, 1995, pp.162-172.

Barry Eichengreen, Marc Flandreau, "The Rise and Fall of the Dollar, or When Did the Dollar Replace Sterling as the Leading International Currency?", NBER Working Paper, No. 14154, 2008.

Barry Eichengreen, Marc Flandreau, "The Federal Reserve, the Bank of England, and the Rise of the Dollar as an International Currency, 1914–1939", *Open Economies Review*, Vol.23, No.1, 2012, pp.57-87.

Ben Bernanke, Mark Gertler, "Agency Cost, Net Worth, and Business Fluctuations", *American Economic Review*, Vol.79, No.1, 1989, pp.14-31.

Benjamin Cohen, Paola Subacchi, "A One-and-a-half Currency System", *Journal of the International Affairs*, Vol.62, No.1, Fall 2008, pp.151-163.

Benjamin Cohen, "The International Monetary System: Diffusion and Ambiguity", *International Affairs,* 2008, Vol.84, No.3, May 2008, pp.455-470.

Berenice Carroll, "Peace Research: The Cult of Power", *Journal of Conflict Resolution*, Vol.16, No.4, December 1972, pp. 585-616.

Charles Kindleberger, "The Politics of International Money and World Language", *Essays in International Finance*, No.61, August 1967, p.11.

Charles Kindleberger, "The Benefits of International Money", *Journal of International Economics*, Vol.2, No.4, 1972, pp.425-442.

Dani Rodric, "Who Needs Capital-Account Mobility?", *International Finance*, No.207, May 1998.

David Lake, "Leadership, Hegemony, and the International Economy: Naked Emperor or Tattered Monarch with Potentia?", *International Studies Quarterly,* Vol. 37, No.4, 1993, P.460.

David Williams, "The Evolution of the Sterling System", in C. R. Whittlesey and J. S. G. Wilson eds., *Essays in Money and Banking*, Clarendon Press, 1968.

Edward Truman, "The Euro and Prospects for Policy Coordination", in Adam Posen, ed., *The Euro at Five, Institute for International Economics*, 2005, p.63.

Elias Papaioannou, Richard Portes, G. Siourounis, "Optimal Currency Shares in International Reserves: The Impact of the Euro and the Prospects for the Dollar", *Journal of the Japanese and International Economies*, Vol.20, No.4, 2006, pp.508-547.

Eric Helleiner, "Political Determinants of International Currencies: What Future for the US Dollar? ", *Review of International Political Economy,* Vol.13, No.3, 2008, p.p.354-378.

Eric Helleiner, "China as a Creditor: A Rising Financial Power?", *Journal of International Affairs*, Vol.62, No.1, 2008, pp.87-102.

Eric Helleiner, Jonathan Kirshner, "The Future of the Dollar: Whither the Key Currency?", in Eric Helleiner and Jonathan Kirshner, eds., *The Future of the Dollar*, Cornell University Press, 2009, p.16.

Eric Helleiner, "A Bretton Woods Moment? The 2007-2008 Crisis and the Future of Global Finance", *International Affairs,* Vol.86, No.3, 2010, pp.619-636.

Ernst Haas, "Words Can Hurt You or Who Said What to Whom about Regimes", in Stephen D. Krasner ed., *International Regimes,* Cornell University Press, 1983, p.23.

George Tavlas, "On the International Use of Currencies: The Case of the Deutsche Mark", *Princeton Essays in International Finance*, No. 181, 1991.

Gregory Chin, Eric Helleiner, "China as a Creditor: A Rising Financial Power?", *Journal of International Affairs*, Vol.62, No.1, 2008, p.87.

Geoffrey Ingham, "States and Markets in the Production of World Money: Sterling and the Dollar", in S. Corbridge, et al., *Money Power and Space*, Blackwell, 1994.

Helen Thompson, "Debt and Power: The United States' Debt in Historical Perspective", *International Relations*, Vol.21, No.3, 2007, pp.305-323.

Ilene Grabel, "Not Your Grandfather's IMF: Global Crisis, 'Productive Incoherence' and Developmental Policy Space", *Cambridge Journal of Economics,* Vol.35, 2011, pp.812-825.

Irving Fisher: "The Debt-Deflation Theory of Great Depressions", *Econometrica*, Vol.1, No.4, October 1933, pp. 337-357.

Jagdish Bhagwati, "The Capital Myth", *Foreign Affairs*, Vol.77, No.3, May/June, 1998, pp.9-12.

Jeffrey Frankel, "Could the Twin Deficits Jeopardize US Hegemony?", *Journal of Policy Modeling*, No.28, 2006, pp.653-663.

John Ikenberry, "The Future of Internatoinal Leadership", *Political Science*

Quarterly, Vol.111, No.3, 1996, pp.389-396.

John Maynard Keynes, "Post-War Currency Policy", in Donald Moggridge et al., *The Collected Writings of John Maynard Keynes,* Vol. 30, Macmillan, 1971.

Jonathan Kirshner, "States, Markets and Great Power Relations in the Pacific: Some Realist Expectations", in G. John Ikenberry et al., *International Relations Theory and the Asia-Pacific*, Columbia University Press, 2003.

Jonathan Kirshner, "The Inescapable Politics of Money", in Jonathan Kirshner ed., *Monetary Orders: Ambiguous Economics, Ubiquitous Politics,* Cornell University, 2003.

Jonathan Kirshner, "Dollar Primacy and American Power: What's at Stake?", *Review of International Political Economy*, Vol.15, No.3, August 2008.

José Antonio Ocampo, "Reforming the International Monetary and Financial Architecture", in J.P. Fitoussi et al., *The G20 and Recovery and* beyond*:* A*n Agenda for Global Governance for the Twenty-First Century*, Columbia University, 2011, pp.83-92.

Joseph Schumpeter, "Alfred Marshall's Principles: A Semi-Centennial Appraisal", *American Economic Review* Vol.31, No.2, June 1941, p.248.

Karl Menger, "On the Origin of Money", *General Equilibrium Models of Monetary Economies*, Vol.6, No.2, 1892, pp. 239-255.

Mark Metzler, "The Road to the Dollar Standard: Monetary Hegemony and Japan's Place in the International Order", *Japanese Economy*, Vol.30, No.3, 2002, p.74.

Markus Hund, "ASEAN Plus Three: Towards a New Age of Pan-East Asian Regionalism? A Skeptic's Appraisal", *Pacific Review*, Vol.16, No.3, September 2003, pp.383-417.

Martin Feldstein, "EMU and International Conflict", *Foreign Affairs*, Vol. 76, No. 6, 1997, p.63

Maurice Obstfeld, "Risk-Taking, Global Diversification, and Growth", *American Economic Review*, Vol.84, No.5, 1994, pp.1310-1329.

Maurice Obstfeld, Kenneth Rogoff, "Global Current Account Imbalances and Exchange Rate Adjustments", *Brookings Papers on Economic Activity*, Vol. 36, No. 1, 2005, pp.67-146.

Menzie Chinn, Jeffrey Frankel, "Why the Euro Will Rival the Dollar", *International Finance*, Vol.11, No.1, 2008, pp.49-73.

Michael Dooley, David Folkerts-Landau, Peter Garber, "An Essay on the Revived

Bretton Woods System", NBER Working Paper No. 9971, September 2003.

Michael Dooley, Peter Garber, "Is it 1958 or 1968? Three Notes on the Longevity of the Revised Bretton Woods System", *Brooking Papers on Economic Acitivity*, Vol.1, pp147-187.

Pamela Pansardi, "Power To and Power Over", in Keith Dowding, ed., *Encyclopedia of Power,* Sage Publication, 2012, pp.521-525.

Paul Krugman, "The International Role of the Dollar: Theory and Prospect", in John Bilson et al., *Exchange Rate Theory and Practice*, University of Chicago Press, 1984, pp.261-278.

Paul Krugman, "A Model of Balance-of-Payments Crises", *Journal of Money Credit and Banking*, Vol.11, No.3, 1979, pp.311-325.

Paul Krugman, "Are Currency Crises Self-fulfilling?", NBER Macroeconomics Annual, Cambridge: MIT Press, 1996.

Paul Krugman, "What Happened to Asia", in Ryuzo Sato et al., *Global Competition and Integration*, Springer, 1999, pp.315-327.

Paul Krugman, "Balance Sheets, the Transfer Problem, and Financial Crises", *International Tax and Public Finance*, Vol. 6, No. 4, November 1999, pp.459-472.

Peter Kenen, "Reforming the Global Reserve Regime: The Role of a Substitution Account", *International Finance*, Vol.13, No.1, 2010, pp.1-23.

Peter Lindert, "Key Currency and Gold, 1900-1913", *Princeton Studies on International Finance,* No.24, 1969.

Phillip Lipscy, "Japan's Asian Monetary Fund Proposal", *Stanford Journal of East Asian Affairs*, Vol.3, No.1, 2003, pp.95-96.

Raúl Prebisch, "The Economic Development of Latin America and its Principal Problems", *Economic Bulletin for Latin America*, Vol.7, No.1, February 1962, p. 1.

Richard Cooper, "A Monetary System for the Future", *Foreign Affairs*, 1984, Vol.63, No.1, pp.166-184.

Richard Sylla, "Federal Policy, Banking Market Structure, and Capital Mobilization in the United States, 1863–1913", *Journal of Economic History*, Vol.29, 1969, p.4.

Robert Flood, Nancy Marion, "Perspectives on the Recent Currency Crisis Literature", NBER Working Paper No.6380, January, 1998.

Robert Keohane, "Neoliberal Institutionalism: A Perspective on World Politics", in Robert Keohane ed., *Institutional Institutions and State Power: Essays in International Relations Theory*, Westview Press, 1989, pp.3-4.

Robert Mundell, "The Future of the International Financial System", in A. L. Keith Acheson et al., *Bretton Woods Revisited*, Palgrave Macmillan, 1972, pp.91-103.

Robert Mundell: "The Euro and the Stability of the International Monetary System", in Robert Mundell and Armand Cleese, eds., *The Euro as a Stabilizer in the International Economic System*, Kluwer Academics, 2000, pp.57-84.

Roberto Chang, Andrés Velasco, "Financial Crises in Emerging Markets: a Canonical Model", NBER Working Paper No.6606, 1998.

Roberto Chang, Andres Velasco, "The Asian Liquidity Crisis", NBER Working Paper No. 6796, November 1998.

Ronald McKinnon, "The Rule of the Game: International Money in Historical Perspective", *Journal of Economic Literature*, Vol.31, No.1, 1993, pp.1-44.

Susan Strange, "The Politics of International Currencies", *World Politics*, Vol.23, No.2, January 1971, pp.215-231.

Susan Strange, "The Persistent Myth of Lost Hegemony", *International Organization*, Vol.41, No.4, 1987.

Susan Strange, "Finance, Information, and Power", *Review of International Studies,* Vol.16, No.3, July 1990, pp. 259-274.

Taggart Murphy, "East Asia's Dollars", *New Left Review,* Vol.40, 2006, pp.39-64.

Vincent Carosso, Richard Sylla "U.S. Banks in International Finance" in R. Cameron et al., *International Banking 1870-1914*, Oxford University Press, 1991.

（三）英文会议、发言、报刊采访及工作报告

Alan Greenspan, "The Current Asia Crisis and the Dynamics of International Finance", Before the Committee on Banking and Financial Services, U.S. House of Representatives, January 30, 1998.

Alan Greenspan, "Financial Derivatives", Remarks before the Futures Industry Association, Boca Raton, Florida, March 19, 1999.

Alan Greenspan, "Economic Flexibility", Remarks, National Italian American Foundation, Washington, D.C., October 12, 2005.

Alexander Hamilton, "Report on Manufactures", Communicated to the House of Representatives, May 1791.

Anne Davies, "APEC Determined to Avoid Another Mexico", *Sydney Morning Herald*, April 17, 1995.

Barry Eichengreen, Nathan Sussman, "The International Monetary System in the (Very) Long Run", IMF Working Paper WP/00/43, 2000.

Beth Duff-Brown, "Malaysia Defies Western Orthodoxy with Unorthodox Currency Controls", *Associated Press,* September 11, 1999.

Charles Wyplosz, "The Eurozone in the Current Crisis", ADBI Working Paper No. 207, April 17, 2010.

Douglas Clement, "Interview with Eugene Fama", Federal Reserve Bank of Minneapolis's *The Region*, December 1, 2007.

Eisuke Sakakibara, "Reform of the International Financial System", Speech, Manila Framwork Meeting, Melbourne, Australia, March 26, 1999.

European Commission: *Autumn Economic Forecast*, 2009, p.29.

George Tavlas, Yuzuru Ozeki, "The Internationalization of Currencies: An Appraisal of the Japanese Yen", *International Fund Occasional Paper*, No.90, Washington, D.C.: IMF, 1992, p.3.

IMF: "IMF Wins Mandate", *IMF Survey*, May 12, 1997, pp.129-130.

IMF: "International Capital Market Chartering a Steadier Course", *IMF Survey*, September 23, 1996, pp.293-294;

Joon-Kyung Kim, Chung H. Lee, "Between Two Whales: Korea's Choice in the Post-Crisis Era", in Ashley Tellis et al., *Strategic Asia 2009–10: Economic Meltdown and Geopolitical Stability*, National Bureau of Asian Resaerch, 2009.

Menzie Chinn, J. Frankel, "Will the Euron Eventually Surpass the Dollar as Leading International Reserve Currency?", NBER Working Paper, No 11510, National Bureau of Economic Research, 2005.

Nicholas Kristof, "How US Wooed Asia to Let Cash Flow in", *New York Times*, February 16, p.A-1, quoted from "US to Urge Financial Liberalization at WTO Talks", *Asia Pulse*, August 13, 1997.

Raghuram Rajan, "Has Financial Development Made the World Riskier?", in *The Greenspan Era: Lessons for the Future, Symposium Sponsored by the Federal Reserve*

Bank of Kansas City, Federal Reserve Bank of Kansas City, 2005.

Robert Mundell, "EMU and the International Monetary System: A Transatlantic Perspective", Working Paper 13, Vienna: Austran National Bank, 1993.

Robert Mundell: "A Reconsideration of the Twentieth Century", Nobel Prize in Economics documents from Nobel Prize Committee, No 1999-5, December 8,1999.

Robert Solow, "Building a Science of Economics for the Real World", Hearing before the Subcommittee on Investigation and Oversight, Committee on Science and Technology, House of Representitives, One Hundred Eleventh Congress, Second Session, July 20, 2010.

Robert Zoellick, "The G20 must look beyond Bretton Woods II", *Financial Times*, November 8, 2010.

Rudiger Dornbusch: *Concurrent Resolution on the Budget Fiscal Year 2013*, The Senate Committee on the Budget, 2012.

Ruth Judson, "Crisis and Calm: Demand for U.S. Currency at Home and Abroad from the Fall of the Berlin Wall to 2011", International Finance Discussion Paper IFDP 1058, Washington D.C., Federal Reserve Board of Governors.

Timothy Green, "Central Bank Gold Reserves - An Historical Perspective since 1845", WGC, 1999.

US Senate Permanent Subcommittee on Investigations, *Wall Street and the Financial Crisis: Anatomy of a Financial Collapse,* April 13, 2011.

World Bank, *Global Development Horizons 2011.*

Yukio Hatoyama, "A New Path for Japan", *New York Times,* August 27, 2009.

三、网络资源

Maurice Obstfeld and Kenneth S. Rogoff, "Global Current Account Imbalances and Exchange Rate Adjustment," Brookings Papers on Economic Activity 1 (2005), https://www.brookings.edu/bpea-articles/global-current-account-imbalances-and-exchange-rate-adjustments/.

白钢：《美国将生活在中国经济主导地位的阴影下？》，观察者网，2014 年 12 月 19 日，http://www.dooo.cc/2014/12/33162_3.shtml.

李金珊：《美国债务总额大于GDP总额，政府为什么还不破产》，第一财经，https://www.yicai.com/news/100066454.html.

投研帮：《如何建立自己的宏观分析框架》，知乎，https://www.zhihu.com/question/46135259.

时寒冰：《伊拉克战争是因为欧元触碰了美国的底线》，2016年6月16日，http://ganzhou.loupan.com/html/news/201606/2326333.html.

吴半农：《1960年黄金评论》，和讯网黄金频道，http://gold.hexun.com/2017-12-14/191972796.html.

四、官方网站

国际货币基金组织：https://www.imf.org/external/index.htm.

美国财政部：https://home.treasury.gov/.

美国劳工统计局：http://www.bls.gov/.

美国经济分析局：https://www.bea.gov/.

圣路易斯联储经济数据库：https://fred.stlouisfed.org/.

美国证券业及金融市场协会：https://www.sifma.org/.

世界清算银行：https://www.bis.org/.

“中国道路”丛书

学　术
《解放生命》
《谁是农民》
《香港社会的民主与管治》
《香港社会的政制改革》
《香港人的政治心态》
《币缘论》
《如何认识当代中国》
《俄罗斯之路30年》
《大国新路》
《论企业形象》
《能源资本论》
《中国崛起的世界意义》
《美元病——悬崖边缘的美元本位制》

译　丛
《西方如何“营销”民主》
《走向繁荣的新长征》
《国家发展进程中的国企角色》
《美国社会经济五个基本问题》
《资本与共谋》
《国家发展动力》

智库报告
《新时代：中国道路的延伸与使命》
《新开局：中国制度的变革与巩固》
《新常态：全面深化改革的战略布局》
《新模式：走向共享共治的多元治理》
《新征程：迈向现代化的国家治理》
《新动能：再造国家治理能力》
《全面依法治国新战略》

企业史
《与改革开放同行》
《黎明与宝钢之路》
《海信史（2003—2019）》

企业经营
《寻路征途》
《中信创造力》

专　访
《中国道路与中国学派》
《21世纪的中国与非洲》

人　物
《重读毛泽东，从1893到1949》

政　治
《创新中国集体领导体制》

战　略
《国家创新战略与企业家精神》

金　融
《新时代下的中国金融使命》

管　理
《中国与西方的管理学比较》